De tramas e fios

Marisa Trench de
Oliveira Fonterrada

De tramas e fios

Um ensaio sobre música e educação

2ª edição

Direitos de publicação reservados à:

Fundação Editora da UNESP (FEU)
Praça da Sé, 108
01001-900 – São Paulo – SP
Tel.: (0xx11) 3242-7171
Fax: (0xx11) 3242-7172
www.editoraunesp.com.br
www.livrariaunesp.com.br
feu@editora.unesp.br

CIP-Brasil. Catalogação na fonte
Sindicato Nacional dos Editores de Livros, RJ

F762d
2.ed.

Fonterrada, Marisa Trench de Oliveira, 1939-
De tramas e fios: um ensaio sobre música e educação / Marisa Trench de Oliveira Fonterrada. 2.ed. – São Paulo: Editora Unesp, 2008.

Inclui bibliografia
ISBN 978-85-7139-799-6

1. Música – Instrução e estudo – Brasil. I. Título.

08-0910.

CDD: 780.70981
CDU: 78.02(81)

Editora afiliada:

Agradecimentos

Não poderia deixar de mencionar as pessoas e instituições que contribuíram com esta pesquisa: ao Milton Sogabe pela solidariedade e por ter-me aliviado das questões da direção do Instituto de Artes da UNESP para que eu pudesse concluir o trabalho; aos colegas Maria de Lourdes Sekeff, John Boudler, José Carlos Plácido da Silva, Amilcar Zani e ao professor José Ribeiro Júnior, que formaram a banca do concurso de livre-docência, do qual este livro se origina. Agradeço especialmente a Maria Helena Villas Bôas Concone, pela leitura, ajuda e carinho; ao Samuel Keer e à Yara Caznok, pela presença amiga sempre, aos docentes e servidores do IA que, de algum modo, contribuíram para a finalização do trabalho, e a meus alunos, que sempre me ensinam. Não posso deixar de mencionar Maria Apparecida Faria Marcondes Bussolotti, pelo competente trabalho de revisão, à Fapesp, pelo apoio ao Projeto Música na Escola, que abre espaço para a arte no ensino público, bem como aos bolsistas do projeto, que me ajudam a reinventar uma escola com música.

Destaco um agradecimento especial ao Cenpec, pela confiança e permissão de uso de citações dos textos "A arte dos sons" e "Música e movimento", publicados pelo Cenpec e que são parte, respectivamente, do projeto A Arte é de Todos – Projeto Amigos da Escola – Cenpec/Globo e do Projeto Cenpec/Febem.

Agradeço também ao Wendell Kettle, pelo precioso trabalho de organização do material, diagramação e concepção visual da tese de livre-docência; à Hilda, compreensiva e amiga, por manter minha casa funcionando quando parto para outros mundos. Ao Dori, pela compreensão e carinho; a Cláudia, Marta e Gui, filhos queridos que me ajudam muito. E a Bia e Isabel, sempre.

Sumário

Apresentação

Ninguém – Que andas buscando?
Todo o mundo – Mil cousas ando a buscar
Delas nem posso achar,
Porém ando porfiando
Por quanto é bom porfiar
Ninguém – Como há nome, cavaleiro?
Todo o mundo – Eu hei nome Todo
Mundo
E meu tempo inteiro
Sempre é buscar dinheiro
E sempre nisto me fundo
Ninguém – Eu hei nome Ninguém
E busco a consciência
Berzabu – Esta é boa experiência.
Dinato, escreve isto bem
Que ninguém busca consciência
E todo mundo dinheiro
Ninguém – Eu sempre a verdade digo
Sem nunca me desviar.

Gil Vicente

Este ensaio discute a educação musical e quanto ela decorre dos hábitos, valores, condutas e visão de mundo da sociedade a cada época. Este é um momento propício para levantar o que está por trás das atitudes tomadas em relação ao ensino de música, tanto nas escolas especializadas quanto nas de educação geral, para que se tenha clareza a respeito do valor que lhe é atribuído e do papel que representa na sociedade contemporânea, e entender os motivos da dificuldade de afirmação da área no Brasil, especialmente no que se refere à educação pública. Em 1996, após uma ausência de cerca de trinta anos dos currículos escolares, a música foi contemplada pela Lei de Diretrizes e Bases da Educação Nacional n.9394/96, com o reconhecimento de seu *status* como disciplina, o que, ao menos em teoria, permite que retome seu lugar na escola. No entanto, após tanto tempo de ausência, perdeu-se a tradição; a música não pertence mais à escola e, para que volte, é preciso repensar os modos de implantação de seu ensino e de sua prática.

Um autor que tem se dedicado ao estudo do valor da arte no mundo atual é o professor e filósofo americano Bennett Reimer (1970), de quem se emprestam algumas ideias como suporte ao entendimento da questão da educação musical brasileira. De acordo com ele, não se pode falar da natureza e do valor da educação musical sem que se toque na natureza e no valor da música. A área que lida com essa questão é a estética; portanto, a educação musical, para Reimer, deve ser educação estética. É impossível encontrar uma filosofia "que sirva para todas as épocas" e "para todas as pessoas" (p.2). Uma filosofia apropriada para determinada época pode ser apenas de interesse histórico em outra. Em educação musical, o estudo dessa questão pelo viés da história capta o sentido das mudanças sofridas pela área e reafirma a transitoriedade da filosofia e a adesão a seu tempo. No Brasil, esse tipo de reflexão é importante, pois, via de regra, não ocupa os espaços de discussão acerca do ensino da música. É como se não coubesse discussão a respeito, visto que, para músicos e educadores musicais, a música tem valor, muito embora os pontos de vista a respeito do que é apropriado ou não em termos de conduta, constituição de competências e formação de habilidades difiram bastante.

No entanto, se o valor da música é um consenso entre os músicos, não o é em outros segmentos da sociedade, sendo pertinente a discussão, em um âmbito mais amplo do que o espaço da arte, para que se perceba que a questão do acesso ao fazer artístico ultrapassa a do lazer ou da indústria do entretenimento. Isso fica evidente quando se compara a prática musical e o ensino de música em épocas ou lugares diferentes; mas até na mesma época convivem opiniões divergentes, e é isso, também, o que ocorre quando se trata de educação musical e de sua importância e valor. Essa multiplicidade de pontos de vista sempre existiu e, à medida que a profissão se torna mais complexa, as diferenças no modo de compreendê-la também o serão, pedindo aprofundamento e reflexão.

É importante a adoção de um pensar filosófico como norteador de atitudes e escolhas, pois ele se constitui a partir de valores, e estabelece conexões entre os diversos elementos que compõem o conjunto de pressupostos a respeito da natureza e do valor de determinado campo de estudos. O pensamento filosófico permite que se compreenda qual é o lugar que a profissão ocupa, isto é, qual é realmente seu espaço perante outras áreas do conhecimento. O impacto que pode ter na sociedade depende, em grande parte, do entendimento do que ela tem a oferecer. A filosofia torna claros, também, os objetivos, metas e referenciais que esta compartilha com outras áreas ou tendências afins, e é a partir disso que novas ideias podem emergir e se transformar em práticas adequadas, salutares e significativas. Como em outros campos, a filosofia também é necessária para aprofundar a questão do ensino de música, pois é por meio dela que se tem clareza acerca de seu valor, o que permitirá chegar a uma maior competência e efetividade no exercício da profissão, além de encontrar razões que justifiquem sua presença na escola, quer como disciplina, quer como atividade extraclasse.

Atualmente, em face das profundas e rápidas mudanças que ocorrem em todas as áreas, a educação musical pede uma reformulação que possa servir de guia aos profissionais e membros da comunidade. Hoje, há uma enorme necessidade de compreensão da música e dos processos de ensino e aprendizagem dessa arte. Até que se descubra seu real papel, até que cada indivíduo em particular, e a sociedade como um todo, se convençam de que ela é uma parte necessária, e não periférica, da cultura humana, até que se compreenda que seu valor é fundamental, ela terá dificuldades para ocupar um lugar proeminente no sistema educacional.

Bennett Reimer lembra que a filosofia de determinada área atua como uma espécie de "consciência coletiva" da profissão, mas sua força depende da convicção de cada membro da comunidade que a compõe. E completa:

> • o indivíduo que tem uma clara noção dos objetivos e metas de sua profissão, e que esteja convencido de sua importância, é um forte elo na cadeia dos indivíduos que também a abraçam; ...
> • a compreensão da natureza e do valor da profissão afeta inevitavelmente sua compreensão acerca da natureza e do valor de sua vida profissional. (Reimer, 1970, p.4)

A falta de clareza com relação a esses motivos impede que se compreenda a área de forma abrangente e que se tenha a visão do campo maior em que ela está inserida, em cada época. Quanto à educação musical, é o debruçar-se sobre as questões que a cercam, sobre seus valores, sentidos, condutas, que levará ao aprofundamento do pensamento referente à área, aos alunos, agentes/pacientes da ação educativa, e aos professores e pesquisadores responsáveis pela ação e reflexão a respeito da música e de seu ensino e aprendizagem.

Como a necessidade de refletir a respeito da prática e da função da música nem sempre é clara aos professores de música, muito do que existe em educação musical não se apresenta, na verdade, como musical ou artístico, mas, antes, como um conjunto de atividades lúdicas que se servem da música como forma de lazer e entretenimento para os alunos e a comunidade, sem sequer tocar na ideia de música como forma de conhecimento. Outro uso que dela se faz é como auxiliar de outras áreas de conhecimento ou disciplinas; nesse caso, ela tem outras funções: *auxiliar a aula de matemática, contribuir para a instalação de bons hábitos*, e outras.

O fato de a música ter ou não seu valor reconhecido coloca-a dentro ou fora do currículo escolar, dependendo de quanto é ou não considerada pelo grupo social. Se, em determinada cultura, a música for uma das grandes disciplinas do saber humano, o valor da educação musical também será alto, em pé de igualdade com o de outros campos do conhecimento. Se, porém, não houver esse reconhecimento, sua posição em relação às demais áreas será, também, marginal. Esta é a questão crucial com que se depara hoje no Brasil: o resgate do valor da música perante a sociedade, único modo de recolocá-la no processo educacional.

Uma série de fatores tem determinado diferentes práticas educacionais no que se refere à música, e essas transformações podem ser detectadas pelo exame de sua presença na história brasileira. Na década de 1970, após o longo período em que a atuação de Villa-Lobos prevaleceu e se fortificou, a prática intensa do canto orfeônico nas escolas foi substituída pela disciplina Educação Artística, o que, ao longo do tempo, levou à quase extinção da classe de educadores musicais, que se ausentaram da educação pública e privada. Embora ainda haja campo para esse profissional, a oferta é menor do que a procura. Desse modo, como reduto de trabalho, restam alguns espaços, como as escolas livres de música e conservatórios, os centros culturais e outros centros de cultura e lazer, onde o educador musical atua como animador cultural mais do que como professor. O abandono da educação musical por parte das escolas e do governo foi acompanhado por profundas modificações na sociedade, que se abriu para o lazer e o entretenimento ofertados pelos meios de comunicação de massa, afastando-se a população escolar, cada vez mais, da prática da música como atividade pedagógica, aderindo, em vez disso, aos *hits* do momento e ao consumo da música da moda, do conjunto instrumental da moda, do cantor da moda.

O declínio da música na escola afastou o educador musical, criando-se um vale entre a música praticada na época precedente à Lei n.5692/71 e a não música da escola atual. Algumas coisas logo se evidenciam ao ouvido atento: muitos professores da escola não sabem mais cantar ou tocar um instrumento. Alunos e professores têm um referencial musical quase único, que lhes é imposto pelos meios de comunicação. Hábitos de escuta e prática musical foram abandonados e já não fazem parte da vida escolar.

São necessárias alternativas para enfrentar a situação, pois acredita-se que a ausência da música reforça um hábito danoso: a imitação do que é oferecido pela indústria cultural, considerado modelo único e valorizado e, consequentemente, o desprezo pela autoexpressão e pela tradição cultural do país e de outros povos. A música tornou-se simulacro. A presença da arte nas escolas e em outros polos culturais permite a emoção/fruição diante da obra artística por parte dos alunos ou do público, e pode contribuir para o aumento da qualidade de vida. No entanto, a longa ausência provoca dificuldades de expressão e distanciamento, e uma das tarefas é investir na ideia de trazer a música para o cotidiano da escola.

Este é o principal foco deste livro, e a maneira como se articulam os diferentes tópicos tem por objetivo conduzir o leitor à compreensão do que existe hoje, na esperança de contribuir para o resgate do valor atribuído à música e à educação musical na sociedade brasileira atual.

Assim, o primeiro capítulo inicia-se com essa discussão, a respeito do valor e da natureza da educação musical. Para isso buscam-se referenciais históricos que mostrem as transformações da sociedade ocidental, desde a Antiguidade clássica até os dias atuais, buscando, em cada época, os fatores que valorizam ou minimizam a importância da música e da educação musical naquele determinado contexto. Não é intenção, no resgate desse percurso, escrever a história da educação musical no Ocidente, objetivo que iria muito além do âmbito deste trabalho, mas passar em revista as atitudes detectadas em cada período histórico em relação à música, os papéis que esta assumiu em diferentes momentos, e suas ligações e influências na educação musical.

O segundo capítulo é dedicado aos "métodos ativos", mostrando que seus criadores estavam inseridos em seu tempo, respondendo criativamente aos desafios impostos, provocados pela postura e modos de compreensão da vida por parte dos cientistas e artistas de sua época, reforçando a premissa inicial de que a música e a educação musical têm valores idênticos aos da sociedade que as abriga. No Brasil, até a década de 1970, esses educadores foram bastante influentes, o que perdurou até a época da implantação dos cursos de Educação Artística, quando os métodos ativos perderam a força, ao mesmo tempo que, praticamente, desaparecia a prática musical na escola. Importantes também, embora não tenham exercido grande influência no Brasil, ao menos naquele momento, são os educadores musicais da chamada "nova geração", isto é, os que atuaram nas décadas de 1960 e 1970, adotando como linha mestra o reconhecimento do som como matéria-prima da música, o estudo de suas propriedades e a aplicação desse conhecimento a propostas de criação musical.

No terceiro capítulo estudam-se as condições em que se deu a prática da música e da educação musical no Brasil, desde o descobrimento até os dias atuais. Nesse resgate, considera-se a educação musical em sua evolução histórica, destacando-se os acontecimentos que determinaram os rumos da área no Brasil; em seguida, analisam-se os documentos governamentais emitidos após a promulgação da Lei de Diretrizes e Bases da Educação Nacional n.9394/96, isto é, o Referencial Curricular Nacional de Educação Infantil – RCN (1998) – e os Parâmetros Curriculares Nacionais para o Ensino Fundamental – PCN (1998) –, em especial no que diz respeito à música na escola.

No quarto capítulo trata-se das modificações que vêm ocorrendo no mundo atual e da necessidade de a educação, de modo geral, e a educação musical, em particular, adaptar-se a elas, buscando modos de ação alternativos, em substituição aos tradicionalmente empregados, incapazes, em muitos aspectos, de responder aos novos desafios. São dois os eixos de discussão: a maneira atual de se aproximar do conhecimento e receber informação, que abandona a tradicional característica linear da educação e adota operações em rede, e a ausência ou o enfraquecimento de limites entre uma coisa e outra, isto é, entre os procedimentos em linha e em rede, que deixam de estar em campos opostos, mas, com frequência, se confrontam ou se aliam. Esses dois eixos são fruto de uma tendência mundial de aceleração da informação a que estamos expostos hoje, que faz que a informação ocorra por meio de *bits* não conectados, cabendo ao consumidor/fruidor estabelecer a ligação entre eles. Esse modo de ação está presente, também, no pensamento e na arte da atualidade, caracterizando-se pela não direcionalidade e multiplicidade de informações. A discussão dessa ideia não é gratuita, amparando-se em necessidades reais de determinados segmentos da sociedade, constituindo-se em desafios que obrigam a busca por novos procedimentos, pois os comumente adotados na prática educativa já não atendem a esse tipo de demanda.

Os procedimentos em rede discutidos servem, também, de inspiração à organização do capítulo, que é composto de maneira não linear, apresentando um conjunto de informações não conectadas relacionadas à demanda pela educação musical nos últimos anos. Mas não é só: além dos textos, compondo mais uma trama dessa rede, apresenta-se a análise da novela *Dicamus et labyrinthos* (1976), do compositor canadense R. Murray Schafer, aqui tomada como metáfora do processo de conhecimento, para dar respaldo à ideia da necessidade, nos dias atuais, de adoção de procedimentos em rede nas práticas educativas dentro e fora da escola.

Na Conclusão faz-se uma recapitulação do que foi discutido, confirmando os vínculos existentes entre a visão de mundo de cada época e o valor atribuído à música e à educação musical. Mostra-se que, de fato, os modos de compreensão sofrem modificações no decurso da história e que, a partir do século XX, moldados pelas profundas transformações ocorridas nos mais diversos setores da sociedade, acrescenta-se, ao modelo linear de compreensão do mundo, outro, de caráter sistêmico. Com isso, constata-se que o mundo atual tem necessidades específicas, que impõem a busca de alternativas, tornando-se claro que se está diante da emergência de um novo paradigma, não linear, acausal e multidirecional, determinante de procedimentos e ações humanas que, talvez, sejam a única maneira de fazer frente às demandas da sociedade contemporânea em todos os campos, muito embora, neste livro, o foco de interesse esteja concentrado na música e na educação. Finalizando, espera-se que a discussão contribua para a descoberta de soluções a questões aqui colocadas, em particular, a musicalização do povo brasileiro e a recuperação da música na escola.

Prefácio

A atividade artística não é um caminho imperial para ter-se acesso a uma vida plena, mas uma maneira de colocar o próprio eu, as próprias capacidades. Trata-se fundamentalmente de uma atividade que qualquer pessoa pode realizar e possuir, de um ponto de vista psicológico. É uma forma de aprender acerca de si mesmo e do mundo, por meio da qual tanto o mundo quanto o ser humano são transformados.[1]

Não é habitual, nos tempos atuais, encontrar-se uma obra de pedagogia musical em que se depare com a presença de um pensamento crítico. O habitual é que, nesta era ultracognitivista, os pesquisadores da educação utilizem ferramentas metodológicas afins ou correlatas à realidade que pretendem descrever ou investigar. É precisamente o contrário o que se projeta no interessante ensaio

---

1 SEYMOUR, B. Sarason. *The Chalenge of Art to Psychology.* New Haven: Yale University Press, 1990. p.183.

da Dra. Marisa Fonterrada. De início, a autora se preocupa em definir o que constitui o núcleo de sua investigação: trata-se de analisar o estado atual da educação musical em seu gigantesco e multifacetado país, o Brasil, com a intenção de oferecer ao leitor ferramentas conceituais e práticas que lhe permitam pensar em alternativas para superar o ponto morto no qual desemboca o sistema educativo, depois de um longo período de ausência da disciplina Música na escola pública brasileira.

Na história cultural do Ocidente, desde a Antiguidade até nossos dias, como bem assinala a autora, alternadamente, sucedem-se os períodos de caráter cientificista e os de orientação humanista. Em consequência, o tratamento que, em cada caso, receberão a música e a educação musical é reflexo direto da tendência em voga. Nossa época, caracterizada pelo neoliberalismo e pela globalização – é necessário reiterá-lo? –, privilegia a tecnologia (como elemento prático) e a teoria (como princípio conceptual). Os enfoques científicos – na verdade, uma espécie de pseudociência – se impõem diante das disciplinas de caráter prático, entre as quais se colocam as atividades artísticas. Talvez por esse motivo, ao longo do livro, a Dra. Fonterrada insiste na necessidade de "revisitar", a partir da pedagogia, o pensamento humanístico de alguns "pioneiros" mais destacados do século XX no campo da música – Jaques Dalcroze entre eles – que sustentaram ardorosamente a universalidade da arte e a expressão artística, bem como sua importância no desenvolvimento infantil.

Marisa Fonterrada é uma militante no campo da "ecologia acústica", atividade que integra, de maneira crítica, ser humano e natureza e, particularmente, com a paisagem sonora, isto é, com o som em todos os seus aspectos e funções. O entusiasmo e a idoneidade que Marisa Fonterrada estende a esta importante área de especialização que vem desenvolvendo em seu país desde os anos 1990, junto ao destacado compositor e pedagogo canadense Murray Schafer – o precursor e indiscutivelmente uma das figuras mais representativas da ecologia acústica na atualidade – conferem a seu discurso e a sua práxis pedagógica uma transcendência e um equilíbrio muito particulares. Como discípula de Murray Schafer, Marisa tem interferido ativamente em alguns dos projetos de ecologia acústica desse compositor, na Floresta de Haliburton, no Canadá, como também tem colaborado com ele em alguns cursos que, habitualmente, o professor ministra em diferentes países. Além disso, a Dra. Fonterrada há alguns anos desenvolve em seu próprio meio uma série de projetos pedagógicos originais – alguns deles, de caráter social – que são detalhadamente descritos no livro e dão testemunho de seu talento como educadora e de sua capacidade para integrar na prática os aspectos sutis dos processos de sensibilização e criatividade sonoras.

Este é um ensaio comprometido, claramente posicionado, do ponto de vista ideológico. Não é um relatório asséptico que trata de conceitos e experiências, mas um trabalho inscrito na realidade, que se propõe indagar seriamente acerca do sentido da educação musical e artística por meio de fatos concretos, tomando sempre partido e situando-se à margem do midiático e das tendências pedagógicas neoliberais em voga.

A obra foi cuidadosamente estruturada. Como ponto de partida, a autora se ocupa em analisar, de um ponto de vista filosófico e histórico, a função da música e seu reflexo na educação musical, seguindo um itinerário detalhado que, a partir da Antiguidade greco-romana, prolonga-se até os dias atuais. Em seguida, sob o título geral "Métodos Ativos", apresenta os principais aportes metodológicos realizados durante o século XX no Ocidente, por alguns dos mais destacados educadores do campo da educação musical, que agrupa em duas "gerações" consecutivas: a "primeira", dos precursores da nova pedagogia musical, encabeçada por Jaques Dalcroze, e a "segunda", dos compositores, dos quais ela apresenta quatro que, na Europa e na América do Norte inauguraram, em meados dos anos 1970, a era do aprofundamento dos aspectos criativos em educação.

Após expor pormenorizadamente as tramas básicas da nova educação musical do século XX no mundo ocidental e superada a primeira metade da obra, a autora dedica o terceiro capítulo a desenredar a trama da música na escola brasileira. Para isso, mergulha no processo de educação musical em seu país, desde os tempos coloniais, trazendo importante informação e documentos específicos da situação educativa durante a segunda metade do século XX. E destaca, especialmente, a ausência da disciplina Música na escola brasileira durante um período de mais de trinta anos, a partir dos anos 70, em que esta foi ineficazmente substituída pela denominada "atividade" artística, situação que se prolongou até a reforma educativa de dezembro de 1996, que propôs "uma nova maneira de enfocar o ensino das artes".

Nesta fase da obra, a autora aponta com maior direcionalidade para o núcleo temático deste ensaio que pretende "promover um debate capaz de contribuir para a descoberta de soluções para os problemas que aqui se expõem, em particular, a educação musical do povo brasileiro e a recuperação da música na escola".

Nos capítulos seguintes, a Dra. Fonterrada apresenta alguns interessantes trabalhos que ela mesma teve oportunidade de desenvolver no Brasil durante a última década, a partir de experiências próprias, ou como parte de projetos comunitários – oficiais e privados – de caráter cultural e social. Desse modo, Marisa Fonterrada responde eficazmente, mediante gestos e ações pedagógicas concretas, aos dilemas educativos que, lamentavelmente, não estão limitados a seu próprio país, mas configuram, na atualidade, um panorama crítico comum a boa parte do mundo latino (na América e na Europa).

De tramas e fios é um trabalho particularmente valioso, pela seriedade de suas propostas e aportes conceituais, pela abertura de seu enfoque e pelo estímulo que provoca no leitor, em cada uma de suas tramas, impulsionando-o a fazer algo para superar de vez a ignominiosa passividade a que se viu relegada a música e a educação musical em nossos países desde as últimas décadas do século passado.

Ao longo dessa obra não convencional, a autora foi desenrolando, com um enfoque reflexivo e profundo, os vários "fios" da educação musical através das épocas, em diversos lugares do mundo. É a partir desses "fios" – e de muitos outros – que cada educador hoje poderá tecer, ele próprio e de maneira autônoma, a trama, a tela musical que estão necessitando nossas crianças, nossos jovens, nossos professores, nossos músicos e futuros músicos.

A época em que vivemos é uma época de tramas, de redes, e não de fios. Na atualidade não existem receitas demarcadas ou lineares para educar, em nenhuma área do conhecimento e muito menos na arte. A música, como a maior parte das disciplinas, deve ser ensinada por maneiras diretas, abertas, transversais e interdisciplinares, que permitam integrar os diferentes aspectos da pessoa, do mundo, do conhecimento. Porque a música, como costumamos repetir, não pode continuar sendo considerada como uma atividade de caráter meramente estético, pois trata-se de uma experiência multidimensional, um direito humano, que deveria estar ao alcance de todas as pessoas, a partir de seu nascimento, e por toda a vida.

Violeta Hemsy de Gainza
Buenos Aires, abril de 2008

1
Educação musical: tecendo a linha do tempo

Tudo deu certo, meu velho Heráclito,
Porque eu sempre consigo
Atravessar o teu outro rio
Com o meu eu eternamente outro ...

Mario Quintana

A ideia de que o valor da música e da educação musical sofrem modificações a cada período histórico mobiliza a necessidade de refazer o percurso do pensamento em diferentes épocas em busca dessas transformações, e é disso que trata o presente capítulo. Esse percurso considera apenas o mundo ocidental, herdeiros diretos que somos dessa civilização. Ver-se-á que, em cada época, os valores, a visão de mundo, os modos de conceber a ciência dão suporte à prática musical, à ciência da música e à educação musical; é importante que se reconheça esse fato para que se compreenda a problemática do ensino da música hoje, e, assim, possam surgir soluções para ele. Parte-se, então, à procura desses valores, e a primeira parada é na Antiguidade clássica.

Antiguidade grega e romana

Grécia

A busca do valor da música e da educação musical inicia-se na Grécia, que sempre tem sido, para o Ocidente, uma forte referência. A ciência deve muito aos pensadores gregos, assim como a fantasia, pois os mitos gregos continuam a ter significado para o homem contemporâneo. E o mesmo ocorre no que diz respeito à música, desde a Idade Média até agora. Desde o início da organização social e política grega acreditava-se que a música influía no humor e no espírito dos cidadãos e, por isso, não podia ser deixada exclusivamente por conta dos artistas executantes. Nas cidades-estado, ela foi objeto de preocupação dos governantes e cidadãos, e a responsabilidade por sua organização e pela maneira como seria apresentada ao povo estava nas mãos dos legisladores. Em Esparta, em seu sistema de educação para os jovens e para o povo, Licurgo exigia que a música fizesse parte da educação da infância e da juventude, e que fosse supervisionada pelo Estado. Como justificativa para esse procedimento, evocava a experiência em Creta, em que a prática da música, recomendada por Minos, provocara uma notável devoção aos deuses e tornara os cretenses um povo obediente às leis. Nenhum espartano, de qualquer idade, sexo ou classe social era excluído desse exercício, num sistema em que cada indivíduo tinha que cumprir sua parte, pelo benefício moral, social e político do Estado.

Nesse contexto, era grande o valor atribuído à música, pois acreditava-se que ela colaborava na formação do caráter e da cidadania. As canções não podiam ofender o espírito da comunidade, mas deviam exaltar a terra natal. Os cantos conferiam aos jovens um senso de ordem, dignidade, obediência às leis, além da capacidade para tomar decisões. Por esse motivo, o modo preferido em Esparta era o dórico, que evocava equilíbrio, simplicidade e temperança.

Do mesmo modo, em Atenas, sob a legislatura de Sólon, esperava-se promover a moral e a cidadania responsável, base do bem comum, do poder e da fama do Estado, por meio da educação musical. O valor atribuído à música era extramusical, isto é, seu exercício contribuía para o desenvolvimento ético e a integração do jovem na sociedade. No entanto, a prática da música só era permitida aos cidadãos livres, estando vedada aos escravos. A intenção, nesse tipo de ação, era desenvolver a mente, o corpo e a alma: a mente pela retórica, o corpo pela ginástica e a alma pelas artes.

Essa visão é corroborada por Platão que, em muitos de seus textos, desenvolve uma ampla discussão estética e ética a respeito da música. Para Platão e todos os gregos, a literatura, a música e a arte têm grande influência no caráter, e seu objetivo é imprimir ritmo, harmonia e temperança à alma. Por isso deve-se preservá-la como tarefa do Estado.

Em Platão, como na filosofia grega de modo geral, a música ocupa uma posição de liderança em relação às outras artes. Acredita-se que seja possível estabelecer estreitas analogias entre os movimentos da alma e as progressões musicais. Assim, o propósito da música não poderia ser apenas a diversão, mas "a educação harmoniosa, a perfeição da alma e o aquietamento das paixões" (Lang, 1941, p.13).

A música é a mais imediata expressão de *eros*, uma ponte entre ideia e fenômeno. Nessa concepção, o principal papel da música é pedagógico, pois, sendo responsável pela ética e pela estética, está implicada na construção da moral e do caráter da nação, o que a transforma em evento público e não privado. Cada melodia, cada ritmo e cada instrumento têm um efeito peculiar na natureza moral da *res publica*. Segundo a concepção helênica, a boa música promove o bem-estar e determina as normas de conduta moral, enquanto a música de baixa qualidade a destrói. Desse modo, na Grécia, a música boa é estreitamente relacionada e determinada pelas normas da conduta moral, o que se mostra no uso da mesma palavra – *nomos* – para designar a correta harmonia e lógica musicais e as leis morais, sociais e políticas do Estado.

Além da relação apontada acreditava-se, também, na estreita correspondência entre sons e fenômenos cósmicos: estações do ano, ciclos do dia, do Sol e da Lua, homem/mulher, morte/renascimento, o que a coloca em relação direta com a magia. A origem da música, compartilhada com a da dança, está presente nos antigos mitos e rituais de encantamento. Originária do Oriente, migrou para a Europa e atingiu sua culminância na doutrina grega do *éthos*, que explica a influência da música na formação do caráter humano, bem como o papel dominante que lhe é conferido no sistema educacional e político, sendo difícil encontrar outra época em que a música tenha ocupado um lugar tão preponderante na vida mental e espiritual de uma nação quanto na Grécia clássica.

Não só Platão contempla a música em seus textos; Aristóteles também se posiciona a respeito, questionando seu poder e a necessidade de constar dos programas educacionais. No entanto, embora levante dúvidas a esse respeito, reconhece a influência da música sobre os desejos humanos por meio do conceito de imitação, pois, para ele, a música imita as paixões e os estados da alma (Lang, 1941, p.18).

Nesse aspecto, Platão e Aristóteles concordam, pois ambos acreditam que a música molda o caráter do homem, o que, essencialmente, está evidente na doutrina do *éthos*. Essa é a razão de o modo dórico ser o preferido na educação dos jovens, pois, segundo aquela doutrina, propicia equilíbrio e força moral, importantes para a formação do cidadão e o fortalecimento da pólis. A doutrina deriva-se do pensamento de Pitágoras, que concebe a música como um sistema de sons e ritmos regido pelas mesmas leis matemáticas que operam na criação. Infelizmente, mantiveram-se os textos a respeito, mas não a música. No entanto, apesar dessa lacuna, é possível afirmar que, entre os gregos, a música é vista sobretudo de duas maneiras, uma que a concebe como regida por leis matemáticas universais e outra que acredita que seu poder emana da relação estreita entre ela e os sentimentos – *éthos*.

Os dois principais instrumentos dos gregos, o aulos e a lira, até hoje permanecem como símbolos dos dois tipos de música mencionados: a música da razão e a música dos sentimentos. Murray Schafer, compositor e educador musical canadense, em seu livro *A afinação do mundo* (2001), relembra dois mitos gregos que explicam, cada qual a seu modo, a origem da música. Num deles, a música teria surgido quando Hermes, encontrando uma carapaça de tartaruga na praia, estendeu sobre ela cordas de tripa de carneiro, inventando a lira, que deu de presente a Apolo. Na verdade, Hermes descobrira que a carapaça da tartaruga, utilizada como corpo ressonante, podia produzir som. A outra lenda, contada por Píndaro, diz que o aulos foi criado por Palas Athena, quando, após a Medusa ser decapitada por Perseu, viu, comovida, suas irmãs lançarem gritos pungentes, que carregavam consigo todo seu sentimento de pesar diante da morte. A partir desse sentimento de extrema dor ela criou um *nomos* especial em sua honra; estava criada a música. O primeiro desses mitos a vê em seu aspecto objetivo, como resultado das propriedades sonoras dos materiais do universo; o segundo a considera resultado da emoção subjetiva. Como se verá, no decorrer dos séculos essas duas tendências continuarão a coexistir, e as duas maneiras de compreender a música serão os alicerces em que as subsequentes teorias da música se fundam. A lira, instrumento de Apolo, induz à serena contemplação do universo; o aulos, um sopro com palhetas, de origem oriental e antecessor do oboé, é o instrumento de Dionísio, da exaltação e da tragédia.

Roma

A situação na Grécia é diferente da vivida em Roma. No entanto, a prática musical romana só pode ser compreendida à luz da cultura grega. Havendo-a assimilado, a música em Roma fortaleceu-se e ganhou características próprias. Essa prática caracterizou-se pelo acréscimo de elementos heterogêneos à música da nação conquistada, produzindo um misto de elementos greco-romanos. No entanto, aos poucos, a inclinação pelo grandioso e pelo virtuosismo se impôs, e a música adquiriu feição própria quase "sinfônica", afastando-se da prática musical grega e transformando completamente os princípios que a regiam.

Há relatos de grupos instrumentais imensos e de cantores que se utilizavam de técnicas virtuosísticas bastante semelhantes às dos modernos artistas dos séculos XVIII, XIX e XX. Os *virtuosi* praticavam vocalizes e desenvolviam ampla atividade técnica, similares aos modernos exercícios de canto e de solfejo. Em Roma, a vida musical era intensa e o prazer pela prática se espalhou, apresentando um número cada vez maior de *diletanti*, o que fez que, não obstante a desconfiança que a cultura grega despertava, em pouco tempo houvesse um número considerável de escolas de música e dança em Roma, frequentadas pelos filhos dos patriarcas. No final da Antiguidade, sob a influência dos neoplatônicos e dos neopitagóricos, a antiga estética musical se impôs, aos poucos, tentando continuar as especulações acústico-matemáticas dos predecessores gregos, o estudo das relações misteriosas entre números e sons, a que não correspondia, no entanto, a prática artística, permanecendo no terreno teórico e especulativo. As ideias de Platão continuavam a exercer influência, relacionando música e magia. A falta de materiais sobreviventes impede que se penetre no mundo musical romano, tão afastado das concepções atuais e cuja linguagem musical é totalmente estranha ao homem contemporâneo (Lang, 1941, p.34-6).

Idade Média

A Idade Média sempre fascinou o homem moderno e, em nossa época, ainda se mantêm liames invisíveis com o pensamento de teóricos medievais como Agostinho, Boécio, Abelardo e Tomás de Aquino. Entendê-la, porém, requer um estudo penetrante das forças e tendências espirituais que criaram uma nova concepção de vida e arte, embora não se possa negar a influência da Antiguidade grega, que ainda perduraria por muito tempo.

O mundo medieval era cristão e, quanto mais a música e a liturgia se desenvolviam, mais se sentia que o novo culto requeria uma justificativa teológica e um fundamento filosófico. No entanto, não houve, realmente, uma revolução na arte cristã, que se alimentava nas fontes pagãs da Grécia e de Bizâncio, exercitando um sincretismo nem sempre fácil de ser compreendido. Assim, Hermes era o símbolo do bom pastor e Orfeu representado como Cristo. Poetas medievais, como Prudêncio, basearam suas poesias em conceitos clássicos. O início da Idade Média estabeleceu um contato direto com a ciência musical clássica, embora os últimos grandes escritores desse período tenham produzido seus textos já na era cristã; neoplatônicos e neopitagóricos continuaram a colocar a música dentro de um contexto mágico/cósmico, desenvolvendo um importante simbolismo especulativo. Teóricos cristãos, como Boécio e Cassiodoro, fornecem a base do pensamento musical da época, ainda extremamente influenciado pelos pensadores gregos. O simbolismo numérico dos neopitagóricos continuou nos escritores cristãos, e a música desempenhava importante papel nas explicações alegóricas. A figura de Pitágoras continuava forte e tornou-se um dos principais nomes da mitologia musical da Idade Média por sua concepção baseada no simbolismo e na especulação teórica dos números, e não em sons e melodias. Assim, três é o primeiro número com começo, meio e fim, e representa a soma dos valores dos dois números precedentes, simbolizando a perfeição manifesta e sendo considerado "fonte de todo o bem"; o quatro representa o *quadrivium* e encontra-se nos elementos, estações do ano, nas direções e nas espécies de seres (anjos, demônios, seres animados e plantas). O número sete está nos planetas, nos dias da semana, nas cordas da lira, nas notas musicais, nas artes liberais e nas graças do Espírito Santo, enquanto o dez é o todo e ocupa a suprema posição entre os números, como *tetrakis*, isto é, o resultado da soma 1 + 2 + 3 + 4 (Chevalier & Gheerbrant, 1995).

Na Idade Média, a música passou a ser considerada parte do *quadrivium,* a mais alta divisão das sete artes liberais, compartilhando seu espaço com a aritmética, a astronomia e a geometria, e essa organização também revela a influência das escolas gregas de pensamento. Por influência dos neoplatônicos e neopitagóricos, a aceitação da música como parte de uma estrutura cognitiva de base numérica e não verbal fez que sua função se ampliasse, indo além de sua missão de servir à moral e aos bons propósitos. Isso, porém, refere-se ao aspecto teórico da música e não à sua prática. Acreditava-se que, sem a música, nenhuma disciplina poderia ser perfeita. A palavra arte não significava, então, domínio técnico, mas exame filosófico e compreensão dos vários domínios do conhecimento.

Santo Agostinho (século IV) escreveu um tratado em que demonstra seu grande interesse na relação entre música e poesia, que, de acordo com o preceito clássico, seriam inseparáveis. Mas falando a respeito de música, não hesita em classificá-la como ciência. Nele, as opiniões do teórico e do teólogo frequentemente se contradizem. Os elementos helenísticos em seu pensamento são evidentes, quando atribui a ordem, a medida e a beleza ao poder formativo dos números, ou quando considera a música resultado da observação sensorial. Para ele, a música obedece à lei e à ordem matemáticas, apresenta analogia com todas as formas de existência organizada e segue as mesmas regras fundamentais da vida. Seu pensamento antecipa Boécio, para quem a música é razão e especulação (Lang, 1941, p.56).

Diferentes concepções convivem e se entrelaçam, e pode-se dizer que, na época, a música era considerada uma disciplina científica, mas, de acordo com santo Agostinho, "não serve a propósitos educacionais e morais, como queria o pensamento platônico e de outros filósofos gregos" (Lang, 1941, p.50). Para ele, a importância das artes liberais podia ser avaliada de outro modo: as várias disciplinas não seriam a única via para Deus, mas um meio de prevenção contra as tentações oferecidas pelo mundo herético. A agilidade mental obtida pelo estudo das artes deveria mostrar a via de salvação àqueles que tomam o caminho errado. Esse caminho, porém, não deveria vir da razão, mas do "fogo do amor divino". Essa concepção levará a uma certa negligência das artes liberais, mas as condições sociais da época não permitiram o abandono total da erudição e de seu aprendizado. Além disso, além da "música boa", havia a "música diabólica", e as pessoas tinham de ser protegidas de seus efeitos (Lang, 1941, p.56).

Embora influenciados pelos clássicos, Boécio, Agostinho, Cassiodoro e Isidoro de Sevilha desenvolveram teorias de caráter cristão, compatíveis com o espírito medieval. Esses autores, porém, que sofriam ainda a influência do pensamento musical clássico, continuaram por muito tempo a influenciar a teoria da música, fornecendo materiais para os estudiosos das épocas seguintes. Eles representam o final da antiga ciência musical no Ocidente. Com eles, inicia-se a teoria e a ciência medieval da música. Boécio (século V), em seu tratado *De institutione musica*, reuniu tudo o que fora escrito até então a respeito de música, sistematizando diferentes teorias. Na abertura desse trabalho, Boécio descreve os efeitos da música no homem e define seu domínio; de acordo com ele, existem vários tipos de música: *musica mundana, musica humana, musica constituta in instrumentus*, a primeira referindo-se ao movimento dos planetas, à organização dos elementos e à música das esferas; a segunda, que une ao corpo o espírito eterno, incorpóreo, de modo semelhante à formação das consonâncias de sons agudos e graves, a partir de determinada ordem numérica. A última, segundo ele, é a única forma de música percebida sensorialmente (Lang, 1941, p.60).

O historiador Henry Lang diz ainda que, considerando-se a classificação de Boécio e acrescentando a ela a *musica vocalis*, conclui-se que o *instrumentarium* mencionado não se refere a instrumentos musicais, mas às ferramentas que permitem a observação científica. Essa é a concepção de música dominante nos períodos inicial e central da Idade Média e explica sua presença no *quadrivium* (1941, p.60).

Boécio não estava interessado na percepção dos sons pelo ouvido nem nos efeitos emocionais que provoca no ser humano, mas no fenômeno físico, nas proporções numéricas como base da compreensão musical; nesse sentido, é um clássico. Para ele, as proporções numéricas são compreendidas pela razão e não pela escuta, que, frequentemente, induz a erros; o poder analítico da mente é considerado superior à faculdade de discernimento do sentido da audição, o que faz que os teóricos sejam considerados superiores aos músicos práticos. Boécio mantém ligação direta com Pitágoras e vê a música como ciência, não como arte. Seus estudos a respeito da teoria musical da época servirão de fonte referencial aos estudiosos durante muitos séculos, e sua teoria permanece estável até a época de Guido D'Arezzo (século XI).

Final do período gótico

A partir de D'Arezzo há uma substancial transformação, que aponta para o fim de uma era e início de outra. O final do período gótico caracteriza-se pelo desenvolvimento da polifonia, de que uma das principais formas é o moteto. Na composição musical, seguindo-se a um primeiro período homofônico e ao início de formas como o *organum*, o *tractus* e a *sequenza*, que ensaiam os primeiros passos na direção do aumento do número de vozes, surgem as primeiras obras polifônicas por volta dos séculos XII e XIII, que, após gerar muita controvérsia em seus primórdios, firmaram-se, foram aceitas como prática e tiveram seus princípios e bases discutidos por teóricos da música. A horizontalidade de ritmo e melodia apresenta estreita correspondência com as artes visuais e a literatura.

A multiplicidade das vozes tornou-se, então, a marca da música ocidental, requerendo do ouvinte um jeito diferente de escutar, se comparado à homofonia. Nessa multiplicidade não se estabelece uma relação íntima entre o ouvinte e o cantor. O ouvinte do período gótico não ouve verticalmente: em vez de concentrar sua atenção no cantor ou grupo de cantores, tende a seguir as partes individuais, acompanhando-as em seus movimentos próprios. Há, na audição, uma escolha, uma seleção de trechos ou agrupamentos melódicos que o ouvinte deseja ou prefere ouvir e, para isso, deve dispor-se a segui-las, tornando-se, ele próprio, um coconstrutor da obra.

Os tratados teóricos representam o conhecimento de uma prática musical estabelecida e aceita. O interesse dos teóricos concentrava-se em encontrar pontos de convergência entre as próprias teorias e as da Antiguidade clássica. A música era tratada como ciência e o interesse renovado pela época clássica fundamentava os procedimentos polifônicos. No movimento da *Ars Nova* (século XII), Philipe de Vitry voltava-se às antigas doutrinas e buscava atingir o ideal românico de perfeição, propósito, esplendor e suavidade. Há uma reconciliação entre o conhecimento profano e as crenças de uma religião revelada.

A tarefa das teorias dos séculos XI e XII tinha sido clarear doutrinas e regras da ciência para aplicá-las à música. Já nos séculos XIII a XIV, seu propósito era classificar e organizar as regras da *musica mensurata*, e seu maior interesse consistia em conhecer a natureza da música e sua classificação, num espaço situado entre as artes e as ciências. Surgiram bons tratados teóricos que revelam forte influência da literatura árabe. Raimundo de Toledo traduziu alguns pensadores antigos, mas a primeira figura é Al-Farabi, que resgatou para o Ocidente o pensamento de Aristóteles. Da mesma época são Gaudassali e Avicena, que traduziram os clássicos. E o monge Roger Bacon reiterou a compreensão da música como parte da matemática (Lang, 1941, p.138).

Música e educação na época medieval

Além da prática musical, influenciada pela concepção grega de música como fator de educação e da moral, que se mantinha ainda na Europa medieval, e da música como ciência, defendida pelos teóricos da época, há uma terceira posição, que a vê como incorporação e expressão da devoção cristã, intermediária entre Deus e os homens. É nessa acepção que, em Agostinho, a emoção é reconhecida na música, o que conflita com sua própria posição de valorização da música como ciência (razão).

Dentro do entendimento de música como louvor a Deus, e ao lado da visão teórica, constituindo-se a Igreja na grande disseminadora de conhecimento, o controle do aprendizado musical lhe é confiado e, embora ainda não se possa falar em "educação musical" na acepção que hoje se dá ao termo, a atividade prática de música com a presença de crianças é considerada um de seus pontos principais. Era fundamental para a Igreja medieval que o cantochão fosse corretamente transmitido, pois fazia parte da disseminação da fé cristã, um dos principais elementos de unidade do culto num de seus momentos de grande expansão. Daí a razão da criação das *scholae cantori*, que se expandiram com o papa Gregório desde o final do século VI. Antes disso, as crianças que viviam sob a custódia das igrejas tinham, contraditoriamente, um tipo de educação clássica, fortemente apoiada na filosofia grega.

Como o maior propósito da música era louvar a Deus, as instituições cristãs, isto é, igrejas, conventos e seminários arregimentavam crianças dotadas de boa voz para suprir as necessidades de seus coros. Geralmente provindas de lares pobres, essas crianças garantiam, muitas vezes, o sustento próprio e o da família. Henry Raynor, em sua *História social da música* (1981), explica pormenorizadamente o que ocorria com esses meninos, o que lhes era lícito ou ilícito fazer, quais as vantagens e desvantagens de ser menino cantor, quanto ganhavam, o que aprendiam. O conteúdo musical constante desse aprendizado variava de igreja para igreja, ou de época para época, mas sabe-se que eram ministradas aulas de canto, contraponto e improvisação, e que muitos dos pequenos cantores eram extremamente hábeis na realização de suas tarefas musicais. Essa prática perdurou por séculos; muitos dos importantes músicos dos períodos gótico, renascentista e barroco foram meninos cantores, e já pertencem ao anedotário da música as peripécias pelas quais muitos deles passaram ao serem raptados, com frequência, para fazerem parte de determinada corte ou capela. Orlando de Lassus, por exemplo, ficava intermitentemente nas cortes neerlandesa e italiana, por força de contínuos raptos. De tudo isso, porém, o que interessa destacar é o objetivo das *scholae*, centrado na boa produção musical destinada a atender às necessidades litúrgicas das igrejas, conventos ou paróquias, não existindo nenhuma preocupação com o desenvolvimento musical da criança ou com sua educação e bem-estar, o que só vai ocorrer muito mais tarde.

Talvez seja difícil ao homem contemporâneo compreender essa maneira de lidar com a criança, que servia de instrumento ao propósito maior de louvar a Deus por meio da música; no entanto, é preciso atentar para o fato de que, durante o período medieval, a sociedade não via a criança e o adolescente da mesma maneira que hoje. Na sociedade medieval, não havia um claro limite entre criança e adolescente e, com frequência, os termos *puer* e *adolescens* se confundiam. A longa infância resultava da indiferença da sociedade pelos processos biológicos. A ideia de infância está ligada à de dependência; só se sai da infância ao sair dessa condição. A criança pequena era vista como um animalzinho, fonte de diversão e entretenimento para os pais e habitantes do local. O elevado número de mortes de crianças pequenas não era sentido como perda, pois logo outra criança viria, em substituição. Não poderia haver, portanto, preocupação quanto à educação infantil, ou outros investimentos a longo prazo, quando não se sabia por quanto tempo a criança estaria na família. É essa a razão, também, de seu anonimato. As que conseguiam superar o primeiro tempo de vida, tão logo cresciam um pouco, passavam a participar da vida em condições semelhantes às dos servos. Era aí que se dava seu aprendizado: observando e cumprindo ordens dos mais velhos enquanto aprendiam ofícios e habilidades. Era frequente que as crianças fossem enviadas a outras famílias, nas quais cumpririam tarefas domésticas como servos da casa. Essa atitude, chocante talvez aos olhos de pais e educadores de hoje, explica-se pela própria função da família medieval, que não era afetiva, mas responsável pela conservação de bens, pela prática de um ofício, pela ajuda mútua entre seus membros e pela proteção à honra e à vida (Ariès, 1981, p.29-156).

Esse conceito de infância, apresentado por Philippe Ariès em seu estudo a respeito da criança e da família, explica o funcionamento das *scholae cantori* medievais; neste caso, a criança musicalmente talentosa e portadora de boa voz cantada era levada às instituições religiosas para aprender o ofício de músico. O afastamento da família era comum e, em alguns casos, os meninos cantores contribuíam para o sustento do grupo familiar, pois os pais ganhavam algo em troca da cessão dos filhos à Igreja. Não havia, portanto, por que lamentar ter um filho retirado do seio da família; pelo contrário, essa atitude da Igreja era, com frequência, considerada uma honra. A ausência do conceito de infância fazia a instituição religiosa se interessar pela criança como um instrumento de louvor a Deus; seu talento era a condição que lhe permitia aprender o ofício de músico e, mais tarde, exercer a profissão. Na instituição que a recebia, a criança não era separada do adulto, mas convivia com ele e participava a seu lado dos agrupamentos corais.

A situação apontada não sofreu grandes modificações no decorrer dos séculos, pois a preocupação da Igreja com a estabilidade da fé e com sua política de expansão não estimulava mudanças, mas a manutenção da tradição. Era importante que a liturgia e o canto permanecessem estáveis em todos os recantos por onde o cristianismo penetrava, funcionando como emblemas da Igreja. Os procedimentos em relação à aprendizagem da música, portanto, não sofreriam maiores modificações, além daquelas impostas pelas condições sociais: por exemplo, verba para manutenção de um grupo grande ou pequeno de cantores, a contratação ou não de um mestre de capela ou organista.

Só haveria alterações significativas nesse estado de coisas ao redor do século XII, com a proposta de Guido D'Arezzo, que conduziu a uma verdadeira revolução na prática musical do período. Ao contrário de Boécio, cujo principal interesse na música era de ordem teórica, o monge de Arezzo tinha como maior objetivo educar o cantor da maneira mais rápida possível, até que este atingisse a habilidade de cantar canções desconhecidas a partir de notação escrita. Para atingir essa meta, abandonou tudo que não estivesse relacionado ao canto e concentrou-se em seu trabalho, para favorecer os resultados práticos da pesquisa. Com ele, o aprendizado teórico-prático preponderava sobre o teórico, invertendo a ênfase dada por

Boécio à teoria sobre a prática. O "científico" era, agora, descartado. De acordo com os preceitos da Abadia de Cluny, onde habitava, a ênfase estava no canto. A notação em uso até então pressupunha a tradição oral, pois servia, apenas, de ajuda mnemônica; a invenção de Guido (notação musical) permitiu que cada monastério ou igreja tivesse seu próprio coro e que, pela primeira vez na história, fosse capaz de cantar não só o repertório tradicional, mas também cantos desconhecidos.

Duas coletâneas – Gebert e Coussemaker – reúnem a filosofia da música dos séculos IX a XV, período áureo da arte gregoriana e, ao mesmo tempo, de um extraordinário florescimento da teoria musical, cuja questão mais importante era estabelecer a origem da música. Nesse período, sua função era servir de suplemento à oração e à expressão da emoção e do sentimento religiosos. O aprendizado começava a privilegiar a formação do músico artista, e não a do músico teórico.

Da produção musical da Idade Média, o que chegou a nós é, quase exclusivamente, música litúrgica, que os mosteiros guardaram graças ao sistema de notação gregoriana; há poucos registros de música profana do período, que quase se perdeu inteiramente devido, entre outros fatores, à precariedade da escrita musical; porém, sabe-se que, durante o período feudal, era importante a educação secular dos cavaleiros. A arte da cavalaria deveria incluir a criação de versos e o canto, além do domínio do alaúde ou de outro instrumento. Os tocadores de flauta e lira, e outros músicos e cantores seculares, exercitavam a invocação dos prazeres por meio de suas produções artísticas, melodias e composições. As características do aprendizado da música profana assemelhavam-se ao da música religiosa, cabendo a um mestre a transmissão de conhecimentos ao aprendiz. A beleza e a perfeição do canto, fosse ele litúrgico ou profano, eram procuradas não como remédio, como as doutrinas dos tempos antigos ensinavam, mas em obediência ao espírito da época. Reprovava-se a falta de conhecimento de contraponto, causada pelo parco conhecimento teórico, e estabeleciam-se comparações entre os músicos religiosos e profanos; os autores do período romanesco mostravam uma curiosa mistura de pensamento conservador e progressivo, e os principais ideais da época eram perfeição, propósito, preparação, esplendor e suavidade.

Estéticas da Renascença

A Renascença foi a era do humanismo, da descoberta do mundo e do homem. O que a caracteriza é o rompimento de fronteiras, tanto geográficas quanto as que se referem ao conhecimento humano, conduzindo a um estudo renovado das formas de arte. De acordo com o historiador Henry Lang, humanismo e Renascença são termos intercambiáveis, e o cultivo dos clássicos é a marca da arte do período (1941, p.169). Nesse retorno aos clássicos, a música recebeu atenção destacada. Ao lado da abertura de fronteiras, havia uma busca constante por unidade, traduzida, na música, pela simultaneidade das vozes, que corresponde, nas artes visuais, à perspectiva.

A percepção simultânea das proporções entre as partes levou à harmonia (*concento*). E, dela, *ouvido* e *olho* participavam. A estética era baseada na proporção, na relação entre espaços e na simetria. O espaço era simultâneo tanto nas ciências quanto nas formas de expressão artística. Essa concepção de proporcionalidade não era conhecida no período gótico; a harmonia, considerada *essência da beleza*, era quantitativa e baseava-se em medidas e proporções resultantes da observação da natureza. O desejo de ressuscitar a música da Antiguidade clássica é evidente na importância conferida ao texto, na preponderância do ritmo das palavras e na organização da linha melódica. As artes continuavam dependentes da literatura e sua fonte era a poesia clássica.

Surgiu, nesse período, uma nova maneira de ouvir, facilmente detectada na produção musical. Essa nova escuta é comparável à nova maneira de ver nas artes visuais, causada pela perspectiva e pela busca de unidade. O desenvolvimento horizontal da escritura musical, marca do período gótico, cedeu lugar à simultaneidade e à verticalidade. O compositor planejava sua obra como pilares, não como linhas, e tinha de lidar com o complexo resultante dessa ação. O ouvinte escuta acordes simultâneos (verticalidades) e não múltiplas linhas melódicas; em vez de acompanhar uma ou mais melodias da polifonia, sintetiza a informação e aceita o acorde como unidade, não como um agregado de notas. Testemunho disso é Pietro Aron (1490-1545), que afirma: "A música dos modernos é melhor do que a dos antigos, porque eles consideram todas as partes juntas e não compõem as vozes umas após as outras" (apud Lang, 1941, p.293).

Esse é um ponto a enfatizar, pois, via de regra, atribui-se a escuta simultânea a um período posterior (século XVII), quando a harmonia se estabeleceu como teoria, mantendo-se, no século XVI, a importância do contraponto, e pressupondo-se, por causa disso, um tipo de escuta horizontal. No entanto, em pleno século XVI, e no auge da polifonia renascentista, o homem já escutava simultaneidades, tanto é que a escrita palestriniana, até hoje utilizada como modelo para o estudo do contraponto do século XVI, organiza a convivência das vozes em termos de consonância e dissonância, em que as consonâncias são permitidas em qualquer situação, e as dissonâncias, somente se preparadas e resolvidas. Esse tipo de regulação indica que o ouvido renascentista já não aceitava superposições de melodias sem que estas mantivessem relação entre todas as vozes, nem o estabelecimento de relações únicas entre cada voz e o tenor, mas não com as outras, como ocorria na polifonia medieval até o século XIV. O homem do século XVI queria escutar as vozes em combinação, como um todo, isto é, *em harmonia*.

A ciência da música passou a reconhecer as terças maiores e menores como consonâncias e estabeleceu a tríade como um fenômeno natural. Os escritos de Ramos de Pareja lançam os fundamentos da moderna teoria da harmonia, abandonando as ideias de Boécio, até então aceitas sem contestação. O interesse pela teoria da música grega se justificava como revisão do conhecimento, mas os fundamentos da teoria da música renascentista se firmaram e constituíram a base do sistema moderno. Ela rompeu com os sistemas medievais especulativo-simbólicos baseados em Pitágoras e Boécio, e estabeleceu outro, fisicamente definido e matematicamente documentado, seguindo a valorização das ciências peculiar à época.

Para melhor compreensão do significado das transformações ocorridas na música desse período, em que se firmou o modo de ser renascentista, é interessante observar a grande mudança de concepção nas artes visuais (Giotto) e na arquitetura do século XVI, à medida que o espaço temporal sucessivo do gótico era suplantado pela simultaneidade geometricamente determinada da Renascença. O edifício gótico não é fechado e finito, nem representa algo rigidamente estático; ele se constrói continuamente, contando suas histórias. Por esse motivo, uma catedral gótica inacabada frequentemente dá a impressão de grandeza e importância. Ao contrário do que ocorria no período gótico, pequenos espaços inacabados ou acrescentados à estrutura inicial não eram tolerados pela unidade geométrica da Renascença. O espaço subjetivo transforma-se em objetivo.

Esse fenômeno encontra estreito paralelo na música: o contraponto dos séculos XIII e XIV é tipicamente gótico, desenvolvendo-se em arcos construídos em direção a um destino, em que não importam as relações harmônicas e onde se empregam muitas dissonâncias entre os pontos inicial e final de cada arco. Entre os pilares consonantes, as linhas melódicas desenvolvem-se horizontalmente, do mesmo modo que a narrativa ou a catedral. Um exemplo desse comportamento gótico é a "composição aditiva", comum àquela época, em que as vozes se relacionam com o tenor (de *tenere* – sustentar), em termos de consonância e dissonância, mas independem umas das outras. Nesse tipo de composição, pode-se acrescentar ou omitir vozes sem que a estrutura se altere substancialmente. Do mesmo modo que o edifício gótico, a peça não se apresenta completa, e comporta constantes alterações, o que nos dá fortes indícios do tipo de audição da época, predominantemente horizontal.

O contraponto renascentista, ao contrário, é condicionado por princípios harmônicos (verticais), significando o uso coetâneo dos espaços subjetivo e objetivo. É claro que os princípios da escrita a várias vozes pedem um estilo linear, mas o contraponto tem uma resultante vertical de base cordal, curvando-se à eufonia. A grande inovação na música coral é a definição das vozes humanas em tessituras específicas, contrariando a tendência anterior, na qual elas frequentemente se sobrepunham e se cruzavam. Começa a se definir a composição coral a quatro vozes, que passa a ser sistematicamente empregada apenas alguns anos mais tarde. Já não se considera a composição "aditiva", como no estilo gótico. As vozes são bem definidas e, estruturalmente, essenciais à obra. Com Dufay inicia-se, verdadeiramente, o estilo coral, em que o baixo dá apoio ao tenor e a harmonia resultante não pode ser omitida, sob pena de expor acordes de 4ª (proibidos). Contudo, não há ainda imitação nas quatro vozes, da maneira que se imporia mais tarde, mas apenas pequenos fragmentos, que aparecem ao longo da obra. Esse procedimento tem paralelos na pintura da época, em que o artista pincela pequenos fragmentos em diferentes partes do quadro, compondo um tipo de "ressonância", empregada, pela primeira vez, por Rafael e contemporâneos. Na música, o uso de um mesmo material temático percorrendo as diferentes vozes prenuncia e se desdobra no estilo imitativo que reflete, como na pintura, o crescente interesse por espaço, profundidade e perspectiva.

A estética da Renascença é baseada na proporção, na relação entre diferentes espaços, na qual a simetria é apenas uma entre diferentes possibilidades. Para que se comparem espaços diferentes, é preciso vê-los juntos, simultaneamente. Leonardo da Vinci, contemporâneo de Josquin e, ele mesmo, um hábil músico, expressou isso ao observar que a percepção simultânea das proporções de todos os membros cria uma harmonia (*concento*) que fornece ao olhar uma sensação equivalente à experimentada pelo ouvido na escuta musical. Essa concepção de proporcionalidade não era conhecida no período gótico, que privilegiava o ritmo e a dinâmica do movimento tanto na arquitetura quanto na música. O cuidado constante em estabelecer relações de proporção de modo acurado e agradável não significa apenas um meio inteligente de dispor as figuras, mas mostra um intenso desejo de realizar a representação clara e precisa das circunstâncias proporcionais expressas nas formas.

O princípio da harmonia – considerado na Grécia a essência da beleza – foi eminentemente quantitativo e ligado à medida e às proporções. Todas as necessidades de ordem qualitativa, como cor, caráter e estado de espírito são frutos apenas da correção e da verdade, resultantes da observação da natureza.

Contudo, a imaginação espacial predominantemente ótica da Renascença não invadiu a música e a poesia com a mesma rapidez com que conquistara as artes visuais. Ela mostrava certa hesitação, certo evitar as questões da Renascença, tal como se manifestavam na arte italiana. Na medida em que evitava tais questões, permanecia mais estreitamente ligada ao espírito e à atmosfera do humanismo do Norte, grandemente imbuído das tradições medievais e com fortes tendências à melancolia e à meditação profunda. Os nortistas, com exceção de Erasmo, eram, na verdade, estranhos ao espírito da Renascença, que tentava a perfeição da vida terrestre por meio da arte, uma ideia que só lentamente conquistou também os países do Norte. A alegria espontânea pela mera existência da arte era um sentimento desconhecido; era natural, então, que a música hesitasse em abraçar a alegria consciente e orgulhosa que caracterizava as outras artes.

Prenúncios do barroco

Em artigo a respeito da música dos períodos medieval e renascentista, a autora mostra a dificuldade de estabelecer limites entre a Renascença e as épocas que a precederam e seguiram, pois em ambos os casos as demarcações não são nítidas e as características de uma fase podem ser detectadas na outra (Fonterrada, "Tratando de limites", in Sekeff, 2001). Desse modo, convivem no mesmo período estilos diversos, representando, ao mesmo tempo, a polifonia horizontal, reminiscência do gótico, ao norte, e a nova concepção harmônica vertical ao sul, em que as brilhantes estruturas cordais encontradas na escola veneziana são como arautos do barroco.

Veneza havia se tornado o grande centro da Igreja Católica, subordinando-se apenas a Roma. Embora os dois centros fossem movidos pelo mesmo espírito, as manifestações musicais em cada um deles seguiam direções opostas: em Roma, a música reflete o conservadorismo dogmático em sua busca por ordem, medida e tradição. Em Veneza, ao contrário, a paixão extática, o poder e o fervor místico dos venezianos se manifestam na música de Andrea e Giovani Gabrielli, colorida e progressista, de tal modo que os *clusters* tonais em forma de torre dos Gabrielli, com suas cores múltiplas e cintilantes, acompanhamento orquestral, brilhantes passagens solo e grandes contrastes dinâmicos parecem estar mais próximos da música monumental do barroco do que da perfeição formal da Renascença.

Na música profana apresenta-se, também, o mesmo que na música litúrgica: os compositores flamengos, até então considerados os mestres da música, deixavam as capelas e cortes principescas, enquanto os italianos tomaram seus lugares; os compositores de madrigais, *vilanelle* e *balleti* ganhavam supremacia sobre os outros compositores. No novo madrigal, há um crescente número de vozes, as alterações cromáticas são cada vez mais comuns e as tintas carregadas e intensas buscadas pelos compositores deixam entrever alguns rasgos da nova estética. Aos poucos, a natureza do canto *a capella* vai sendo modificada, notando-se um crescente uso de instrumentos; a polifonia vai sendo abandonada, enquanto a voz superior ganha mais importância do que as outras partes, que passam, frequentemente, a ser tocadas. A arte aproxima-se do teatro. Não apenas os madrigais avulsos parecem enfatizar o emocional sobre o racional, mas surgem ciclos completos de comédias madrigalescas que abrigam as mesmas características. Nessas comédias polifônicas os coros apresentam personagens dramáticas, que conduzem verdadeiros diálogos. No final do século, as comédias madrigalescas ganham tal popularidade que sobrevivem por muitos anos à estreia das primeiras óperas.

O compositor italiano Orazio Vecchi é um dos grandes mestres do estilo madrigalesco. Com um quadro dramático e colorido, cenas vivas, ritmos de canções populares e humor brilhante, sua música representa o último estágio no desenvolvimento do madrigal *a capella*.

Por sua grande virtuosidade, sabe-se que a polifonia vocal atingira seu limite; a música prepara-se para fazer sua entrada no drama. A composição *L'Amphiparnaso*, de Vecchi (1594, publ. 1597), escrita no estilo da *comedia dell'arte*, ilustra esse modelo de madrigal, situado a um passo do teatro – a comédia madrigalesca. Seu título – literalmente o duplo Parnaso – faz alusão à sua natureza de composição duplamente nova, por seu caráter a um só tempo poético e musical; nele desfilam diálogos típicos do teatro cômico da época: confrontos entre servos e patrões, amantes jovens e velhos, além de episódios patéticos e serenatas. No entanto, não se trata de um embrião do teatro cantado ou da ópera. Com sua linguagem polifônica, a proposta de Vecchi é a de um teatro imaginário, em que a não coincidência entre vozes e personagens, que aparecem simultaneamente nas muitas partes corais, engendra a completa impossibilidade de representação cênica. Trata-se, no dizer do próprio Vecchi, de um espetáculo "que se vê com o espírito, e no qual se penetra com os ouvidos, e não com os olhos", como bem explica Lelio no prólogo da obra, ao fazer seu eloquente convite aos espectadores imaginários: "Portanto, façam silêncio e, em vez de olhar, escutem!" (Vecchi, *L'Amphiparnaso*, CD, 1993).

Não se poderia deixar de lado, neste percurso pelos momentos finais da Renascença, o nome de Luca Marenzio (1553-1599), que levou o madrigal ao máximo desenvolvimento; seu domínio total da técnica de composição, a maneira sutil com que controlava o jogo de intensidades, seu grande poder expressivo, o emprego de acentuações altamente pessoais e a qualidade dramática de sua música fazem-no ser considerado por muitos o primeiro compositor verdadeiramente "moderno". Marenzio colocou sua técnica burilada e infinitamente flexível de composição a serviço do conteúdo poético do texto. Com o livre agrupamento das partes, por vezes altamente complexas, por outras, simples homofonia, obtinha efeitos virtuosísticos instigantes e coloridos. Sua rica imaginação apossava-se de cada ideia, de cada gesto, e os transformava em quadros líricos e dramáticos de extraordinário poder comunicativo – verdadeiras visões teatrais. Considerando, por vezes, o velho idioma modal insuficiente para "pintar seus quadros", Marenzio o abandonou, adentrando o campo da moderna tonalidade. Sua arte incansável, subjetiva, movida por visões febris, abre, mais uma vez, um período revolucionário na música, antecipando, em muitos aspectos, a estética barroca. Não apenas estiveram sob seu encanto Gesualdo de Venosa, bem como outros harmonistas contemporâneos e integrantes da tardia escola madrigalesca inglesa, mas também o gênio universal do próximo período, Claudio Monteverdi, que recebeu de Marenzio o grande ímpeto que o levaria a realizar uma nova arte, livre e passional.

Educação musical no período renascentista

No que se refere à educação, uma importante mudança se faz sentir a partir dessa época, com a aceitação da criança como um ser que necessita de cuidados especiais, de saúde, educação e lazer, afastando-se da maneira de entendimento vigente no período medieval, em que era considerada um tipo de animal de estimação, feita para divertir os adultos e conviver com eles. Embora o princípio das *scholae cantori* ainda subsistisse durante a Alta Idade Média e a Renascença, abrigando a prática musical desenvolvida a partir das necessidades inerentes às igrejas, durante o século XVI começavam a ser criadas escolas de formação básica em música, dentro de um princípio de organização diferente do das *scholae*. Nelas, ensinava-se uma grande quantidade de disciplinas, tendo em vista o treinamento profissional. Essas escolas, nascidas na Itália, continuavam, até certo ponto, a prática de formar músicos para as igrejas, mas, embora condicionadas ao repertório, certamente se modificaram e se adaptaram à época, com coros maiores e mais equilibrados do que os de épocas anteriores. Essas escolas, conhecidas como "conservatórios", eram, na verdade, orfanatos. Veneza contava com uma importante escola de meninas, enquanto Nápoles era reconhecida por seus "orfanatos" musicais para meninos, o primeiro dos quais criado em 1537. Essas escolas recebiam a denominação geral de *Ospedale* (hospitais).

Esse período coincidiu com a mudança na maneira de ver a infância, por parte da sociedade e da família; o hábito de deixar a criança por conta de aprendizes, em convivência direta com os adultos, se modificou. A educação começou a ser organizada nos colégios e seminários e a criança a ser encarada com maior responsabilidade pela família e por autoridades da Igreja e do Estado do que fora nos séculos anteriores. Nesse contexto, o aparecimento dos *Ospedali* destinados à educação musical de crianças e jovens acompanhava a tendência da época e a visão de mundo da sociedade, que reconhecia sua responsabilidade na formação de seres humanos.

As escolas protestantes, assim como as mantidas pela Igreja Católica, esmeravam-se para fornecer aos alunos formação competente, e existem registros detalhados do que se julgava adequado constar em seus currículos. Mas tanto na Igreja Católica quanto na Protestante, a necessidade de buscar critérios uniformes que não descaracterizassem a música cristã enquanto esta se expandia criou a necessidade da transmissão formal de conhecimento. A modificação dos hábitos, posta em evidência a partir da Reforma, especialmente entre os luteranos, em que a assembleia era estimulada a participar do culto religioso, instituiu o estilo coral homofônico. Na verdade exacerbava-se, com essa prática, a característica encontrada na concepção renascentista de mundo, que privilegiava a simultaneidade, pois o novo estilo coral, vertical, amplamente difundido na Igreja Reformada, favorecia a participação comunitária, o que, sem dúvida, é também um tipo de educação musical, embora não necessariamente intencional.

Philippe Ariès, discorrendo a respeito das escolas, informa que, do século XV ao XVII, o ensino passou a ser responsabilidade dos colégios, estando a cargo dos jesuítas, doutrinários e oratorianos, que, por seu modo de organização, estavam bastante próximos do conceito atual de escola, sendo que um dos principais indícios de evolução do sistema medieval era o estabelecimento de regras disciplinares, a vigilância e o surgimento de externatos. Essas modificações já prenunciavam uma mudança maior, que ocorreria a partir dos séculos XVII e XVIII.

Desde o século XVI, já era evidente a preocupação com costumes, comportamentos e regras de cunho moral, afastando-se a sociedade do costumeiro deboche medieval. Existia, nas famílias, a preocupação em educar as crianças para que se tornassem "perfeitos cavalheiros", e surgiram, na época, inúmeros tratados, como *La fortune des gens de qualité et des gentilhommes particuliers,* do Marechal Couillière, que apresenta no texto uma série de "conselhos aos jovens fidalgos" (apud Ariès, 1981, p.169). É da mesma época o tratado *Orchesographie,* de Thoinaut Arbeau (1967), famoso entre os estudiosos de música antiga, que ensina, em forma de diálogo entre mestre e discípulo, como dançar e se comportar em sociedade. Nesse mesmo período, o padre jesuíta Thomas Kempis publicou *A imitação de Cristo* (1944), que contém exercícios e regras de comportamento ao jovem cristão que deviam ser cumpridos como aperfeiçoamento da fé cristã. Tudo isso se constitui em uma série de indícios de que a educação estava prestes a se modificar profundamente; no entanto, seria preciso esperar até o século XVII para que o novo conceito de educação se firmasse.

A Idade Moderna

No início do século XVII, o pensamento cartesiano surgiu como a grande mudança que iria nortear a tradição epistemológica ocidental. A atitude de questionamento constante e a utilização de procedimentos lógico-matemáticos, característicos do pensamento de Descartes, encaravam a ordem, o método e a reflexão como condições para a compreensão e o conhecimento da verdade. A investigação baseava-se em dados objetivos, reais, e podia-se chegar à verdade por meio de "ideias claras e distintas". O século XVI foi o momento em que o homem abandonou a ideia medieval de Deus como centro do Universo e se voltou para si e para o mundo. O cartesianismo, como afirma Alexandre Koyré, surgiu como resposta aos anseios do século XVI, e nele se originou a modernidade (Koyré, 1986, p.9-33). O método cartesiano respondeu à desagregação, à desorientação e à crise das tradições históricas, satisfez a necessidade de reconstrução de um universo de crenças, métodos e procedimentos, e conseguiu criar um mundo estável, garantido, compartilhável, mesmo que suas normas, regras e crenças fossem fundamentadas em valores subjetivos e, portanto, não controláveis. Fazia parte das aspirações da época a construção metodológica do sujeito epistêmico, religioso, político. Nesse universo, não importavam as particularidades, mas as regularidades, e o método era o modo de separar o genérico do particular. Espinosa avançou em relação ao caminho indicado por Descartes, acrescentando aos fatos físicos os mentais. Físico e mental, com ele, acoplaram-se num todo perfeito, em que a ordem e a conexão das ideias seriam, na verdade, a ordem e a conexão dos fatos.

Esse século, conhecido pela reviravolta nas concepções científicas, mostrou-se, também, revolucionário na música, com a disseminação do *nuovo stilo*, baseado na melodia acompanhada e no melodrama. A música se viu diante de inúmeras novas possibilidades e as preferiu à polifonia. Todas as polêmicas de então – as famosas *querelles* dos franceses – tiveram origem no confronto entre *nuovo* e *vecchio stilo*; a simultaneidade, iniciada no século anterior, ganhou, então, feições novas, pela preferência à melodia acompanhada, ao melodrama e ao notável impulso dado aos instrumentos de teclado e ao baixo contínuo. A simultaneidade não era casual. A melodia no melodrama dependia do acompanhamento harmônico, que favorecia a sucessão temporal dos diálogos e da ação dramática, e facilitava a apreensão, por parte do público, do desenrolar da trama.

Mas a transição entre os estilos não se deu sem lutas; o melodrama foi bastante atacado no século XVII, mais por motivos éticos do que estéticos. Enrico Fubini tem uma interessante explicação para esse fenômeno. De acordo com ele, a base da condenação foi resultado da concepção estética da época, que não aprovava a ideia de arte como arte. Para o espírito racionalista cartesiano que dominava a cultura seiscentista, arte e sentimento não tinham autonomia, não cumprindo nenhuma função essencial na vida do homem. A música representava apenas as formas inferiores de sentimento e, na classificação hierárquica das artes, ocupava o último lugar, enquanto a poesia, antiga companheira desde a tragédia grega, ocupava o primeiro.

A importância da poesia não ocorria em razão de seus próprios méritos artísticos, mas da presença de um maior conteúdo conceitual e didascálico.[1] Na concepção da época, a música fazia um apelo direto aos sentidos, ao passo que a poesia era guiada pela razão, motivo de sua supremacia. A união música/poesia, anteriormente buscada como ideal, daria origem a um conjunto absurdo, incoerente e inverossímil, que poderia levar o público à perda do gosto, deseducando-o, encantando-o, reduzindo-o e abrandando-o com a fascinação pelos sons, o que, certamente, o afastaria do autêntico espetáculo trágico, que nada ganharia com o acréscimo da música, mas, ao contrário, se corromperia com ela.

Ainda que, excepcionalmente, a arte pudesse ser admitida, a música não tinha salvação. Para a mente racionalista de então, música e poesia eram originalmente irreconciliáveis e, por terem direções distintas, excluíam-se mutuamente. No entendimento da época, a música nunca poderia significar nada por si mesma, e só se redimiria se servisse à poesia. No melodrama, porém, ela não se limitava a essa função subordinada e tendia a sobrepor-se ao libreto, que, por sua vez, adaptava-se ao espírito da música, utilizando-se de argumentos vãos e inconsistentes. A música no teatro era também condenada, sendo considerada causa de dano aos costumes do povo, predispondo-o, ao escutá-la, à lascívia.

Um dos princípios constantemente evocados por ambos os lados – as facções pró e contra o melodrama – nas polêmicas em torno do estilo era o de arte como imitação da natureza, conceito complexo que abarca significados distintos e contrastantes, o que justifica sua utilização na elaboração de argumentos destinados a acolher ou combater o novo estilo. Os conceitos de imitação e natureza variam muito de significado, segundo o contexto em que estão

---

1 Didascália é a palavra grega que designa as instruções aos poetas ou atores na tragédia.

inseridos, abrigando, por vezes, sentidos opostos. No século XVII, *natureza* identificava-se com a razão e a verdade, enquanto *imitação* era o procedimento destinado a embelezar e a tornar mais agradável e amena a *verdade da razão*.

Na segunda metade do século XVIII, quando já se mergulhava no classicismo, esse entendimento inverteu-se; *natureza* passou a ser símbolo de espontaneidade e expressividade, enquanto *imitação* indicava coerência e verdade dramática, o que estabelecia o vínculo entre arte e realidade. Vê-se, então, que a doutrina da arte como imitação da natureza é uma cômoda arma, empregada para defender ora um, ora outro desses pontos de vista, e pode justificar o que quer que seja. A história da estética musical nos séculos XVII e XVIII pode ser conduzida pelo estudo do conceito de imitação da natureza em suas diferentes interpretações. Numa delas, esse conceito – herança de Aristóteles – era utilizado para justificar o gosto áulico e clássico da poesia da época. E levava, inevitavelmente, à condenação da arte e à negação de sua autonomia. Nesse modo de entendimento, a arte era associada ao conhecimento e se apresentava como verdade agradável, mas inferior, porque desprovida de rigor. Dentro desse conceito de arte como "agradável imitação da natureza-razão-verdade", por meio da ficção poética, só a poesia podia ser admitida no reino das artes. Não a música, que não era capaz de imitar a natureza, por não ser nada mais do que um simples jogo de sons, capazes de acariciar o ouvido, sendo, então, objeto de prazer e diversão, sem nenhuma função mais elevada do que o estímulo emotivo. Enquanto permaneceu esse conceito, a música ficou desterrada do reino das artes, ou admitida apenas quando vinculada à poesia.

No período estudado, todos falavam de imitação da natureza como princípio soberano, ao qual deviam ater-se todas as artes, mas não era claro o que é imitação quando se trata de música, acusada de insignificância e, por isso, incapaz de imitar o que quer que fosse. À medida que se avançava no século XVIII, porém, a música se impôs, além do melodrama, como música instrumental, e passou a ser valorizada até mesmo por seu poder imitativo (Fubini, 1987, p.21-2).

Mas antes de prosseguir em direção a essa valoração da música instrumental, é preciso destacar duas importantes teorias que floresceram nessa época e que, cada qual a seu modo, reafirmaram a estética barroca que conferiu estatuto superior à música ligada à literatura ou aos sentimentos, em relação à música puramente instrumental. São elas a Teoria dos Afetos e a Doutrina das Figuras.

A Teoria dos Afetos

A Teoria dos Afetos, surgida no último período barroco, explica os eventos musicais por sua relação com os sentimentos. Essa teoria, desenvolvida por Werkminster em sua obra *Harmonologia musica*, de 1702, foi também objeto de estudo de vários músicos e pensadores, como J. D. Heinichen (1711), J. Matheson (1739), J. J. Quantz (1752), F. W. Malpurg (1763) e outros escritores do século XVIII. Matheson, em 1739, descreveu a teoria com grande riqueza de pormenores, enumerando mais de vinte afeições e o modo pelo qual deveriam ser expressas na música:

> A tristeza deve ser expressa por melodias de movimento lento e lânguido, e quebrada por saltos.
>
> O ódio é representado por uma harmonia repulsiva e rude, e por uma melodia semelhante.

Nas danças, também estavam presentes os vários afetos (isto é, emoções características):

> A *giga* expressa "calor e impaciência" e a *courante*, doce esperança e coragem. (Apel, 1975, p.16)

Esse tipo de explicação revela como é difícil chegar a qualquer formulação da Teoria dos Afetos. Todavia, não há dúvida de que, no período barroco, e em especial na Alemanha, os escritores e compositores estavam bastante familiarizados com essa doutrina estética e, com frequência, incorporavam suas manifestações em suas composições. Uma das normas usualmente aceitas era a de que uma obra ou um movimento de uma obra maior podia expressar apenas uma emoção. Não se pode deixar de notar, também, que a Teoria dos Afetos, embora tenha florescido no barroco, muito deve à doutrina do *éthos,* da antiga Grécia, com Platão e Aristóteles, e que continuou a florescer durante a Idade Média, a Renascença e o início do barroco, com Isidoro de Sevilha, Glareano, Ramos de Pareja, Monteverdi e Descartes. O canto gregoriano também se utilizava de climas emotivos, em que cada modo expressava um determinado estado de espírito, e, por isso, não podiam ser utilizados indiscriminadamente, como base de qualquer parte do ordinário da missa, ou em cada época do calendário litúrgico; isso porque havia os modos de júbilo e os modos de tristeza e recolhimento, adequados aos estados emocionais de cada parte da missa ou do ano litúrgico. Mas embora sempre tenha havido, no decorrer da história, estreitas ligações entre música e emoções, o período áureo desse tipo de proposta permanece sendo o século XVIII (Apel, 1975, p.16).

A Doutrina das Figuras

A Doutrina das Figuras, que surgiu no mesmo período, concebia a música como análoga à retórica, isto é, à "arte do bem falar", como era conhecida desde a época latina. Embora a retórica estivesse ligada à oratória, seus preceitos eram empregados em toda composição literária. Os romanos, que davam às palavras um lugar preponderante, agruparam preceitos destinados ao aperfeiçoamento da composição e do estilo. A estreita relação entre música e palavra propiciava o emprego de recursos da retórica na composição musical. A ideia de empregar, em música, as figuras da retórica era conduzida a partir de um elaborado sistema de recursos estandardizados, estabelecido desde Quintiliano, diferentes dos da fala comum, com a finalidade de tornar a oratória mais expressiva e impressiva. São exemplos de figuras: a *anaphora* (repetição da mesma palavra no início de sentenças sucessivas), a *aposiopesis* (parada súbita, silêncio expressivo), a *pathopoeia* (expressão de sentimentos), a *hypallage* (mistura de duas construções distintas), a *hypotyposis* (uso de ilustração por exemplos) e o *noema* (referência a algo comumente conhecido).

Entre os inúmeros compositores que empregaram as figuras em música, citem-se: Joachim Burnmeister (1599, 1606), Johannes Nuscius (1613), Joachim Thuringus (1625), Christof Bernhard (c. 1660), Johann Gottfried Walter (1708, 1724) e J. Matheson (1739).

Enquanto algumas das figuras podiam ser adotadas pelos músicos sem adaptação, mantendo o mesmo significado da literatura, outras eram aplicadas à música por aproximação. No primeiro caso estão a *aposiopesis* e a *pathopoeia*, e, no segundo, a *hypallage*, o *noema* e a *hypotyposis*. Assim, a *hypallage* era utilizada como um termo específico para a imitação por inversão, o *noema* como designativo do estilo cordal e a *hypotyposis* como designativo do emprego de *word painting*[2] (Apel, 1975, p.313), recurso muito comum no período renascentista, que ganhou sua maior expressão no barroco.[3] Há ainda outras figuras, interpretadas de diferentes maneiras pelos compositores: a *anaphora*, em Burnmeister, era uma imitação fugada, enquanto em Thuringus era um baixo *ostinato*. Além desses, havia o emprego de outras figuras, com significado es-

2 *Word painting*: expressão designativa de um recurso teórico, segundo o qual a música reflete as ideias apresentadas ou sugeridas pelo texto, em uma composição vocal ou coral.

3 Os mais comuns exemplos de *word painting* eram: "céu", representado por um movimento ascendente, e "água", por um movimento ondulatório. Podem ser, ainda, classificados como *word painting*: sons naturais, gritos de animais, fanfarras, a imitação de movimentos, como ficar de pé, correr, saltar, ou sugestões de associações de palavras, como "guerra" a uma fanfarra, ou "igreja" a sinos. Há um exemplo interessante em Thomas Weelkes, em sua obra *As Vesta was from Latmos hill descending*, em que o autor utiliza, sucessivamente, duas, três, seis e uma vozes, para representar o texto que diz: "Primeiro, duas a duas, então três a três, deixando sua deusa inteiramente só". Outro tipo de *word painting* menos direta,

tritamente musical, como: *anabasis* (movimento ascendente), *catabasis* (movimento descendente), *circulatio* (movimento circular), *saltus* (salto), *diminutio, fuga, syncopatio,* e outros.

Outros recursos da retórica eram usualmente empregados em música, como os *loci topici,* argumentos utilizados pelo orador para provar determinado ponto que, em música, são utilizados como recursos destinados a estimular a invenção: uso de diferentes tipos de notação, valores, inversões e respostas – *locus notationis* –, mudança de metro e tempo, emprego de notas nas tessituras aguda e grave, como categorias de contraste – *locus oppositorum* –, ou, ainda, imitação de estilo de outros compositores – *locus exemplorum* (Apel, 1975, p.313).

O último barroco e o classicismo

Tanto os recursos da Teoria dos Afetos quanto os da Doutrina das Figuras prestavam tributo à união da palavra e da música e concebiam a música como expressão de sentimentos. Essa expressão não era desenfreada, mas obedecia a categorias previamente determinadas e claramente organizadas. Assim, mesmo na expressão de paixões e sentimentos, o homem barroco procedia de maneira cartesiana. Todos esses modos de organização são sintomáticos do período que inaugurou o modo de pensar científico, baseado na reflexão e na experiência. As teorias apresentadas compartilham os mesmos modos de apreensão do mundo e sofrem influência de seu tempo e espaço. A música reflete e sintetiza em si própria os valores da época, que podem ser vistos na medida matemática do tempo, no emprego da tonalidade

mas nem por isso menos sugestiva, pode ser visto nas próprias partituras, na maneira de organização da obra. O moteto *De pauperum refugium,* de Josquin, em contraponto estrito, interrompe esse tipo de escritura na expressão *via errantium,* quando as linhas parecem perder a direção e caminhar de forma "errante", voltando ao contraponto, obviamente organizado, nas palavras *veritas et vita* (Apel, 1975, p.929).

em substituição à modalidade, na preponderância da melodia acompanhada em substituição à multiplicidade de linhas, na estrutura formal "clara e distinta" e na valorização de elementos de repetição, que são intrinsecamente dependentes da memória, pois é essencial, para a apreciação dessa música, que o ouvinte reconheça os temas, frases e fragmentos a cada vez que surgem, repetidos exatamente ou em variações.

Não obstante a mudança de estilo ocorrida do barroco ao classicismo, as características da música tonal já se encontravam perfeitamente assentadas. No entanto, é difícil estabelecer em que momento se deu a separação entre os dois estilos, pois, em muitos aspectos, eles se interpenetram. No entanto, alguma coisa se alterou e isso é bastante significativo: o pensamento filosófico, no último barroco, sob a influência do iluminismo, recusava-se a aceitar a experiência como fonte de conhecimento, pois, como esta se apresenta de maneira variável de pessoa para pessoa, não seria um dado confiável. A mente abstrata, capaz de se afastar do mundo sensório e mergulhar na introspecção, seria a fonte confiável de conhecimento. Embora esse pensamento não fosse consensual, pois muitos músicos ainda considerassem a música a arte dos sentidos e dos sentimentos, era suficientemente forte para caracterizar a época. A grande mudança se deu no que se convencionou denominar "classicismo", em que se voltou, mais uma vez, ao ideal clássico de busca pela beleza. Henry Lang resume com felicidade os ideais buscados em cada época, dizendo:

> Na Antiguidade, era a beleza, na Idade Média, o bem, durante o iluminismo, a verdade ... Mas a veneração da verdade logo foi abandonada, com a descoberta de que ... [ela] varia de acordo com o ângulo pelo qual é vista. E nem a bondade serve mais, porque o iluminismo mostrou que ela esconde motivos ulteriores. O homem, então, volta-se para os ideais da Antiguidade clássica ... pondo ênfase, novamente, no universal. (Lang, 1941, p.618)

Educação musical nos séculos XVII e XVIII

A ânsia por organização, presente em todas as atividades do período, comparecia, também, no âmbito educacional, continuando a tradição dos séculos anteriores; há, ainda, testemunhos das atividades dos conservatórios italianos criados no século XVI, que se dedicavam à educação de crianças órfãs, mas agora seu objetivo era decididamente de caráter profissionalizante. Scholes relata que Charles de Brosses, em sua obra *Lettres familières d'Italie* (1739), assim descreveu a música feita pelas órfãs dos "hospitais" de Veneza:

> Elas são educadas e mantidas às expensas do Estado e seu único treinamento é a excelência musical. Assim, elas cantam como anjos, e tocam violino, flauta, órgão, oboé, violoncelo e fagote – de fato, não há instrumento, por maior que seja, que as intimide. Elas se vestem como freiras. Tocam sem qualquer ajuda externa e quarenta garotas tomam parte em cada concerto. Juro que não há nada mais lindo no mundo do que ver uma jovem e encantadora freira, vestida de hábito branco, com um ramo de flores de romã nas orelhas, conduzindo a orquestra e marcando os tempos com toda a exatidão que se possa imaginar. (Scholes, 1978, p.929)

Esse depoimento corrobora o estudo de Philippe Ariès (1981), segundo o qual, no século XVII, ocorreram dois fenômenos importantes na escola: a especialização demográfica das idades (a infância foi dividida em classes, de 5-7 a 10-11 anos) e a especialização social (que criou "dois tipos de ensino, um para o povo e outro para as camadas burguesas e aristocráticas") (Ariès, 1981, p.183). Iniciando-se no século XV, mas principalmente nos séculos XVI e XVII, o colégio dedicava-se essencialmente à educação e à formação dos jovens, "inspirando-se em elementos de psicologia ... encontrados ... na Ratio dos jesuítas e na abundante literatura pedagógica de Port Royal" (ibidem, p.191).

Se a discussão acerca do valor da música e de seu significado estético pode ser acompanhada pela revisão histórica, pouco se pode dizer da educação musical após o período da supremacia da Igreja Católica e da Igreja Reformada. Sabe-se que, com o advento da burguesia, a escola, anteriormente adstrita à igreja, passou a ser ministrada a quem pudesse pagar por ela. Pode-se inferir também que, após a Revolução Francesa, a música alargou seus domínios, saindo dos conventos, igrejas e palácios e alcançando o povo. A instrução musical era bastante calcada na relação mestre/discípulo. No século XVIII, apareceram as primeiras sistematizações de ensino da prática de baixo cifrado, lideradas por Matheson e pelo padre Martini. E, na Inglaterra, as escolas italianas inspiraram Charles Burney (1774) a criar um *Plano para uma Escola de Música*, não reconhecido, porém, por seus contemporâneos (Scholes, 1978, p.929). Foi necessário esperar até o século seguinte para que escolas de música fossem criadas.

Não obstante a ausência de escolas, há um volume enorme de informações a respeito da educação no período. A presença abundante de literatura pedagógica indica que a infância e a adolescência já eram, a esse tempo, reconhecidas pelas autoridades e pelas famílias e que, a partir daí, as crianças passariam a ser objeto de estudo e preocupação. Não é por acaso que o período coincide com o surgimento de métodos educacionais, em alguns dos quais se observam as primeiras tentativas de incorporar o ensino da música na educação.

Precursores dos métodos ativos em educação musical

Jean-Jacques Rousseau – a natureza

Embora vários teóricos já tivessem se ocupado da questão pedagógica, foi Jean-Jacques Rousseau (1712-1778) quem deu expressão viva e concreta ao "naturalismo" pedagógico e marcou o fim da "ilustração" na França, ao perceber que a educação calcada na razão nada contribuía para melhorar a humanidade. Ao materialismo sensualista prevalecente, Rousseau valorizou outros aspectos, por ele considerados "mais humanos": a natureza do afeto, da personalidade, do culto à vida interior, de caráter individual. Em seu livro *Émile* (1762), defende a ideia de que a educação se constitui a partir da natureza da criança e que, portanto, a vida moral deveria ser um prolongamento da vida biológica. Desse modo, o ideal ético não pode ultrapassar a expressão das necessidades, instintos e tendências que formam a vontade de viver. Para esse filósofo, o homem é naturalmente bom; é a sociedade que o corrompe, afirmação que se funda em sua crença de que a política e a moral convencionais se opõem e deturpam as condições biológico-naturais do comportamento humano, em que as tendências, os instintos e a afetividade são primordiais.

Rousseau é o grande inspirador da psicologia moderna, porque seu naturalismo o leva a enfatizar as diferenças individuais, a psicologia do crescimento e a adequação dos processos educacionais aos interesses espontâneos da criança. Elabora os currículos escolares a partir de uma suposta organização do desenvolvimento psicológico e abre espaço para o aprendizado e a prática da estética, o ensino profissional, a educação moral e a educação política, filiados aos princípios revolucionários de *Liberté, Egalité, Fraternité*. Sua concepção de sociedade é associacionista; para ele, a sociedade é construída pelos indivíduos que a formam. Em vez de adaptação do indivíduo à sociedade, é necessário formar-se indivíduos perfeitos, para que se constitua a sociedade perfeita.

Rousseau é o primeiro pensador da educação a apresentar um esquema pedagógico especialmente voltado para a educação musical. De acordo com ele, as canções devem ser simples e não dramáticas, e seu objetivo é assegurar flexibilidade, sonoridade e igualdade às vozes. As ações propostas por ele não incluem a leitura musical, que só deveria ocorrer anos mais tarde.

Pestalozzi, Herbart e Froebel – a prática da música na escola

Pouco após Rousseau, surgiram outros pensadores, como Pestalozzi (1746-1827), Friedrich Herbart (1776-1841) e Froebel (1782-1852), que também abriram espaço para a música na escola. Pestalozzi, o educador suíço, como Rousseau, propôs um tipo de educação que tinha por base a prática e a experimentação de cunho afetivo. É a primeira tentativa de pedagogia experimental registrada na história. Ele desenvolveu um grande número de experiências com crianças desamparadas, ora com propósitos filantrópicos, ora experimentais, e fundou uma escola para professores, em que procurou concretizar suas ideias. A educação, de acordo com seu entendimento, é o desenvolvimento natural, simétrico e harmonioso de todas as faculdades da criança. Sua pedagogia é uma reação contra os costumes bárbaros de punição, tão comuns nas escolas de sua época. Para ele, a educação baseia-se na intuição e busca a construção e a expressão de ideias. Pestalozzi influenciou grandemente a chamada educação "moderna", a partir de sua "abordagem centrada na criança".

Em termos de educação musical, deu ênfase à utilização de canções no processo educativo, reconhecendo plenamente sua influência na formação do caráter. Para ele, a educação devia partir dos sentidos, daí a importância do cultivo das artes. Os princípios do sistema Pestalozzi de educação musical são:

- Ensinar sons antes de ensinar signos e fazer a criança aprender a cantar antes de aprender a escrever as notas ou pronunciar seus nomes.
- Levá-la a observar auditivamente e a imitar os sons, suas semelhanças e diferenças, seu efeito agradável ou desagradável, em vez de explicar essas coisas ao aluno – em suma, tornar o aprendizado ativo, e não passivo.
- Ensinar uma coisa de cada vez: ritmo, melodia e expressão, antes de fazer a criança executar a difícil tarefa de praticar todas elas de uma vez.

- Fazê-la trabalhar cada passo dessa divisão até que os domine, antes de passar para o próximo.
- Ensinar os princípios e a teoria após a prática.
- Analisar e praticar os elementos do som articulado para aplicá-los na música.
- Fazer que os nomes das notas correspondam aos da música instrumental.[4]

Muitos desses princípios são, ainda, tópicos para discussão nos atuais encontros de educação musical (Abeles et al., 1984, p.11).

Herbart, apesar de alinhar-se à mesma tendência naturalista, opôs-se às ideias de Pestalozzi e Rousseau, ao adotar uma atitude de compromisso com a nova ordem social que se apresentava na Europa, e fazer da educação um processo conservador. Sua proposta pedagógica apoia-se na rotina de atividades. Tem, também, preocupação em atuar com espírito científico, apoiando-se em dados fornecidos pela psicofísica e pela psicologia nascentes, o que pode explicar a boa acolhida de suas ideias nos Estados Unidos, até hoje presentes naquele país, entre os defensores da educação de base sociológica.

Para Herbart, a vida mental é um jogo de representações, em que o conteúdo da consciência tem dois aspectos: os formais (lógicos) e os materiais (físicos). Sendo a vida mental resultado do jogo de representações, e sendo o homem, sobretudo, vida mental, dirigir e formar a vida mental é dirigir e formar o homem. Educar, portanto, é instruir. O desenvolvimento mental se faz por associação de ideias e a moral, pela elaboração mental de conceitos éticos. Para que a educação tenha êxito, é preciso despertar o interesse do aluno, que é de caráter mental, mais ou menos reflexo, e consiste na atração por determinado objeto. Da reunião de tudo isso surgiu o método herbartiano, que tem quatro princípios: partir do conhecido, associar o novo ao já adquirido, basear a atividade didática na

4 Nos países anglo-saxões, a música instrumental é lida a partir de letras do alfabeto designativas das alturas (A, B, C...), enquanto o canto se dá pelo nome das notas (dó, ré, mi...) que têm alturas relativas.

experiência mental do aluno e obedecer às fases ou passos da aprendizagem (esclarecimento, associação, sistematização e articulação), mediante as atividades de mostrar, relacionar, explicar, filosofar (Larousse, 1960, 5v., p.2326).

De Herbart derivam as preocupações com a metodologia de ensino, que se intensificaram a partir do século XIX, com os conhecimentos da psicologia e que, ainda hoje, ocupam lugar importante na organização escolar.

O terceiro educador mencionado, Froebel, ilustre mestre de origem germânica e responsável pelo movimento dos jardins de infância, advogava a inclusão do canto e de outras artes nas escolas "com a intenção de assegurar a cada criança um amplo e completo desenvolvimento de sua natureza, na apreciação da obra artística" (Scholes, 1978, p.316).

No pensamento dos três precursores, nota-se a preocupação comum com a criança e com o ensino, já bem distante da concepção medieval de utilização da voz infantil a serviço da música, sem relação com qualquer referência de ordem educativa.

Jean-Philippe Rameau – música e matemática

Nos primeiros decênios do século XVIII, apresenta-se a figura de Jean-Philipe Rameau que, com sua teoria da harmonia, imprimiu uma firme direção ao entendimento da música como ciência. Na época, havia uma barreira entre arte e razão, sentimento e verdade, prazer auditivo e imitação racional da natureza, reinos distintos. Rameau tratou a música de um ponto de vista físico e matemático, cientificamente.

> A música é uma ciência que deve ter regras definidas; estas regras devem ser extraídas de um princípio evidente; e este princípio não pode ser, realmente, conhecido, sem a ajuda da matemática ... Não é suficiente sentir os efeitos da ciência ou da arte. É preciso, também, conceituar esses efeitos, para torná-los inteligíveis. (1971, p.XXXV)

Rameau é movido por uma exigência unitária e pelo espírito cartesiano. A música é ciência, com regras estabelecidas e baseada em princípios matemáticos. Não é que Rameau abandone a ideia de imitação da natureza; para ele, a natureza é um sistema de leis matemáticas. Desse modo, afasta-se da estética de seu tempo, opondo o rigor de sua concepção matemática aos quadros pastoris da época. Seu conceito fundamental é que, entre razão e sentimento, intelecto e sensibilidade, natureza e matemática, não há contraste, mas perfeita concordância. Não basta sentir a música; é preciso torná-la inteligível, dentro das leis eternas que regem sua construção. Mas a razão só tem autoridade se não se afastar da experiência e da audição. Como a música é racionalidade pura, é também a mais universal das linguagens. As diferenças entre músicas de diversas nações estão no contorno melódico, que depende do gosto, estando, portanto, ligada aos sentimentos. A harmonia é mais importante que a melodia, porque representa o princípio ideal, racional, do qual derivam todas as outras qualidades da música.

O período romântico

A complexidade do período romântico impede que se discorra extensamente a seu respeito no âmbito deste livro; por esse motivo, limitamo-nos a traçar, em linhas bastante gerais, algumas de suas controversas características, que convivem ou se sucedem rapidamente, turbilhonando, com sua multiplicidade de tendências, as tentativas de compreender claramente o período, sempre na esteira da questão fundamental deste trabalho: o valor da música e da educação musical. Costumeiramente, vê-se o romantismo como um sucessor do período clássico. No entanto, o historiador Henry Lang alerta para o fato de, na verdade, por um longo tempo, essas tendências terem convivido, como mostram as antecipações sentimentais de alguns expoentes da literatura, ou em movimentos como o *Sturm und Drang*, de um lado, e a busca de clareza e perfeição formal que se pode detectar em certos músicos românticos, como Schubert, do outro.

O século XIX encontra-se repartido entre tendências opostas. Nele são detectadas, em meio à ordem vigente, áreas de resistência que se manifestam, em especial nas ciências humanas e nas artes, e valorizam a expressividade, as vivências, as ideias libertárias, românticas e realistas. A outra tendência é representada pelo positivismo que, com seus ideais de ordem e progresso, privilegia o genérico, o estável, o mensurável. Nas artes, essa tendência é representada pelo academicismo. A concepção romântica, embora ainda apresente resíduos iluministas, mostra, também, posições que se evidenciam como gérmens de concepções futuras. Para os românticos, a música é a revelação do absoluto, sob a forma de sentimento. Ela é capaz de expressar sentimentos particulares, subjetivos, mas também, o próprio sentimento em si, o que lhe confere dupla interioridade. Dessa concepção nasce a estética hegeliana que, num certo sentido, colabora na origem das duas correntes opostas do século XIX: a estética do sentimento e a estética formalista.

Mas antes de mergulhar no pensamento romântico, destaquem-se os fatores que lhe deram origem e que, no início do século XIX, anunciam os sintomas da crise do iluminismo: a mudança na posição social e na função da música; o declínio da influência italiana (ópera); a valorização da música instrumental e o retorno à música antiga (notadamente Bach e Palestrina).

É difícil enumerar os motivos que contribuíram para a emergência da concepção romântica de música, que a conduziu do último para o primeiro lugar na hierarquia das artes. Muitas convicções iluministas ainda permanecem no século XIX e, em muitas delas, o que realmente muda não é a convicção em si, mas o valor a ela atribuído; desse modo, o que era condenado passa a ser exaltado. No pensamento iluminista, a função da música na sociedade é, fundamentalmente, recreativa e utilitária. O músico serve à Igreja ou à nobreza, mas não tem qualquer autonomia. A música predispõe à oração ou à criação de ambientes festivos. Não tem conteúdo racional, moral ou educativo e, por isso, é considerada uma arte assemântica.

O romantismo mantém os mesmos pressupostos iluministas, mas os vê por outro ângulo. A música é tudo o que foi afirmado, mas, justamente por ser assemântica, consegue transmitir o que não é possível à linguagem comum. Por esse motivo é superior a qualquer outro meio de comunicação. Ela expressa o que a linguagem não consegue porque vai além dela. Mais do que a linguagem verbal, capta a realidade mais profunda, a essência do mundo, a ideia, o espírito, o infinito... E quanto mais afastada estiver de qualquer tipo de semanticidade e de compreensão (conceitualidade), mais completamente consegue fazer isso (Fubini, 1971, p.74-6).

A música instrumental é a que mais se aproxima dessa ideia. Mas mesmo antes, no período clássico, no melodrama, após as reformas de Gluck (1714-1787), faziam-se sentir essas concepções, pois, com ele, os aspectos musicais eram bastante valorizados, sobrepondo-se à poesia. Mozart (1756-1791), em suas óperas, foi o compositor que mais se aproximou desse ideal; para ele, a poesia deveria subordinar-se à música, sua "filha obediente", centro da ação dramática, o que demonstra, também, que ele não estava familiarizado com a ideia de musicalidade da poesia.

Mais para o final do século, ganha intensidade a aspiração romântica da convergência das artes. Vários autores retornam à ideia da origem comum da música e da poesia. O interesse romântico pela música dos povos primitivos, pelo canto popular e pela poesia nacionalista atrai a atenção para elementos musicais da linguagem poética. Embora ainda ligada fortemente aos afetos, a música passa a ser celebração, contendo elementos míticos e religiosos. Diferentes pensadores defendem ideias particulares a respeito do que é a música: para Herder (1744-1813), ela é o vértice das possibilidades estéticas do homem; para Rousseau, a prosódia e o canto das mais antigas linguagens provêm do sentimento; para alguns, a música é revelação divina, enquanto para outros, inspirados nas culturas orais, é um ato natural, semelhante ao canto dos pássaros.

A *música romântica* pode ser definida como aquela que se desenvolveu no século XIX, contrariando os princípios composicionais utilizados no classicismo, e participando das características, posturas e visão de mundo do movimento romântico, já instalado na literatura. Na verdade, quase se poderia falar em *romantismos* em vez de *romantismo*, tantas são as tendências, imbricações e posturas que convivem lado a lado, ou se sucedem umas às outras, no século XIX. O que une as várias tendências é a orientação literária do movimento; o romantismo foi, em primeiro lugar, um movimento literário, que só depois encontrou expressão nas outras formas de arte. Os maiores expoentes do romantismo na música foram também homens de grande conhecimento literário e filosófico, muitos deles portadores de grau de doutor em Filosofia. É difícil delimitar onde começa e onde termina o romantismo; o movimento em literatura é bem anterior ao da música, e alguns escritores da época, como Hoffmann, por exemplo, consideram Mozart e Haydn compositores românticos, o que dificilmente seria aceito nos dias de hoje. Mais uma vez, os limites se esvanecem, prenunciando a necessidade das grandes reformas que virão.

Durante o século XIX, a música foi alcançando uma posição privilegiada em relação às outras artes, e se distanciando da concepção iluminista, que a via principalmente em suas funções recreativa e utilitária (Fubini, 1971, p.75-6). Essa transformação, porém, não se deu abruptamente: muitos compositores do início do romantismo não se situavam em nenhuma das duas escolas – clássica e romântica. Eles respeitavam os preceitos do classicismo, isto é, a lógica das relações tonais e o projeto temático, mas, embora seguindo os passos de seus predecessores, o clima romântico nascente encobria as características da época anterior. Esses compositores utilizavam-se de elementos clássicos, mas já não podiam interpretá-los senão à luz da nova tendência. Dentre eles, Carl Maria von Weber pode ser considerado o primeiro compositor verdadeiramente romântico. O ideal do "artista total" é expresso com clareza em seus textos. Em sua ópera *Freischutz*, primeira ópera nacional romântica e símbolo do romantismo e das aspirações germânicas, lida com temáticas típicas daquela escola: patriotismo, histórias populares, lendas germânicas, cenas na floresta, danças campestres (Lang, 1941, p.778).

O romantismo da literatura serviu, pois, de ponto de partida para a deflagração do movimento na música, que, desejando livrar-se dos efeitos normativos da forma "clássica", adotou o folclore medieval e as obras de Goethe, Schiller, Heine e Shakespeare como fontes de inspiração. A música resultante desse processo veio responder à busca romântica de uma nova unidade estética. As expressões de caráter narrativo, pictórico e emocional constituíam-se em bases essencialmente não musicais, sobre as quais se assentava o novo estilo. A produção dessa época é permeada pelo emocionalismo, em que predominam a expressão lírica e as tendências programáticas (Martin & Drossin, 1980, p.2).

As características da nova tendência são o extremo individualismo e a busca de excelência técnica (virtuosismo), tanto no terreno da composição quanto no da interpretação. O rigor formal e o racionalismo do período clássico abrem espaço, agora, para a valorização da intuição e da emoção subjetiva, bem como para a Natureza e para o Infinito. A frase musical bem definida, os elementos de repetição, as cadências, assim como o ritmo matematicamente construído – característicos da música do período anterior – são substituídos pela melodia contínua e pela flutuação rítmica e agógica. A sensação de música construída de acordo com os princípios de um universo mecânico – isto é, como se fosse uma máquina de precisão, em que tempo e espaço estivessem rigorosamente demarcados – cede lugar à ideia de música como organismo, que faz parte de um mundo ordenado, mas dinâmico e mutável, e que dá ao ouvinte a sensação de deslocamento e flexibilidade.

O fato de o período romântico considerar a música capaz de expressar conteúdos externos a ela não é uma ideia nova; pelo contrário, esse é um fenômeno observável em inúmeros períodos anteriores. Na Grécia antiga, cada modo (escala musical) tinha seu *éthos* e era utilizado para expressar virtudes diferentes: heroísmo, exaltação, temperança. Além do modo dórico, considerado ideal para a educação musical e o cultivo da cidadania, representando as virtudes do povo do Norte, havia o modo frígio, trazido da Ásia para a Grécia, que continha em si as características orgiásticas dos povos que cultuavam Dionísio. Também no cantochão pode-se observar o mesmo fenômeno: a música de cada momento do culto religioso deve, obrigatoriamente, estar num modo (escala) compatível com o estado de espírito evocado: exaltação, contrição, penitência ou adoração. No período barroco, a Teoria dos Afetos recaptura a ideia do *éthos* e ressalta a capacidade da música de representar emoções pelo uso adequado de determinadas tonalidades, andamentos, intervalos musicais e instrumentos, dotados desse poder de representação. Assim, ao privilegiar o drama musical e a música programática, o romantismo está resgatando uma antiga tradição, após o período extremamente racional que caracterizou o iluminismo e que continuou a se manifestar, mesmo durante o período romântico.

A contribuição realmente específica do romantismo foi a colocação da música no topo da hierarquia das artes, considerando-a arte absoluta, capaz de chegar à essência das coisas, ao espírito, ao infinito. A música, nessa concepção, é etérea, livre de contato com a matéria. A técnica é considerada secundária em relação à expressão. Além disso, nos textos a respeito de música, é enfatizado seu caráter religioso e redentor, como pode mostrar o exame da obra de Tieck, Schiller, Waeckenroeder e Novallis, entre outros (Fubini, 1971, p.75-6).

O movimento romântico surgiu do subjetivismo, daí a importância do lirismo e da paixão em sua produção, mas é preciso que não se perca de vista a extrema complexidade do período, em que diferentes tendências se opunham e contradiziam. Ao centrar-se no indivíduo, o romantismo valorizava os aspectos ligados ao interior do ser humano, representados pelos diferentes "estados d'alma" que inspiram a obra artística: melancolia, inquietude, exaltação. A esse ideal, porém, outra tendência se contrapunha, motivada pelas grandes mudanças e aquisições do século: o grande avanço da ciência, os novos modos de aplicação da tecnologia e, consequentemente, uma nova ordem política e social. A ascensão da burguesia favorecia o surgimento de outra forma de expressão artística, em que o lado prático e a ânsia em recuperar os valores do iluminismo sobrepujavam a subjetividade. É o chamado "período Biedermeier", numa referência a Gottlieb Biedermeier, autor imaginário cujos versos aparecem em *Fliegende Blätter*, a mais popular revista da pequena burguesia na época. Esse movimento deixou profundas marcas no romantismo. A arte do período Biedermeier não buscava o presente eterno, mas a representação do real. Almejava o tangível, o mensurável, o fato concreto, uma existência feliz. Seu *slogan* poderia ser "ordem e satisfação"; a burguesia emergente começava a organizar a nova ordem do capitalismo e da tecnologia, que prenunciava o novo reino da máquina (Lang, 1941, p.805).

Assim, o lirismo e a emotividade do período logo se viram alvo de críticas por parte daqueles que almejavam a apreensão do real pelo respeito aos fatos materiais. Era a época do positivismo, da valorização da ciência, dos estudos do comportamento humano e do consequente afastamento do sonho e da imaginação. As artes plásticas, dentro dessa tendência, preocupavam-se também com a representação do real, dando origem ao "verismo". Na música, esse ideal expressou-se principalmente na preocupação com a técnica. Era a época dos "virtuoses", que almejavam, pelo princípio da economia, chegar ao maior rendimento técnico-instrumental com o menor esforço. Foi também o período em que surgiu um empenho especial na melhoria de qualidade na fabricação de instrumentos, o que, por sua vez, irá refletir-se na exigência de qualidade técnica dos intérpretes.

Hegel – música e filosofia

Muitos filósofos falam de música, dada a sua importância entre as artes no século XIX, mas, na maior parte das vezes, esses pensadores não são músicos, de modo que suas posições, frequentemente, representam a posição de amantes da música, ou diletantes, e não de profissionais da arte. Não obstante esse fato, muitos deles conseguiram adotar posições firmes a respeito dessa linguagem e influenciaram os filósofos da música, seus sucessores. Muito se poderia dizer a esse respeito, mas destaca-se aqui apenas um, por sua grande importância, ao estabelecer bases para duas grandes tendências do romantismo: a que vê a música como linguagem expressiva e a que a compreende como forma pura.

Trata-se de Hegel, um dos pensadores importantes na configuração do valor da música no século XIX, pois suas posições antecipam e dão respaldo às duas tendências acima mencionadas. A concepção de Hegel abriga contradições e até mesmo antagonismos; ele acredita que a música expressa interioridade e que seu elemento físico é o som, meio de expressão do conteúdo espiritual, em que todos os sentimentos fazem-se presentes. Até aqui, seu pensamento está dentro da concepção romântica, continuando, em certa medida, a defender o que já havia sido explorado na Teoria dos Afetos, durante o período barroco. Entretanto, "as coisas se complicam" quando Hegel compara a música (a arte que ocupa o mais alto posto na hierarquia romântica de avaliação das formas de expressão artística) à arquitetura (a que ocupa o posto mais baixo), "porque ambas forjam seus materiais a partir de leis de quantidade e de medida, não se utilizando de modelos provindos do mundo natural" (Fubini, 1971, p.95). No entanto, para Hegel, existe uma diferença fundamental entre as duas artes:

> a arquitetura serve-se da massa física pesante, de sua espacialidade inerte e de suas formas exteriores. A música, ao contrário, vale-se do som, esse elemento animado, cheio de vida, que se subtrai à extensão, que mostra variações, tanto qualitativas quanto quantitativas, e se precipita, em sua rápida carreira, através do tempo. Por isso, as obras das duas artes pertencem a duas esferas do espírito completamente distintas. Enquanto a arquitetura eleva imagens colossais, que o olho contempla em suas formas simbólicas e em sua eterna imobilidade, o mundo rápido e fugitivo dos sons penetra imediatamente, através do ouvido, no íntimo da alma... (Hegel apud Fubini, 1971, p.95)

De acordo com Hegel, há uma ligação direta entre música e alma, uma estreita afinidade entre som e interioridade, pois ambos têm a mesma natureza e, portanto, apresenta-se como a única arte em que não se efetua a separação entre materiais externos e ideia. Por essas características pode-se dizer que, com o filósofo, desaparecem as distinções entre forma e conteúdo e entre sujeito e objeto, no fluxo da consciência. Mas o tempo, em música, não é fluxo indeterminado, e a tarefa da música é determiná-lo, impor-lhe uma medida. Do mesmo modo, o eu não é, também, fluxo indeterminado, duração sem fixidez: ele não terá identidade enquanto não recolher os momentos dispersos de sua existência e elaborar um retorno a si mesmo, o que mostra a estreita identidade entre música e vida. O retorno a si mesmo e o reconhecimento da própria identidade pode ser elaborado pelo eu, graças à temporalidade da música, "que exerce uma função unificadora, reguladora e catártica ao tumulto desordenado de nossa vida sentimental" (Fubini, 1971, p.96).

O *eu* se reconhece na música, por meio da temporalidade, em sua essência mais simples e profunda; a tarefa da música, portanto, não é expressar sentimentos, mas revelar à alma sua identidade, graças à afinidade entre sua estrutura e a da alma (Fubini, 1971, p.96). A análise da música desenvolvida por Hegel é considerada uma das mais interessantes entre os filósofos da época. O aspecto construtivo do tecido musical e sua afinidade com a estrutura do ser fazem a música simbolizar a interioridade pura, isenta de conteúdos. Esses conceitos, presentes no pensamento de Hegel, contrapõem-se e, em certa medida, confrontam-se com a tese preponderante em seu pensamento, de música como expressão, dando abertura à concepção formalista de música, que logo será concretizada como alternativa fundamental aos pontos de vista mais "naturais" do pensamento romântico.

Além de Hegel citem-se, também, outros dois pensadores, que se situam em terrenos antagônicos e representam importantes tendências do final do período romântico: o crítico musical Eduard Hanslick e o compositor Richard Wagner. O confronto entre essas forças revela que já se apresentam no final do século, e dividindo seu espaço com os ideais românticos, os gérmens da concepção formalista de música. Na verdade, o entendimento da música como expressão dos sentimentos, superior, portanto, à linguagem verbal, assistirá, no final do período romântico, a uma divisão da estética em *estética da forma* e *estética dos sentimentos*. Esta última privilegia a expressão, vendo a arte como a própria linguagem dos sentimentos, enquanto a primeira considera a arte independentemente dos sentimentos, embora não lhes negue valor.

A *estética formalista* é uma reação contra o ideal romântico de lirismo e subjetividade, e sua concepção de música como linguagem dos sentimentos, ou de conteúdos externos a ela. Seu principal defensor é Eduard Hanslick, ferrenho opositor de Wagner e Liszt. A outra vertente, *a estética do sentimento*, principal característica do romantismo desde seu início, é muito bem representada por grande parte dos compositores românticos, mas encontra expressão magistral em Richard Wagner, que levará essa proposta às últimas consequências.

Eduard Hanslick e a estética formalista

No âmbito do movimento romântico, há convergência quanto às ideias fundamentais, a tal ponto que nenhuma voz discordante se manifesta no que se refere à concepção de música como expressão dos sentimentos, a não ser de forma germinal, em alguns poucos pensadores. Na segunda metade do século XIX, porém, Hanslick apresenta sua concepção formalista de música, revertendo a situação vigente até então.

Hanslick acredita que as estéticas e críticas das artes plásticas e literárias já haviam conseguido estabelecer uma conduta de pesquisa capaz de estudar o "objeto belo", e não o "sujeito que sente". Na música, porém, segundo ele, ainda não se conseguira que a análise estética se libertasse de sentimentos pessoais. O que Hanslick almeja é a construção de uma estética musical não limitada à aridez do que ele chama aspectos "teórico-gramaticais", e que, tampouco, sofra a interferência de sentimentos pessoais, denominados por ele "lírico-sentimentais", no julgamento do objeto artístico. Somente seria possível chegar-se à união desses planos – o técnico e o estético – pela negação do conteúdo emocional e do poder representativo da música, por ele considerada "forma pura" (Hanslick, 1951, p.14-5).

O pensamento de Hanslick representa a oposição radical à concepção da música como expressão dos sentimentos ou de qualquer outro conteúdo. Na primeira metade do século XIX, o campo da musicologia ainda não se firmara e, talvez por isso mesmo, os textos dessa área fossem imprecisos e considerados obras de diletantes. Hanslick, porém, apresenta algo substancialmente novo.

Nascido em Praga em 1825, foi crítico musical e professor da Universidade de Viena, e o primeiro a falar de música adotando um ponto de vista profissional, o que dá grande peso a seus textos. Hanslick apresenta um estilo conciso, capacidade técnica, frieza analítica e precisão de linguagem, mostrando grande erudição. É influenciado por Herbart, para quem a arte é forma e não expressão, estando seu valor nas relações formais presentes no interior da obra. Os conteúdos emotivos e os sentimentos não devem influenciar o juízo estético, que será encontrado exclusivamente na forma.

É a primeira vez que se discute a beleza na música separadamente da categoria universal de beleza. Para o movimento romântico, o belo é uma categoria do espírito. Para Hanslick, o belo na música não se identifica com o das demais artes. Schumann, por exemplo, acreditava que a estética de uma arte era igual à das outras. Hanslick, no entanto, vê a questão de outro ponto de vista: a estética de uma arte é peculiar a ela e, portanto, diferente da estética das outras artes, porque os materiais não são os mesmos, e "as leis do belo, em qualquer parte, são inseparáveis das características particulares do seu material e de sua técnica" (Hanslick, 1951, p.27).

O conceito fundamental do pensamento de Hanslick é a identificação da música com suas técnicas. "A técnica, em música, não é um modo de expressão dos sentimentos para alcançar o absoluto ou suscitar emoções, mas é a própria música e nada mais" (ibidem, p.28). O resultado dessa maneira de pensar é a eliminação da hierarquia entre as artes; se cada forma de arte é autônoma e não expressa nada além dela mesma, é impossível medi-la em relação às outras formas de arte; portanto, nenhuma terá privilégio sobre as outras, porque cada uma terá sua beleza peculiar.

Hanslick, em seu discurso, tem objetividade científica e analítica e utiliza-se dos métodos das ciências naturais. A música pode imitar o movimento do processo psíquico, mas não os próprios sentimentos. O referencial musical, para ele, é a música instrumental. Nesse sentido, a música não deve ser entendida como um fenômeno puramente acústico ou simétrico; nesse particular, supera Herbart, para quem a forma em música é igual às relações acústicas verificáveis matematicamente. As formas produzidas pelos sons não são vazias, mas cheias; é espírito que se plasma interiormente. O conteúdo espiritual é postulado como exigência na música. Há sentido e lógica nela, porém, são musicais. É impossível separar forma e conteúdo em música, mas ela deve resolver-se por inteiro, em sua forma, já que o conteúdo é ela mesma. Nesse aspecto, para Hanslick, a música é diferente da linguagem comum que, para ele, tem valor instrumental.

Outra questão levantada por Hanslick diz respeito à estrutura lógico-gramatical da música; segundo ele, há duas hipóteses: na primeira, o conjunto de regras que regem a construção musical é convencional e produto histórico, sofrendo, portanto, mutações no decorrer do tempo; na segunda, é fruto de uma racionalidade eterna e intrínseca. A primeira hipótese é a defendida por Hanslick, que não considera a eternidade da obra de arte, pois, sendo produto de um indivíduo situado em determinada época e cultura, está impregnada de mortalidade. Melodia, harmonia e ritmo são produtos históricos; portanto, não existe nada inato, e as leis não são naturais, mas musicais. Sua conclusão é de que o atual sistema musical não é o único naturalmente necessário. Hanslick libera a música de conteúdos emotivos e sentimentais, mas deixa em aberto a questão a respeito de como o espírito pode plasmar-se nas formas sonoramente animadas. Suas observações servem de prelúdio à nova fase dos estudos musicais que se segue, ligada ao desenvolvimento da ciência. Com Hanslick, estabelecem-se as bases de uma estética da forma, fundamentalmente contrária à estética dos sentimentos, e é isso que o coloca em terreno oposto a Wagner, que busca a sutileza dos sentimentos e a origem comum da poesia e da música.

Wagner e a estética do sentimento

Richard Wagner foi um dos compositores mais importantes do século XIX e muito contribuiu para o desenvolvimento da música e do drama musical. Tem-se dito, não sem razão, que a ele coube abrir as portas do século XX, por haver antecipado, em sua obra, muitos dos procedimentos musicais e artísticos desse século. Wagner busca inspiração tanto nas formas e temas do passado quanto nos de seu próprio tempo, explorando-os e transformando-os até o limite.

Hoje, muito resta ainda a ser avaliado, pois a obra de Wagner constitui-se em fonte inesgotável de reflexão, não obstante a volumosa literatura a seu respeito que se erigiu desde então. Suas obras monumentais são extremamente complexas, necessitando de um aparato todo especial para que possam ser levadas à cena. Não é, porém, apenas o aspecto técnico que importa, mas também o modo como entretece, de maneira inovadora, todos os elementos constituintes de seu drama musical.

O que confere a Wagner um papel destacado, não só entre seus contemporâneos, mas ainda hoje, é que sua reforma pretende transcender os aspectos técnicos e artísticos pela retomada do ideal trágico, promovendo, assim, transformações no homem e no mundo. Com Wagner, substitui-se a primazia absoluta da música, já questionada por Glück, e ideal da primeira fase do romantismo, pela confluência de todas as artes. Essa ideia encontra expressão no drama musical, considerado por Wagner o ponto de encontro possível entre as artes. Essa concepção é baseada na teoria da origem comum da linguagem e da música, defendida por Rousseau, Kant e Herder, entre outros. Segundo essa visão, é preciso voltar ao estado original em que música e poesia são uma só e única coisa, "porque cada uma sabe e sente o que a outra sabe e sente" (Wagner, *Opera e Drama*, apud Fubini, 1971, p.129).

Essa forma de arte em que música, poesia e as outras artes se juntam, colaborando umas com as outras na composição da unidade, foi chamada por Wagner "Obra de Arte Total" (*Gesamtkunstwerke*). Com ela, Wagner, pelo espelhamento na arte da Grécia antiga, pretendia produzir um tipo de teatro que estivesse estreitamente ligado à cultura de seu povo, do mesmo modo que ocorrera com o teatro de Atenas em relação à cultura grega. Sua preocupação em atingir esse objetivo, com a reunião de todas as formas de expressão artística, tem clara justificativa, caso se pense que a *cultura* de um povo é expressa em sua totalidade, razão pela qual nenhuma arte deve ser excluída; e não apenas as artes, mas todas as manifestações daquela cultura, incluindo-se as formas de contato com o sagrado e com as origens míticas, não necessariamente históricas, daquele grupo social.

Seria possível ao espírito moderno empreender tal tarefa? Essa é a questão que Wagner anseia por resolver, e que se encontra na base de grande parte de sua produção, reformas e conquistas. Na sua ópera, ou melhor dizendo, no seu drama musical, podem espelhar-se as vastas e complexas relações da vida, dos anseios e do pensamento do homem moderno, do mesmo modo que o palco grego expressava a vida, os anseios e os pensamentos do povo grego. A crítica que Wagner dirige à ópera que até então se fazia é que, nesse gênero artístico, a expressão é tomada como um fim em si mesmo, enquanto seu verdadeiro objetivo (tal como fora vivenciado no drama antigo) havia sido negligenciado em favor das formas particulares de música.

É claro que, hoje em dia, a tecnologia nos permite o contato quase imediato com as melhores interpretações e montagens em todo o mundo, e aí estão os *compact discs*, os *videolaser* e os DVDs para nos fornecer o que há de mais importante no gênero. Sabemos, porém, de antemão, do paradoxo com que nos defrontamos hoje ao estudar a obra de Wagner: embora se possa ter acesso, pelos mais modernos recursos tecnológicos, a todo esse repertório da melhor qualidade, e fruir esteticamente da audição e contemplação desses espetáculos, ainda assim é vedado o alcance de sua real dimensão, por não ser possível, a partir de gravações, recuperar o fenômeno da coparticipação em uma obra que um dia pretendeu ressuscitar o ideal trágico e promover transformações reais na humanidade.

Outros pontos de discussão

Passadas em revistas três importantes figuras do período romântico, falta ainda identificar alguns pontos, para que se compreendam sua influência e suas ligações com o século XX. Um deles é a contradição identificada no movimento romântico, na convivência entre o individualismo exacerbado e o impulso em direção ao coletivo, desencadeada pela filosofia marxista em meados do século XIX (o *Manifesto do Partido Comunista*, de Marx e Engels, data de 1848); o outro ponto é a visitação à Antiguidade clássica, à mitologia europeia e às ideias nacionalistas, que coincide com o realismo e o movimento positivista de Augusto Comte; além desses assinale-se, ainda, o fato de a sociologia e a psicologia caminharem *pari passu*, compartilhando do mesmo mundo, embora vejam os fenômenos da objetividade e da subjetividade por lentes diferentes. A música do período assimila essas maneiras de ver o mundo, de tal modo que os princípios composicionais anteriormente utilizados já não são compatíveis com a exacerbação da subjetividade e com os anseios de autoexpressão por parte do artista. O emocionalismo romântico, em que predominam a expressão lírica e as tendências programáticas (descritivas), permeia a produção da época, que tem como uma de suas características mais fortes a busca da virtuosidade.

Época das revoluções industrial e elétrica, responsáveis pelas mais significativas modificações nas condições de vida, o século

XIX trouxe às manifestações artísticas o delírio da velocidade e o moto-contínuo, característicos das máquinas. O aperfeiçoamento das técnicas de construção de instrumentos permitiu um melhor controle da afinação, o vislumbrar de uma enorme gama de recursos tímbricos, o aumento da sonoridade e a ampliação das possibilidades técnicas. As novas condições influenciaram a composição musical que passou a contar com uma orquestra bastante aumentada e muito mais eficiente. Na execução instrumental pretendia-se alcançar o perfeito domínio técnico e, para isso, os critérios metodológicos foram aperfeiçoados, para que se obtivesse o melhor desempenho com o menor esforço, ideal respaldado pelo positivismo e seu lema "ordem e progresso"; pela excelência técnica, chegou-se ao perfeito domínio do instrumento (virtuosismo), agora a serviço da expressão subjetiva, ideal do romantismo.

O casamento entre emoção e razão, por fim, não se deu sem sobressaltos, pois, se a razão pode dar conta dos aspectos quantitativos e mensuráveis das coisas ante os aspectos qualitativos e subjetivos (emoção, expressão lírica, valores), não é capaz de estabelecer critérios com a mesma segurança, o que acaba por gerar conflitos entre as partes. O conflito que se estabeleceu entre as duas tendências não podia, no entanto, ser resolvido pelo método, como anteriormente, pois este, agora, era parte do problema. Para sua resolução, fez-se necessário um novo modo de reflexão, capaz de encontrar respostas situadas além do próprio conflito. A valorização da subjetividade demonstra a impossibilidade de o rigor científico controlar todas as variáveis.

Alguns pensadores marcam esse estado de coisas e apontam para novas direções, entre os quais destacam-se Marx, Freud e Nietzsche. Para Paul Ricoeur, a atuação desses pensadores, embora trabalhem em campos tão diversos quanto o materialismo histórico, a psicanálise e a filosofia, encontra-se na convergência de condutas "conscientes" de decifração e "inconscientes" de cifração, atribuídas ao ser social por Marx, ao psiquismo por Freud, e ao poder por Nietzsche. À dúvida cartesiana a respeito das coisas, acrescenta-se agora a dúvida a respeito da consciência, que só é vencida pela busca de sentido (Ricoeur, 1978, p.215). Esses três autores marcam o início do pensamento contemporâneo, e irão exercer profunda influência sobre a produção artística do final do século XIX.

No campo da música, como no do pensamento, a passagem para o século XX marcou um momento em que profundas alterações ocorriam, preconizadas pela obra dos últimos românticos: a habilidade de levar o sistema tonal às últimas consequências constituiu-se, por um lado, no alcance do mais alto patamar de seu domínio e, por outro, no enfraquecimento do próprio sistema, incapaz de superar suas últimas conquistas. Liszt e Wagner, situados entre os últimos compositores do século XIX, pressentiram o desgaste do sistema tonal e contribuíram ativamente para sua superação; Liszt fundamentou sua música nos limites da tonalidade, tendo, mesmo, chegado à sua exploração máxima e a abandonado por vezes. Ele também foi o primeiro a valer-se de escalas simétricas, que neutralizam a noção de tonalidade – por exemplo, a escala de tons inteiros. São claros os feitos revolucionários de Liszt no campo da composição, embora sua produção apresente-se irregular, intercalando obras de extrema invenção e superação da tonalidade a outras em que o pensamento harmônico conforma-se ao idioma tonal; o Liszt que se destaca neste livro é o revolucionário, que imprime grande elasticidade na interpretação da tonalidade, desconsidera as diferenças harmônicas e advoga o uso simultâneo ou misto de modos eclesiásticos, ou ainda os idiomas folclóricos das escolas nacionais, dando uma valiosa contribuição tanto à extensão e reorganização do sistema tonal quanto à sua desintegração. Wagner, grandemente influenciado por Liszt, apresenta, por sua vez, inúmeras "invenções" harmônicas, uma das quais é a inversão entre os conceitos de consonância e dissonância, em que a última pode ser empregada a qualquer tempo, enquanto a primeira tem que ser preparada e resolvida, como bem mostra Dieter de la Motte em seu livro *Armonia* (De la Motte, 1989, p.217-9). Considerado por Nietzsche a encarnação do espírito trágico, traz para seus dramas musicais, um dos pontos altos do século, toda a sofisticação de uma obra extremamente elaborada e genial.

Considerações a respeito da educação musical

A educação, de algum modo, refletia as tendências contraditórias do romantismo, havendo espaço para ações, abordagens e posturas contrastantes. No que se refere ao ensino musical, o século XIX assistiu ao surgimento das primeiras escolas particulares de caráter profissionalizante. A primeira delas é o Conservatório de Paris, criado em 1794. Na Inglaterra, em 1822, foi fundada The Royal Academy of Music, que tem como principal característica a organização em forma de externato, afastando-se do modelo dos conservatórios italianos dos séculos XVI a XVIII, que atendiam crianças órfãs em regime de internato. Cinquenta anos depois foram criadas, nos mesmos moldes, The Trinity College (1872) e The National Training School of Music (1873). Esse modelo de escola de música rapidamente se espalhou por vários países e chegou a Praga (1811), Viena (1817), Berlim (1850) e Genebra (1815). Atravessando o oceano, foi aos Estados Unidos e ao Canadá na década de 1860 (Boston, Illinois e Montreal, para citar algumas das mais importantes). No Brasil criou-se, no Rio de Janeiro, o Conservatório Brasileiro de Música, em 1845. São Paulo segue a esteira dessa tendência mundial e inaugurou o Conservatório Dramático e Musical em 1906. Na época do individualismo e do virtuosismo, as escolas de música privilegiavam a formação do instrumentista virtuose e corroboravam a tendência ao individualismo, ainda hoje presente na formação de grande parte dos músicos.

Até o século XIX, o ensino de composição tinha um caráter prático e ocorria na direta relação entre discípulo e mestre. O ensino sistemático teórico/prático de composição somente começou quando o número de não profissionais (*diletanti*) desejosos de aprender aumentou tanto que a instrução individual tornou-se impossível, dando lugar ao ensino coletivo e à instrução em massa em meados do século XIX.

É nessa época que surgem obras que buscam a sistematização dos vários ramos do saber musical – harmonia, contraponto e o estudo das formas, por meio de manuais instrucionais de caráter universal. Entre os tratadistas desse período podem-se citar Antonin Reicha (1770-1836), François Joseph Fétis (1784-1871), Salomon Jadassohm (1831-1902), Ebenezer Prout (1835-1909), Hugo Riemann (1849-1919) e Vincent D'Indy (1851-1931). Em vez de promover a prática musical, a tendência desses tratados é "treinar" o aluno em expedientes técnicos, tendo como resultado a proficiência em meios de construção musical e orquestração. Não se trata de ensino artístico, portanto, mas do domínio de técnicas instrumentais, que em muito se assemelham à formação do artesão. Essa tendência imigra para a América e até hoje influencia o ensino acadêmico, que adota esse modelo técnico-científico.

Se esse é o perfil do ensino de composição, os de instrumento, canto e regência perseguem outro modelo, em que se mesclam duas tendências: a habilidade técnica levada ao máximo da capacidade humana e a performance artística baseada em critérios interpretativos de caráter marcadamente individual e subjetivo, espelhando duas facetas igualmente presentes no pensamento romântico: o individualismo exacerbado e o domínio técnico-instrumental, o qual, por sua vez, contribui para a citada exacerbação dos egos. Portanto, continua-se vivendo, na prática educativa, a oposição entre duas concepções de música, como expressão de sentimentos e como construção formal.

Música e ciência

Enquanto era esse o quadro do ensino da música, notáveis pesquisadores do período procuravam descobrir as bases científicas da arte dos sons. Destacam-se três deles pela importância de suas concepções para o pensamento dos pedagogos musicais da virada do século: Helmholtz (1821-1894) concentrava-se no estudo das sensações acústicas e dos fundamentos materiais do som; Carl Stumpf (1848-1936) dedicava-se à psicologia do som e Riemann (1849-1919), à importância do pensamento lógico, na compreensão do fenômeno musical.

A ciência da música, no século XIX, voltava-se prioritariamente à reconstrução do passado e à decifração de textos antigos. Conferir a esses estudos caráter científico está diretamente relacionado ao positivismo, que aspira cobrir, com o método científico de investigação, todas as atividades humanas, inclusive as éticas e artísticas, imprimindo uma alteração radical na maneira de concebê-las e de lidar com elas.

Helmholtz

Helmholtz, um dos mais importantes físicos do século XIX, dividiu sua obra em três partes; na primeira, apresentou os resultados de suas pesquisas físicas e fisiológicas, como as leis dos fenômenos periódicos e a natureza dos sons harmônicos. Na segunda, debruçou-se sobre a observação anatômica, buscando conhecer de que maneira o ouvido apreende o fenômeno sonoro; e, na terceira, investigou os princípios de construção musical no tempo e no espaço, isto é, em diferentes épocas e culturas, voltando sua atenção notadamente para os grupos étnicos e, explicitamente, investigando o gosto, a escolha e a liberdade inerentes ao âmbito estético. De acordo com Helmholtz, a estética não subtrai a música da jurisdição da acústica e da fisiologia do aparelho auditivo. Advogava, também, o que poderia ser chamado de "legalidade natural", isto é, quaisquer que sejam as leis estéticas e artísticas, elas não podem contradizer as leis naturais que governam os sons e suas relações. Assim, a escala, a tonalidade, as regras de condução da harmonia e do contraponto são reconduzidas às teorias científicas explicitadas por Helmholtz nas sessões precedentes de seu livro. É em nome dessa "legalidade natural" que Helmholtz não aceita a afinação temperada, defendendo a continuação do uso da *reine Stimmung*.[5] Ele faz questão de ancorar os procedimentos norteadores de seu trabalho em princípios puramente científicos, isto é, entendidos, segundo ele, como aqueles que podem

5 *Reine Stimmung*: afinação natural.

ser verificados pela observação. A constante ênfase na exatidão, o rigor de procedimentos e o contínuo apelo aos fatos indicam que a matriz fundante de sua obra é o positivismo. Segundo seu entendimento, a interpretação é um processo de audição mecânico; a sensação é o resultado da propagação mecânica de um estímulo externo ao interior do organismo, que, por sua vez, também é de natureza mecânica; a fisiologia dos ouvidos médio e interno representa o ideal mecânico completamente realizado.

Em outras obras, Helmholtz mostra a diferença entre sensação e percepção, em que a primeira seria o resultado da simples estimulação nervosa registrada mecanicamente, enquanto a segunda consistiria na representação do mundo externo na psique, sobre uma base de sensação, mas com a intervenção de fatores não recondutíveis a esquemas fisiológicos. De acordo com ele, "somos obrigados a distinguir entre ouvido corpóreo e espiritual, próprio à faculdade representativa" (Helmholtz, *Über die physiologischen Ursachen der musikalischen Harmonie,* 1858, apud Serravezza, 1996, p.23).

Em sua concepção científica, Helmholtz abriga os fenômenos de natureza psíquica e inconsciente, como pode ser visto em sua explicação a respeito da percepção da melodia; segundo ele, o princípio geral de construção melódica é suportado pela individuação dos graus, isto é, dos elementos separados do *continuum* do espectro sonoro. Em outras palavras, o ouvinte tem que ter a habilidade de retirar, do complexo sonoro geral, os elementos inerentes a um princípio construtivo – no caso, a organização escalar em graus –, para que tenha capacidade de reconhecer esse conjunto como melodia. A melodia deve representar um movimento que se apresente ao ouvinte de modo claro e seguro. Para que isso ocorra, movimento, velocidade e extensão têm que ser medidos pela percepção sensorial. O movimento melódico é a mudança de alturas no tempo e a mensuração se dá tanto em sua extensão temporal quanto no âmbito das modificações de frequência. Assim, para Helmholtz, o observador somente pode perceber essas mutações quando o movimento ocorre, tanto no tempo quanto na altura, por graus regulares e determinados. Essa necessidade de regularidade como norteadora da percepção é corroborada pela recorrência rítmica de caráter cíclico de determinados eventos, como a rotação da Terra, da Lua, ou as oscilações do pêndulo. No caso da melodia, a percepção por graus seria necessária para a compreensão das alterações em altura, pois, em geral, "um movimento é captado intuitivamente somente quando a extensão do espaço percorrido é diferente em graus" (Helmholtz, *Die Lehre von den Tonempfindungen als physiologische Grundlage für die Theorie der Musik*, 1896, apud Serravezza, 1996, p.26). Delineia-se, assim, uma verdadeira métrica do espaço sonoro, semelhante à do espaço geométrico, e sua construção pressupõe uma atividade psíquica de caráter complexo. Em sua dimensão mensurável, o mundo sonoro não se apresenta, para Helmholtz, como entidade dada, preexistente, que se organiza e se estrutura pela percepção segundo leis e processos inerentes à *"inferência inconsciente"* (Serravezza, 1996, p.26).

Abriga-se, pois, no pensamento de Helmholtz, uma abertura acolhedora para o fenômeno psíquico, a atividade psíquica complexa, que participa ativamente da percepção sonora, interligando a fisiologia e a psicologia. Ele admite ser impossível excluir completamente do campo de observação estética a intervenção da psique, bem como acredita que as atividades psíquicas e suas leis exercem influência na percepção sensorial.

Carl Stumpf

Outro pensador importante no século XIX, no que diz respeito ao estudo da percepção e consciência dos sons, é Carl Stumpf, que, em boa parte de sua obra, examina e critica as posições de Helmholtz ante as relações do homem com o som. Discípulo e amigo de Brentano, sofreu sua influência na elaboração de sua teoria psicológica da percepção sonora, bem como na direção que imprimiu à pesquisa. Assim, a busca da superação da concepção atomística da vida psicológica é feita numa linha bastante próxima à do pensamento brentaniano.

Em 1883 e 1890, Stumpf publicou os dois volumes de sua obra *Tonpsycologie*; no primeiro, examinou a questão da sensação sonora, focalizando os sons sucessivos. No segundo, ocupou-se dos sons simultâneos e dos fenômenos psicológicos. O segundo volume, de acordo com Serravezza (1996, p.46), traz as reflexões mais interessantes do autor, a respeito do tratamento da origem das consonâncias e dissonâncias e do fenômeno da fusão dos sons.

Na introdução do segundo volume, dedicado a Brentano em público reconhecimento de seus débitos teóricos para com ele, refere-se a dois volumes mais, a serem futuramente publicados, que seriam dedicados aos intervalos e ao pensamento e sentidos musicais. Esses livros, porém, nunca vieram à luz. As raízes da psicologia do som de Stumpf encontram-se no mesmo terreno da psicologia descritiva de Brentano, diferindo radicalmente da psicologia empírica. A psicologia descritiva está interessada nas essências da vida psíquica e nos atos originais da consciência, e seus procedimentos afastam-se da psicologia experimental, firmando seu método de trabalho na descrição, destinada a explicar a estrutura original da consciência, cujo atributo principal, que a torna diferente dos fenômenos físicos, é a intencionalidade; em outras palavras, essa linha de conduta refere-se a um objeto imanente da consciência. Recorde-se que Brentano foi professor de Husserl, o criador da fenomenologia, que também atribui a seu mestre muitos dos fundamentos em que se assenta o método fenomenológico. Stumpf considerava a análise uma operação puramente psicológica e, sendo assim, sugeria a decomposição da sensação sonora, o que o afasta da análise do som em uma perspectiva físico-acústica, pregada por Helmholtz. De acordo com Stumpf, a análise da sensação sonora, portanto, não é produto da reflexão nem procedimento experimental, mas a faculdade de distinguir os diversos elementos contidos na percepção dos sons.

Helmholtz, em suas pesquisas, já havia destacado o fato de a sensação estar apta a decompor os sons de acordo com a série de

Fourier (1768-1830),[6] adotando o mesmo procedimento analítico da física acústica. Essa capacidade seria sustentada por um estreito paralelismo psicofísico, justificado pelas próprias estruturas e funções do ouvido. Stumpf, ao se debruçar sobre a questão, examinou-os por outro ângulo, estudando sua dimensão puramente psicológica. Isso, porém, não implica uma refutação da perspectiva físico-acústica, mas a delimitação de seu âmbito de validade. Stumpf concentra-se no caráter imediato da sensação – os eventos sonoros seriam remetidos diretamente à experiência do sujeito, que ficaria isolada em sua validade psicológica original, em uma dimensão da qual o dado físico permaneceria estranho, não no sentido formal e radical, mas no sentido de que o caráter da sensação não é mais do que consequência da experiência do indivíduo.

Sua crítica à posição helmholtziana, que apela para a memória, marca o ponto de afastamento entre as duas teorias. A de Helmholtz introduz o elemento psicológico como veículo de uma causalidade física, a partir de um mecanismo que colide com a evidência imediata de um estado de consciência. A memória, isto é, a recordação do som, permite a experiência de reintegração da imagem física do som e de restituição, à sensação, daquilo que a contingência acústica subtraiu dela. Nesse caso, ela representa como que um instrumento destinado a soldar uma carreira determinística, fortuitamente interrompida. Se, por um lado, a introdução da questão da recordação assinala a abertura de uma perspectiva psicológica, por outro, o quadro geral da pesquisa de Helmholtz, conotado por uma dominante fisiológica, não permite uma completa emancipação do modelo das ciências naturais. A crítica de Stumpf, apoiada na lição brentaniana, enfatiza o significado de uma solicitação interior – intencionalidade –, de um espaço teórico específico, em que a evidência dos dados imediatos da consciência substitui, com garantia de obviedade científica, as conexões causais do mundo físico

6 Série de Fourier: série matemática infinita que tem estreita correspondência com o fenômeno dos sons harmônicos e ampla aplicação na música. A esse respeito, consultar Abdonour (1999, p.90).

(Serravezza, 1996, p.45-65). Nesse sentido, embora não explicitado, Stumpf, pela influência exercida por Brentano, adota um modelo bastante próximo ao da fenomenologia husserliana, afastando-se da linha de investigação científica de caráter positivista.

Riemann

No século XX (1916), discorrendo a respeito de Helmholtz, Riemann avança na questão da escuta musical e desenvolve a ideia de que ela não é somente uma reação passiva à ação oscilatória do órgão auditivo, mas uma atividade altamente complexa das funções lógicas do espírito. E conclui: "Não a acústica nem a fisiologia ou a psicologia do som, mas somente a teoria da representação sonora pode dar a chave da essência mais profunda da música" (Riemann, *Ideen zu einer "Lehre von den Tonpfindungen"*, 1916, apud Serravezza, 1996, p.76). A teoria de Riemann é incompatível com as posições tomadas por Helmholtz e também por Oettingen, que se empenhavam, numa batalha anacrônica, em favor do *reine Instrument*.[7]

Recorde-se que Helmholtz, por coerência com seu sistema naturalista, criticava o temperamento igual e propunha a construção de um harmônio não temperado. Interessou-se, particularmente, por um instrumento chamado "harmônio de Bosanquet", cuja construção se baseava na divisão da oitava em 53 graus iguais, que, na exposição realizada em Londres no ano de 1876, havia despertado mais a curiosidade do mundo científico do que a do artístico.

Oettingen (1836-1920) tinha, do mesmo modo, vivo interesse pelo "harmônio de Bosanquet", mas dedicou-se, com resultados ainda melhores do que os conseguidos por Helmholtz, à realização de um *reine Instrument*, fiel à encordatura pura, minimizando a dificuldade prática de construção instrumental que se apresentava. Tal instrumento havia sido condenado por Max Weber em seu livro *Fun-*

7 *Reine Instrument*: instrumento puro, isto é, de afinação pura.

damentos racionais e sociológicos da música (1995), inspirado nas ideias de Riemann, que legitimavam o temperamento.

As formulações de Riemann foram elaboradas em seus primeiros estudos e nelas existem algumas contradições. Em sua tese de doutorado, mostra uma visão dualista, ao apresentar uma interpretação fisiológica do modo menor, tendo por base a hipótese de Helmholtz a respeito das funções da membrana basilar, isto é, da conformação histológica do órgão, como possibilidade de percepção dos harmônicos inferiores – que existiriam somente como sensação (e não fisicamente), ou (para Riemann, mas não para Helmholtz) como representação, implicitamente apoiada no mecanismo do ouvido interno e não na realidade física, ideia para a qual Riemann buscava um fundamento fisiológico. A estética de Riemann se qualifica como antimecanicista e caminha em direção a uma lógica musical. Serravezza comenta, em sua resenha do pensamento riemanniano, que Heinrich Besseler propunha uma leitura fenomenológica para o pensamento de Riemann, comentando que, "se Riemann tivesse conhecido a *Logische Untersuchungen* e *Ideen zu einer reinen Phänomenologie* de Husserl, teria encontrado o fundamento filosófico de que tinha necessidade" (Besseler, 1959, apud Serravezza, 1996, p.92).

A representação sonora e a lógica musical, nesse autor, são modelos universais, no duplo sentido de recondução a todos os aspectos da realidade e da teoria da música (isto é, composição, interpretação, fruição, harmonia, melodia, ritmo, fraseado e morfologia), e não reconhece limites históricos e culturais. A História é reconhecida como uma longa afirmação desse modelo, que atua em razão de uma necessidade inelutável. *Tonvorstellung*[8] é uma atividade espiritual, e não uma resposta passiva e mecânica a um estímulo externo. Em segundo lugar, a representação sonora prescinde da fisicidade do estímulo e se realiza inteiramente por meio da "fantasia" da consciência, na qual é instituída, idealizada, interpretada, representada e relacionada aos sons musicais. Em terceiro lugar,

8 *Tonvorstellung*: representação do som.

o objeto da teoria não são os sons em sua realidade acústica, mas as relações musicais que esses sons estabelecem. A consequência disso é que o interesse persiste apenas quando o som é musicalmente organizado e portador de significados musicais.

Enfim, a ideia de uma dimensão especificamente musical desse gênero de representação, associada à da proeminência do aspecto relacional dos sons na constituição de significado, traduz-se na ideia de uma "lógica musical", e esta, por sua vez, reenvia a música a uma validade formal e universal. Também nesse aspecto, Riemann afasta-se de Helmholtz, que considera a historicidade e a cultura agentes de significados musicais.

Na análise de Serravezza (1996), a perspectiva de Riemann é mais radical do que a de Helmholtz, não como recusa em atribuir qualquer significado ao dado sonoro, mas por dar mais ênfase ao papel desempenhado pelo sujeito do que ao fenômeno sonoro na constituição do significado musical. Não se trata de um referencial psicológico, mas do próprio centro de atividades relacionais, que organiza o mundo sonoro de acordo com leis musicais.

A tendência riemanniana de desmaterialização da música e o radicalismo de suas afirmações dirigem-se à reafirmação do primado do significado sobre o meio físico, e do princípio segundo o qual a realidade musical situa-se no espaço lógico da representação e não na efetividade sonora. A tese de Riemann vê a construção das imagens da música e do sujeito musical irredutíveis a uma perspectiva naturalista. Essa posição de teorização de um sujeito musical encontra-se bem longe da perspectiva de Helmholtz e, apenas parcialmente, concorda com Stumpf, que postula uma relação objetiva entre som como fenômeno físico e seu reflexo na consciência. O fato de esse reflexo se dar por meio da estrutura da psique e partir da intencionalidade do sujeito não o afasta do fato de ser uma resposta a um estímulo externo, provindo de um mundo dado.

Para Riemann, ao contrário, o som musical originado é fruto da atividade do sujeito e sua estrutura é instituída na composição, ou reconstruída na execução e na escuta. Além disso, essa atividade é vinculada a esquemas, regras e automatismos que pertencem ao âmbito dos códigos musicais, e não da legalidade física do mundo externo. O ouvido musical respeita as leis da lógica própria da música, e não simplesmente as leis do som como realidade física (Serravezza, 1996, p.73-90). Os pensadores aqui destacados abrem novas portas para a investigação musical, mostrando direções que, em maior ou menor grau, exercerão influência no pensamento e nas propostas de educação musical no século XX.

O século XX

O final do século XIX foi sacudido por uma tremenda reviravolta intelectual, social, moral e artística, contundentemente dirigida contra as bases sustentadoras do romantismo. Como em outros períodos históricos, essa revolução manifestou-se nas artes, de tal maneira que é possível traçar-se um paralelo entre a reversão de noções do espaço pictórico, da forma e da tonalidade, e as reavaliações de espaço e tempo efetuadas pela física. Einstein, com sua teoria da relatividade, nega o espaço e o tempo absolutos e os considera mutuamente dependentes. As propostas artísticas do mesmo período manifestam idêntica preocupação e relativizam essas noções, dissolvendo o tempo e o espaço e reavaliando os princípios geométricos da perspectiva.

Na pintura, cabe ao impressionismo explorar a dissolução do espaço geometricamente construído, o que se manifesta, também, em outras formas de expressão artística. Enquanto as demais artes ocupam-se em rever a questão do espaço, a música empenha-se em se emancipar do sistema tonal maior/menor – fundamento da construção musical desde a Renascença – e dos princípios de organização rítmica que até então tinham direcionado a composição musical, buscando outros princípios construtivos. Mas, do mesmo modo que ocorre com a pintura em relação ao espaço, esse abandono não se dá por completo, continuando os princípios da tonalidade, de certo modo, presentes. Convivem, então, princípios tonais e novas sonoridades, alcançadas com o afastamento da tonalidade, bem como a exploração do tempo, dando abrigo a um sem-número de combinações até então não previstas na composição musical.

Uma interessante análise da música na passagem do século XIX para o XX é a de Henry Lang, no último capítulo de seu livro *Music in Western Civilization* (1941); segundo ele, o classicismo assentava-se na unidade ideal entre forma e contexto, e sua arquitetura musical baseava-se na lógica harmônica. Os românticos, por sua vez, enfatizavam os componentes individuais mais do que os pormenores formais, procurando obter lógica e unidade pela ênfase nos elementos expressivos. Essa ênfase alcançou seu ponto alto na "orgia sinfônica" da última parte do século XIX.

A virada do século caracterizou-se pela perda dos ideais românticos e acelerada mudança nos valores e sistemas, reconhecidas como sintomas da *desintegração da vida mental da época*. Tantas são as tendências que é comum a figura de um delta para exemplificar essa multiplicação no novo século. Na música, de acordo com Lang, não há demarcação nítida entre diferentes sistemas e grupos. Há, porém, um enorme desejo de emancipação (Lang, 1941, p.1023).

A tonalidade, levada a seus extremos pelos últimos românticos, começava a alargar mais ainda suas fronteiras, para muito além do que já se experimentara até então. Enquanto isso, outras escolas voltavam-se contra a tradição tonal e buscavam construir sistemas harmônicos baseados em outras estruturas, não tonais; experimentaram-se escalas alternativas, explorou-se o neomodalismo, criaram-se acordes construídos a partir de organizações não triádicas, abriu-se espaço, na orquestra, para um sem-número de instrumentos de percussão. Diluíam-se as fronteiras entre os ruídos e o som musical. É como se toda a parafernália de ruídos das máquinas se estendesse ao campo da estética e da composição musical. A corrente expressionista antagonizava-se com a impressionista, que buscava quase pictorialmente mostrar impressões em traços rápidos e privilegiava o emocional, o não natural, o torturante.

A destreza técnica era prioritariamente buscada e a orquestra firmava-se como grande conjunto, como seu apelido "orquestra mamute" se encarrega de mostrar. Essa atração pela desmedida, pelo colossal, pelo tremendo é produto de uma época cujo maior anseio era exibir o poder da matéria. O sistema capitalista prevalecente favoreceu a instalação de megaindústrias, com correlatos em diversos países, que se confrontaram com as indústrias têxteis e metalúrgicas.

Um dos principais fenômenos do período foi o enorme aumento populacional, que mais que dobrou na Europa, apesar da intensa migração para a América. A ênfase que o período romântico colocara no indivíduo rapidamente precisava adaptar-se à nova situação, privilegiando o coletivo. Desse modo, a necessidade do homem passou a equivaler à necessidade das massas, o que determinou uma reviravolta nas concepções de vida e nas técnicas e meios de produção.

Nasceu, com isso, a indústria moderna e a consequente mecanização da cultura; a indústria, por sua vez, reforçou o coletivismo e afastou o indivíduo da vida privada. A tendência geral deixou de ser o único, o pequeno, o individual, e passou a favorecer o coletivo, o que se evidenciava na criação de sociedades, associações, entidades de classe, sindicatos e cartéis. Abriram-se salas de concerto, que abrigaram um número enorme de eventos artísticos, embora somente uma ínfima parte da literatura musical disponível fosse executada. Foi precisamente essa abundância de concertos que dificultou a disseminação da música moderna, pois, como a indústria cultural visa ao lucro, nos concertos internacionais não se podia investir em projetos que dessem margem a dúvidas quanto ao retorno do capital empregado; entre as precauções tomadas, evitava-se apresentar músicas cuja sonoridade pudesse afastar o público. Consequentemente, a necessidade de satisfazer o gosto do público, oferecendo-lhe o que gostava de ouvir, fez criar uma espécie de código de consumo, seguido por todos os países ocidentais em que a indústria cultural prosperava.

É interessante notar que a situação apontada é oposta ao que ocorria nos concertos, à época de Beethoven, em que o público era mais receptivo às ideias novas do que as gerações que se seguiram.

Instala-se, portanto, um paradoxo, pois a enorme quantidade de composições experimentais convive com a indústria dos concertos, que prefere o conhecido, assimilado e aceito, não abrindo espaço para a febril atividade compositiva do século e para a experimentação a partir de novos materiais.

Além da questão do concerto, há, também, a da atuação do intérprete e do crítico musical. Quanto ao intérprete, o virtuose mostrava-se cada vez mais ligado à técnica, satisfazendo os anseios do público, que esperava dele momentos de deleite, causados pela vertigem da velocidade, inspirada na rapidez das máquinas. A crítica, porém, mostrava-se em declínio, pelas restrições que sofria, causadas pelo jornalismo moderno. Até o início do século XX, os críticos musicais liam partituras e as estudavam, como preparação para os concertos a que assistiam. No entanto, essa capacidade de leitura musical e o conhecimento do repertório foram sendo postos de lado e ficando cada vez mais longínquos na prática moderna. Não havia mais tempo para a elaboração de um estudo crítico a respeito do que se ouvia, pois os jornais exigiam que a matéria fosse apresentada ao público na manhã seguinte ao dia do concerto, provocando, com isso, críticas menos técnicas e mais leves, baseadas na impressão e no gosto pessoal, e não no conhecimento aprofundado da obra, por parte do crítico.

Na composição, era evidente o desgaste do sistema tonal, que levava os compositores a buscarem novas sonoridades, inspiradas pela aproximação com culturas orientais, com a formação de escalas exóticas e princípios alternativos de construção cordal e horizontal, além do grande aumento dos sons no mundo, provocado pelas máquinas cada vez mais potentes e em maior número. Era como se o compositor não mais pudesse conter a ânsia de fazer. O sistema tonal estabelecido já não se mostrava suficiente; era preciso criar outros. Um bom exemplo é Scriabine (1872-1915), que concebeu um sistema harmônico próprio, pois apenas o som já não o satisfazia, como, também não, a inovação timbrística da nova orquestra. Ele queria luzes e cores reais em sua composição. E, em seus últimos anos, investiu contra a camisa de força da tonalidade, proclamando haver encontrado resposta para o mistério da música cósmica. Scriabine buscava a unidade de sensações, visões, alucinações e fez tudo isso emanar da orquestra em seu *Poema do fogo*, em que o "piano de cores" que criou invade a massa sonora com seu fogo colorido. Em seguida, Scriabine deu um passo em direção à música universal, prosseguindo na via wagneriana e unindo drama, cor e mística; é o mistério do universo representado na arte do homem. Mas Scriabine passou como um meteoro no início do século XX e conjetura-se que, talvez, isso tenha ocorrido pelo fato de sua proposta não ter sido, naquele momento, totalmente digerida; haveria de se esperar um pouco mais para que se aceitassem suas ideias de confluência de linguagens e união da arte com o sagrado.

À medida que o século avançava, surgiam propostas cada vez mais ousadas, abrindo um largo campo à experimentação. O som foi tomado como objeto, recolhido, examinado e dissecado; os adeptos da música concreta colhiam no mundo os sons por meio de gravação e manipularam fitas em laboratório, enquanto os da música eletrônica geravam sons em instrumentos eletrônicos e os transformavam. É importante que se acompanhem as transformações da mentalidade expressas nas manifestações artísticas, para que se compreendam as atitudes da época em relação ao valor da música e da educação musical. Relatar aqui tudo o que ocorreu no século em matéria de experimentação musical seria impossível, mas existe farto material disponível, e a temática pode ser alcançada com facilidade nos estudos de música do século XX, para o que se remete o leitor a Menezes (1996), Griffits (1986) e Martin & Drossin (1980).

Educação musical

A dissolução do ser humano em meio à vida coletivizante ordenada pelas condições massificadoras, pela maquinaria e pela burocracia é patente. O esforço do homem, no início do século, era assegurar sua existência e, nisso, consumia-se e se anulava-se. Anulando-se o indivíduo, por sua vez, apresentava-se uma forte tendência de extinção da arte criativa. Foi contra esse estado de coisas que se insurgiram alguns educadores do início do século XX, percebendo que a única maneira de reverter o quadro seria investir na educação. No contexto educacional, surgiam propostas de natureza artística, capazes de atuar nos âmbitos individual e coletivo, buscando aperfeiçoar as qualidades e a sensibilidade humanas, graças à aproximação com a arte. O aparecimento dos chamados "métodos ativos" em educação musical, tema abordado no próximo capítulo, acompanhou a forte tendência do século e contribuiu para o alcance do ideal buscado.

Música e psicologia experimental

À medida que o século XX avançava, outros fenômenos ligados à música ocuparam o foco de interesse dos estudiosos: o incremento da pesquisa em música nas universidades e o advento da profissão de psicólogo da música. Pretendia-se determinar o que é musicalidade, e, apoiando-se no rigor dos métodos científicos, criar métodos confiáveis de aferição dessas medidas.

Carl Seashore

Entre os mais importantes cientistas a investigar a natureza da escuta musical está Carl Seashore, professor da Universidade de Yowa e um dos precursores dos testes psicológicos para medir o que ele chama "talento musical", criando *The measures of musical talent* (1919). Trata-se de um teste realizado a partir de sons sinoidais, visando perceber a acuidade auditiva do indivíduo em distinguir parâmetros sonoros isolados. O teste consiste em 260 questões, que avaliam a percepção dos parâmetros sonoros – altura, duração, intensidade e timbre –, além da capacidade de retenção de ritmos e melodias simples.

Várias questões cercam a aplicação desse teste. A primeira delas é sua própria denominação, pois seria de esperar que o autor conceituasse e propusesse uma definição de talento, para que se compreendesse em que medida o que está sendo avaliado pelo teste pode ser, realmente, considerado como tal.

Em sua aplicação são adotados procedimentos científicos de ordem quantitativa, de inspiração positivista, para medir uma qualidade não facilmente definível e caracterizada por ter, em alta dose, elementos subjetivos. Na verdade, o que Carl Seashore propõe é investigar a acuidade auditiva do sujeito, o que contribui para a identificação do que ele chama "talento" musical, mas que não é seu único requisito. Na verdade, "medir" talento é uma tarefa impossível; a musicalidade comporta muitas características, objetivas e subjetivas, e um leque enorme de habilidades e capacidades mentais e expressivas. Em seu teste, Seashore elege, apenas, as objetivas, que podem ser medidas. Essas características dão conta de aferir a acuidade da audição de parâmetros sonoros isolados, para o que concorrem também outras capacidades, como atenção e concentração, mas desconsideram a possibilidade de avaliar a sensibilidade do sujeito aos sons, ou sua maneira de "fazer música". Além disso, o autor não se refere em nenhum momento à questão da escuta da música, partindo do pressuposto de que ela seria "a soma das partes" aferidas no teste. Exclui-se em seu exame, portanto, qualquer envolvimento com a obra musical, seja como operação formal, seja como construção artística, produto da atividade humana, englobando, por isso, a totalidade de suas capacidades técnicas, lógicas e expressivas. Seashore acredita que, detectando a capacidade de discriminação dos parâmetros do som pelo sujeito, dessa maneira atomística, está-se detectando "talentos", o que, nem mesmo em sua época, era unanimemente admitido.

Na esteira dos testes de Seashore, numerosos psicólogos da música propuseram outros procedimentos de testagem. Não se pretende, aqui, absolutamente esgotar a história dos testes de talento musical, mas apenas nomear alguns dos pesquisadores que se destacaram, a saber: Arnold Bentley, na Inglaterra, na década de 1950, e Edwin Gordon, ex-discípulo de Seashore e, como ele, docente da Universidade de Yowa nas décadas de 1960 e 1970.

Arnold Bentley

O teste proposto por Bentley é destinado a crianças em idade escolar (de oito a catorze anos) e segue princípios semelhantes aos de Seashore; no entanto, ele não concorda com a realização da proposta com um som sinoidal fabricado em laboratório, como no teste de Seashore, por considerá-lo desinteressante e desestimulante. Em seu teste, sugere a gravação dos sons no registro flauta de um órgão de tubos, por ter poucos harmônicos, o que o aproxima do som puro, e ser mais interessante e, portanto, "mais musical" do que ele. A alternativa de Bentley, no entanto, apresenta problemas de realização, pois, dependendo da sala, o resultado se modifica, em razão do tempo de reverberação, prejudicando as respostas ao item "durações". Além disso, se ele se afasta de Seashore na escolha da matéria-prima do teste ao utilizar um som quase puro, produzido por instrumento acústico, e não sons sinoidais gerados em laboratório, alinha-se a ele ao partir do mesmo pressuposto, acreditando ser possível detectar talentos musicais na pronta resposta do órgão auditivo ante um estímulo de natureza física, fenômeno isolado que nada tem a ver com a obra artística, que, seria de esperar, fizesse parte de um teste de musicalidade.

Edwin Gordon

Ex-aluno de Seashore e pertencente à mesma matriz de seu mestre, apresenta vários tipos de testes diferentes: *The musical aptitude profile* (1965) tem uma proposta bastante semelhante ao teste de Seashore e visa medir a acuidade auditiva do indivíduo, sem que ela esteja colada à sua vivência musical. Do mesmo modo que Seashore, Gordon evita o uso de palavras técnicas para detectar a musicalidade, que se manifestaria independentemente do conhecimento musical do sujeito avaliado. Existe outro teste, destinado especificamente a estudantes de música que, além da aptidão, pressupõe conhecimento musical. E outro ainda, *The primary measures of music audiation: a music aptitude test for kindergarten and primary grade children*, destinado a crianças pequenas, não alfabetizadas, que substitui as instruções escritas na cartela de respostas por pares de carinhas de criança. Esse teste foi criado para diagnosticar e medir o potencial musical de crianças entre cinco e oito anos de idade. Para realizá-lo, não é preciso ser alfabetizado; o teste pode ser aplicado em duas partes, de vinte minutos cada.

Na proposta de Gordon, a criança testada deve fazer analogia entre as duas carinhas (iguais ou diferentes) e os pares de sons ouvidos (também iguais ou diferentes). Embora bastante engenhoso, o teste peca por utilizar um elemento gráfico que não se relaciona diretamente com a realidade sonora percebida, a não ser pela qualidade resultante da comparação entre os dois sons (as duas carinhas com expressões faciais iguais ou diferentes). Por ser tão abstrata a relação, é difícil assegurar que a compreensão da questão pela criança realmente se dê.

Esses testes acompanham uma tendência da psicologia comportamental daquela época: "medir" aspectos cognitivos ou sensoriais baseando-se em critérios objetivos e, portanto, mensuráveis. Não que a psicologia behaviorista não aceite a subjetividade; ela apenas não a considera, pela impossibilidade de ser medida. A aplicação de testes dessa natureza, por isso mesmo, não é consensual. O que se quer determinar por meio desses testes é a "musicalidade" do indivíduo, mas a maneira de realizar essa tarefa divide os pesquisadores: de um lado está o grupo que afirma ser possível medir a musicalidade pela avaliação das habilidades do sujeito em diferentes parâmetros – altura, duração, intensidade, timbre –, além

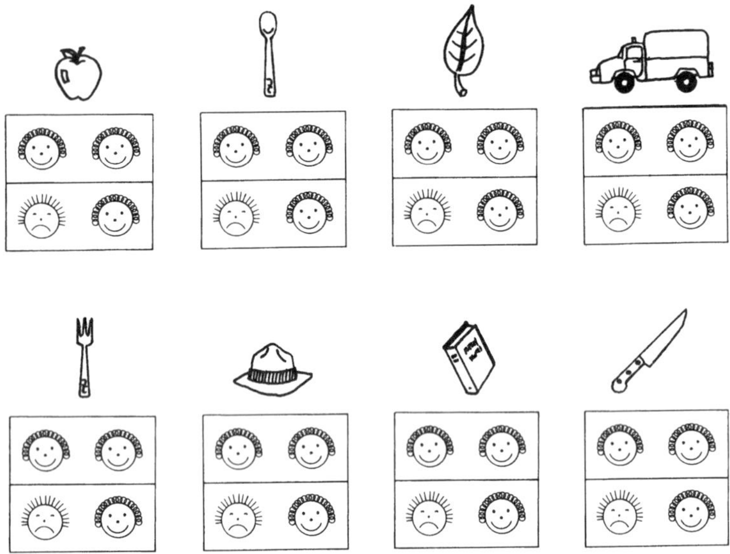

Figura 1 – Cartela de respostas do teste *The primary measures of musical audiation* (G.I.A. Publications, Inc., 1978).

de memória tonal, memória rítmica e comparação entre pares de estímulos sonoros, entre outros. O grupo opositor não concorda com esse ponto de vista atomístico e sustenta que a musicalidade é um processo unitário e se manifesta holisticamente.

Música, psicologia do desenvolvimento e psicologia social

O grupo citado não aceita o tipo de teste acima mencionado e preocupa-se em pesquisar outras questões, por exemplo, saber se a habilidade musical é geneticamente transmitida ou resultado do ambiente. Shuter-Dyson e Gabriel (1981) apresentam uma extensa revisão bibliográfica dessa questão em seu livro *The psychology of musical ability*, que trata do desenvolvimento da habilidade musical, da precocidade do talento, da musicalidade em gêmeos, da transmissão da musicalidade e seus efeitos no ambiente familiar e social, e do desenvolvimento de habilidades musicais.

Anne Anastasi (1965) examina a questão hereditariedade/meio ambiente por outro ângulo, enfatizando que é mais importante saber "como" a habilidade é transmitida do que discutir se determinado comportamento é fruto do ambiente ou de herança. Ela aponta algumas semelhanças entre fatores orgânicos herdados e ambientais, ambos caracterizados por "um contínuo de não direcionalidade", que difere dos fatores comportamentais ambientais, os quais, por sua vez, exercem influência direta no indivíduo. Entre os fatores herdados, Anastasi cita alguns tipos de doença em que o cérebro se apresenta fortemente prejudicado (nesse caso, os estímulos ambientais não podem fazer nada para alterar a situação); em certas deficiências herdadas, como a surdez, o reforço ambiental pode ajudar a melhorar a situação; em outros casos, algumas características físicas podem ser particularmente adequadas para determinadas atividades (a altura para um jogador de basquete, ou dedos longos e ágeis para um pianista). Os exemplos apresentam alguma semelhança com fatores orgânicos ambientais, como um cérebro fortemente prejudicado em consequência de problemas durante o nascimento ou de condições pré-natais adversas, ou ainda deficiências visual e auditiva adquiridas, que podem determinar alterações no comportamento social. Os fatores comportamentais ambientais podem ser: pertencimento a determinado grupo social, escolaridade, influência de certas práticas sobre o comportamento apresentado, por exemplo, crianças surradas pelos pais, ou problemas de linguagem entre alunos estrangeiros. A extrema diversidade de fatores precisa de soluções específicas, e Anastasi sugere algumas abordagens metodológicas para o estudo dessas questões e sua influência na aprendizagem. A amplidão do tema torna difícil uma aplicação direta em educação musical, mas é preciso assinalar a importância das questões levantadas por Anastasi, via de regra, ausentes nos textos de formação do educador musical no Brasil.

Outro campo de interesse comum nos países da América do Norte é o estudo dos processos de composição, improvisação, execução musical (performance) e escuta, tema desenvolvido, entre outros, por Sloboda em *The musical mind* (1985). David Hargreaves, um psicólogo da música de inspiração piagetiana, em *The developmental psychology of music* (1986), e Dianne Deutsch, em *The psychology of music* (1982). Esses autores estudam e pesquisam os processos de desenvolvimento da habilidade musical entre crianças em idade pré-escolar e adolescentes, tais como o reconhecimento de parâmetros do som, o desenvolvimento do ouvido absoluto e o início da escrita musical, entre outros. Hargreaves trabalha, também, na área de psicologia social, investigando a relação entre formação do gosto e classe social. Cite-se, ainda, a importante contribuição de Gardner (1994), com sua teoria das inteligências múltiplas, que resgata o espaço específico da música nas investigações ligadas ao desenvolvimento humano.

A primeira das duas tendências apresentadas pertence à matriz comportamentalista e lida com pesquisa quantitativa, considerando apenas os aspectos mensuráveis do fenômeno estudado (Seashore, 1919; Gordon, 1965; Bentley, 1967). A segunda tendência está atrelada à psicologia do desenvolvimento e vê a musicalidade como expressão de um conjunto de fatores hereditários, ambientais, psicológicos e sociais. Os dados com que trabalha, portanto, pertencem tanto ao âmbito objetivo quanto ao subjetivo, não partindo de testes de aptidão, mas utilizando-se de outras técnicas de pesquisa, como entrevistas e questionários, observação do sujeito durante a atividade musical, estudos de caso, e outros. Um terceiro campo tem ganhado corpo nas últimas décadas, tornando-se importante na formação do educador musical: o estabelecimento de uma filosofia da educação musical.

Filosofia da educação musical

O veio da filosofia aplicado à educação musical é rico e desperta interesse, pois, com as profundas modificações ocorridas no século XX, e principalmente nos últimos anos, torna-se cada vez mais evidente que os antigos métodos de ensino já não podem cumprir integralmente sua função, tendo que se adaptar à nova realidade. Em meados do século XX, o modelo de educação musical utilitária, até então predominante nos países desenvolvidos, cedeu lugar a outro tipo de educação musical, fundamentada na qualidade estética. Essa atitude tornou-se bastante forte na América do Norte e na Inglaterra, onde se encontram alguns dos mais significativos defensores da tendência.

Na América do Norte, o ano de 1958 é um marco, pois foi a primeira vez que a Sociedade Nacional para o Estudo da Educação Pública forneceu linhas diretoras para o estabelecimento de uma filosofia da educação. Logo surgiram nomes significativos, como Bennett Reimer e Abraham Schwandron, que seguem a linha de reflexão de John Dewey, Suzanne Langer e Leonard Meyer. Dewey colocara a arte no centro da sala de aula, tirando-a do pedestal em que se encontrava desde o século XIX; exerce grande influência nos meios educacionais nos Estados Unidos e no exterior, e é um dos responsáveis pela reviravolta no ensino pré-escolar. Sua influência no Brasil é grande, graças à ação de seu discípulo Anísio Teixeira, e faz sentir-se principalmente nos jardins de infância e pré-escolas, como eram então denominados os centros de educação infantil (Dewey, 1976, 1978; Barbosa, 1982).

Suzanne Langer compreende a música como o espaço onde não há mais realidade tangível, mas uma forma em movimento, universo de som puro, motivo pelo qual não aceita a investigação usualmente realizada, que considera a música objeto de estudo físico, fisiológico e psicológico do som, atendo-se à compreensão de sua estrutura, critérios de combinação de sons e efeitos que provoca no homem e nos animais. Nesse sentido, opõe-se frontalmente à linha da psicologia experimental, que busca justamente esses elementos em sua pesquisa.

A duração, como o espaço, em música, não é um fenômeno real, mas algo radicalmente diferente do tempo científico, mecânico. É incomensurável, imagem do tempo "vivido", que somente pode ser "medido" em termos de sensibilidade, tensão e emoção. Trata-se de um tempo virtual que, como o espaço virtual, nunca é claramente perceptível. A música torna o tempo audível, o que remete à importância da percepção auditiva, que dá vida ao objeto sonoro, imprimindo-lhe significado e integrando-o à experiência interior do indivíduo. Langer é filósofa e não educadora, mas sua concepção de música como forma simbólica e expressão de sentimentos certamente afeta a educação musical (Langer, 1971). Sua influência no Brasil é recente e localizada, concentrando-se, principalmente, nos cursos de pós-graduação em Música.

A teoria de Leonard Meyer organiza as maneiras de entendimento da música em dois campos, o dos que lhe conferem uma qualidade representativa, externa a ela, e o dos que a veem como forma pura. Aos primeiros, ele denomina referencialistas, e aos segundos, absolutistas. Os referencialistas são aqueles que se utilizam da música como representação de fatos e fenômenos externos a ela. Os absolutistas subdividem-se em formalistas e expressionistas, que representam, respectivamente, o absolutismo formalista e o absolutismo impressionista. Os formalistas consideram que a música nada expressa além dela mesma. Os expressionistas, porém, acreditam que a música é uma forma simbólica e apresenta estreitas similaridades com os sentimentos humanos. Isso não quer dizer que ela exprima sentimentos particulares, como alegria, tristeza ou ódio, mas que atinge os mais profundos recessos da psique pela empatia existente entre música e sentimento, entendido aqui em seu sentido amplo, de capacidade de sentir. Essa teoria encontra espaço no Brasil, por via indireta, graças ao trabalho de Bennett Reimer, conhecido nos cursos de pós-graduação e do qual nos ocuparemos a seguir.

Bennett Reimer

Desde a década de 1970, a grande controvérsia existente entre educadores "utilitaristas" e "filósofos" emergiu, os primeiros centrando-se na organização da prática em sala de aula, em procedimentos pedagógicos, currículo e conteúdo musicais, e os segundos priorizando a reflexão a respeito da prática, enfatizando os aspectos valorativos e procurando determinar a natureza e o valor da música e da educação musical. Neste último grupo encontram-se os adeptos da psicologia do desenvolvimento, da psicologia social e os filósofos da educação musical. Reimer pertence a esse grupo e seu foco de interesse é, justamente, o reconhecimento do valor da música e da educação musical. Muito embora inúmeros pesquisadores se dediquem aos mais diversos aspectos que cercam a problemática da educação musical, mais do que à discussão de currículos, conteúdos de aula, técnicas de ensino e propostas criativas, o que importa, no momento atual, é discutir o valor da música para a sociedade. A indústria cultural tem vendido a ideia de música como entretenimento e lazer, e é necessário o resgate da discussão da importância da arte – e da música – para o ser humano. Nesse sentido, ao apontar para a questão valorativa da música e da educação musical, Reimer toca num ponto pertinente e crucial que pode até auxiliar a pensar no porquê da falta de interesse na presença da música no currículo da escola brasileira, pois essa presença só pode ser advogada por quem a valoriza. Reimer aprofunda-se nessa questão e discute a educação musical em contextos os mais variados, como a escola de educação geral, a escola especializada, a formação do intérprete e os programas de artes integradas. O que ele diz é de grande interesse para os brasileiros, pois a falta de discussão a respeito desses pontos torna difícil a compreensão da problemática que cerca a educação musical e suas características, mesmo quanto aos objetivos, metas, conteúdos, materiais e estratégias de ensino, em cada curso e em cada nível de escolaridade, e até entre os que acreditam na necessidade da presença das artes em geral e da música, especificamente, nos currículos escolares.

Bennett Reimer apoia-se em Suzanne Langer e Leonard Meyer no desenvolvimento de sua Estética da Educação Musical. Para ele, a educação musical necessita de uma filosofia que a auxilie a firmar-se como área autônoma. “O impacto que ela tem na sociedade depende, em grande escala, da qualidade do entendimento da profissão e do que ela pode oferecer de valor para a sociedade” (Reimer, 1970, p.3).

Reimer é claramente um adepto do absolutismo expressionista e é sobre seus pressupostos que erige a argumentação de seu livro. Conduz com grande perícia o leitor e apresenta sólidos argumentos em favor de sua opção, de modo competente e com propriedade; o enfoque expressionista confere à música o poder de atingir redutos profundos da psique, por seus procedimentos simbólicos, não lançando mão de referências externas, muitas vezes ingênuas. Os argumentos de Reimer são convincentes e interessantes, mas ao fazê-lo carrega nas tintas, na condução de sua argumentação a respeito das abordagens com as quais não concorda. Nesse achatamento, descarta qualquer possibilidade de escuta referencial, não se dando conta da grande quantidade de sua presença, já clássica, na produção musical de diferentes épocas, na música renascentista, com a Teoria dos Afetos e a Doutrina das Figuras, em Bach, ou em Wagner, apenas para citar alguns exemplos. O valor da obra de arte não está diretamente ligado à questão de referir-se ou não a uma realidade externa a ela, mas aos valores intrínsecos que carrega.

Outra questão que emerge do pensamento de Reimer e que merece ser examinada é seu não reconhecimento da música como linguagem. "Music is in no sense a language", diz. Esse é o tema que desenvolve no Capítulo IV de seu livro, em que desfila uma série de argumentos para mostrar de que modo o processo criativo se distancia do comunicativo e, portanto, da linguagem. No processo de comunicação, diz, há uma relação unidirecional entre o emissor e o receptor da mensagem, via canal de comunicação. A mensagem é previamente preparada pelo emissor, que tem uma ideia clara e precisa a respeito do conteúdo que quer transmitir. A boa comunicação depende da boa qualidade da mensagem, do conhecimento do código por parte do emissor e do receptor, bem como do canal transmissor. Respeitadas essas condições, estará em processo uma comunicação clara, objetiva, estável e monodirecional.

No processo criativo, ao contrário, afirma Reimer, o emissor não parte de uma ideia precisa, mas de um impulso e, nesse processo, a mensagem não se completa anteriormente à emissão. Esse impulso é uma "ideia germinal" e evolui por meio de tentativas, até chegar à realização plena, que se traduz na obra de arte. Nesse sentido, o processo criativo é subjetivo, dinâmico e pluridirecional.

Quanto a esse aspecto, o autor parte de pressupostos frágeis para fazer valer seus pontos de vista. Inicie-se com o processo de comunicação. Ao contrário do que diz Reimer, a mensagem nem sempre é fácil de ser transmitida. O emissor nem sempre tem uma clara ideia do que pretende dizer, mesmo que tenha opinião formada a respeito. Isso só se dá quando o teor das mensagens é extremamente simples, como em "é proibido fumar", ou "entrada proibida", ou quando se trata de propaganda comercial: "compre isto", ou "compre aquilo". Em processos de comunicação mais complexos, a premissa cai por terra; em um discurso comunicativo, mesmo comum, muitas coisas estão envolvidas, e pode-se mudar de opinião após refletir sobre a questão ou ouvir a argumentação do outro; as reações que se têm no processo comunicativo são, até certo ponto, imprevisíveis, pois pode-se reagir de muitos modos diferentes à mensagem e, nessas reações, expressão e sentimentos estão frequentemente envolvidos. Outro ponto de discordância é que os pensamentos não são anteriores à linguagem, como acredita Reimer. Muitas vezes, não se sabe o que se vai dizer, até o momento em que é dito. Recordem-se as palavras de Merleau-Ponty: "Minhas palavras me surpreendem e me ensinam meus pensamentos" (1984, p.133).

O exemplo evocado por Reimer como argumento do que considera característico do processo de comunicação é o que se dá na "escrita de um livro"; segundo ele, o autor sabe o que vai escrever e, sabendo comunicar aquilo que quer, atinge o leitor. A primeira questão que aflora é: Escrever um livro é um processo de comunicação simples? Então, que dizer dos conflitos vividos pelo escritor no ato da escrita? A escolha cuidadosa das palavras, o conviver com mudanças de opinião no decorrer do processo, o esforço para encontrar a melhor forma de dizer o que quer, fazem parte do processo de elaboração do texto e acompanham o escritor do início ao final de sua tarefa. Que dizer dos desapontamentos que vive quando uma ideia não vem? E da satisfação que sente quando tem uma inspiração feliz ou captura a palavra certa? Que dizer do que lhe ocorre ao reler um trecho, até então considerado ótimo e subitamente percebê-lo, sob nova luz, como falho, repetitivo, pouco interessante? Ou, ao contrário, ao reler um texto seu, após algum tempo, surpreender-se: "Como fui capaz de dizer isto de maneira tão feliz?". Por tudo isso, não se pode afirmar que o processo de comunicação seja claro e objetivo, pois há muitos conteúdos individuais interferindo e modificando a mensagem o tempo todo.[9]

Isso, do ponto de vista do emissor. E quanto ao receptor da mensagem? Aí, também, outras situações interferem na objetividade da recepção, que, de modo algum, ocorre da maneira que Reimer quer. Em seus argumentos, ele reforça a necessidade de compartilhamento do código e menciona um receptor "que não pode captar a mensagem porque não compreende inglês" (Reimer, 1970, p.76). A concepção subjacente ao que diz é a de um receptor de mente vazia, a ser preenchida com a mensagem. Mesmo, porém, com a mente esvaziada, o receptor teria que conhecer o código empregado, sem o que o processo não se instalaria. Isso, mais uma vez, está presente em uma fase inicial e simples do processo comunicativo, mas não o caracteriza por inteiro, pois o receptor não se apresenta com a mente desprovida de conteúdos e aberta à recepção da mensagem; pelo contrário, ele a lê e decodifica baseando-se em seu "contexto existencial", o que faz que a mensagem se lhe apresente como que contaminada por seus próprios pensamentos e concepções. O contexto do leitor, o seu "não dito", portanto, envolve, ampara e confere significados ao que é dito na mensagem. O leitor compreende a mensagem porque sabe o que está procurando. Quando se lê um livro, é para encontrar respostas às próprias questões. Nesse processo, a subjetividade está presente. O processo de comunicação, portanto, não é "claro, simples e objetivo", como quer Reimer, mas complexo, não totalmente definível e previ-

9 Essa questão será retomada sob outro ângulo no Capítulo 4 deste livro.

sível, e nele interagem emissor, receptor e meio, de um modo que torna impossível analisar os seus componentes, por conter muitas variáveis e envolver conteúdos conscientes, inconscientes e pré--conscientes. Poder-se-ia, talvez, argumentar que isso ocorre num processo complexo de leitura de textos, mas não numa conversação coloquial. Mas mesmo nesse caso, numa conversação informal, cotidiana, quantos pensamentos cruzam a mente dos interlocutores! Quantos sentimentos interferem em seu julgamento, distorcem mensagens, enfatizam pontos, obscurecem outros, em suma, a interpretam muitas vezes de modo bastante diferente da intenção primordial do emissor, seja ele falante ou escritor?[10] Pelos argumentos apresentados, pode-se afirmar que a comunicação não se afasta do entendimento da mensagem artística no que se refere aos processos de transmissão da mensagem, porque ambos apresentam características semelhantes.

Em contrapartida, examinando-se o que diz Reimer a respeito do processo criativo ou, mais especificamente, da comunicação artística, pode-se ver, diferentemente do que afirma, que muitas obras de arte não atendem, necessariamente, às condições expostas por ele, pressupondo um período de indecisão precedendo o ato de fazer. Embora isso ocorra em grande parte dos casos, alguns artistas utilizam-se de procedimentos rigorosamente formais e amparam-se em modelos científicos na construção da obra; nesse sentido, não partem, necessariamente, de um "impulso inicial", mas de um plano bem urdido, construído a partir de uma matriz preexistente, que poderia ser identificado com o processo de comunicação apresentado por Reimer. Não se está afirmando que a obra de arte assim elaborada prescinda de elementos subjetivos. O que está se apontando é que não há contornos ou limites bem definidos entre os dois pro-

---

10 O escritor peruano Mario Vargas Llosa ilustra esse processo à perfeição em um de seus romances, *Pantaleão e as visitadoras* (1973), em que o dito e o não dito são colocados no texto lado a lado, dificultando, sem dúvida, a compreensão do leitor, mas dando uma dimensão aprofundada do complexo processo de comunicação humana.

cessos – comunicação e criação –, que, frequentemente, se sobrepõem, compartilhando procedimentos que deveriam pertencer, no modo de ver reimeriano, a um ou outro dos dois campos opostos. Não se pode descartar a subjetividade da vida, do mesmo modo que não se pode descartar a linguagem da própria condição humana, o que torna ambos os processos semelhantes e inter-relacionados. Nesse sentido, eles se destacariam um do outro pelas qualidades estéticas, intrínsecas à obra de arte, e não pelas técnicas de comunicação.

Reimer defende a educação musical estética, tendo por base as teorias de Langer e Meyer, que veem a música como facilitadora da "educação dos sentimentos" por ser análoga a eles, afirmação que também suscita estranheza, pois os sentimentos, pelo fato de nem sempre pertencerem à esfera consciente, não se submetem facilmente a um processo de "educação".

Não obstante o que se levantou, Reimer desempenha importante papel na educação musical contemporânea, principalmente por enfatizar a necessidade de trabalhar os aspectos valorativos da música e da educação musical. No entanto, embora suas ideias tenham grande penetração, há autores que não endossam seus pontos de vista e apontam alternativas para a questão da estética, em relação à música e à educação musical. Um desses autores é Keith Swanwick.

Keith Swanwick

Professor de educação musical no Instituto de Educação da Universidade de Londres, é regente e, antes de ir para a Universidade, lecionou para adolescentes em escolas de educação geral. É autor de vários livros a respeito de educação musical, entre os quais, *Music, mind and education* (1988) e *Musical knowledge* (1994). Swanwick dá grande relevância ao conhecimento intuitivo que resulta da experiência musical e à relação dinâmica entre intuição e análise, questão que, segundo ele, já foi tocada por vários autores, mas permanece ainda pouco explorada. Ele fundamenta sua teoria no pensamento de Benedetto Croce, que, em sua *Estética,* mostra que o conhecimento pode ser intuitivo ou lógico, obtido pela imaginação ou pelo intelecto; individual ou universal, ou destinado a compreender as coisas em si, ou as relações que se estabelecem entre elas. Esse é o viés que Swanwick toma, acreditando que, em música e em educação musical, é preciso considerar os dois lados que Croce defende: a intuição e o pensamento lógico.

Swanwick, em seu texto, dialoga com os pensadores contemporâneos da educação musical, entre os quais Bennett Reimer, de quem discorda quanto ao uso que este faz da palavra "estética". Para Swanwick, "é inútil insistir [em dizer] que a palavra 'estética' pode ser utilizada como sinônimo de 'artístico' ou 'intrínseco' [como faz Reimer]" (Reimer, 1989, XII, apud Swanwick, 1994, p.35). Para ele, esse ponto de vista é tendencioso e lhe parece que o uso que Reimer faz da palavra sugere que ela pertence ao terreno da habilidade. Segundo Swanwick, é melhor pensar na estética a partir de sua raiz, que indica "conhecimento obtido pelos sentidos, a base sensória a partir da qual habilidade e consciência de expressão e de forma são postos a trabalhar artisticamente" (Swanwick, 1994, p.35).

Swanwick considera que Reimer negligencia a qualidade do sentimento como resposta à forma e se utiliza de argumentos até certo ponto ingênuos quando polariza intuição e lógica como entidades opostas, esquecendo-se de que a forma, inicialmente, é apreendida intuitiva e holisticamente. No entanto, essa apreciação não é pertinente, pois o ponto de vista adotado por Reimer é, justamente, o da conciliação entre expressão e forma, colocando-se em equilíbrio em relação à escuta referencial – externa à música – e à lógica pura dos formalistas. Mas talvez, em sua apreciação, Swanwick esteja sendo purista ao atribuir à estética uma qualidade "contemplativa", uma não atividade, oposta, portanto, à ação que, para ele, caracteriza a atividade artística. Reimer, porém, não utiliza a palavra *estética* nesse sentido nem a entende assim. Desse modo, o que parece oposto entre os dois autores é, na verdade, uma questão de nomenclatura, pois Reimer não exclui a ação artística da apreciação estética, tanto é que, nos últimos capítulos de seu livro, dedica-se especificamente à educação musical nos mais distintos contextos, por exemplo, em escolas de música, em programas de performance, na escola comum, ou ainda, em projetos transdisciplinares em que a música se integra a outras linguagens expressivas.

O entendimento de Swanwick é que "estética e arte não são sinônimos". A estética está presente, preliminarmente, em qualquer resposta inicial intuitiva ante os materiais sonoros. O lado artístico chega depois, durante o processo musical, quando o ouvinte, ou o intérprete, estabelece empatia com o significado expressivo e passa a fruir as estruturas formais vivas e coerentes (Swanwick, 1994, p.36).

Havendo, a princípio, centrado posição na natureza dialética de intuir e analisar, aproximando-se, nesse sentido, do pensamento de Hegel, Swanwick constrói em seguida o que chama "um modelo psicológico", muito mais complexo do que sua ideia inicial de dois polos – intuição e lógica –, mostrando pormenorizadamente "a natureza dialética do engajamento musical" (ibidem, p.87). Depois de anos de reflexão e busca das bases psicológicas do conhecimento musical, ele chega à conclusão de que o conhecimento artístico não é um domínio separado das outras atividades da mente, mas extrai sua substância do mesmo material psicológico que a ciência, a filosofia e outras formas de discurso simbólico.

Swanwick desenvolveu uma teoria da aprendizagem de música, conhecida como Teoria da Espiral, em que cartografa o conhecimento musical do indivíduo a partir das bases filosóficas explicitadas anteriormente, e de uma leitura modificada das ideias de Piaget, de quem utiliza os conceitos de assimilação e acomodação, renomeando-os, porém, como intuição e análise.

> Minha posição é que o crescimento do conhecimento, em qualquer nível, emerge intuitivamente e é nutrido e direcionado pela análi-

se. O conhecimento musical não é exceção e observar e participar do fazer musical das crianças nos oferece outras descobertas quanto a essas estruturas e processos. (ibidem, p.86)

No modelo em espiral, a criança passa, sucessivamente, pelos blocos "material", "expressão", "forma" e "valor" e, em cada um deles, experimenta cada proposta, atividade ou ação, de início intuitivamente e, depois, pela análise.

Concluindo, pode-se dizer que o modelo de Swanwick parte do intuitivo para chegar ao lógico, e do individual para chegar ao universal, constituindo-se, portanto, em um exercício de interpretação pessoal da experiência de vida. Sendo assim, para ele, nenhum tipo de experimento é neutro, pois vem marcado pelas experiências do sujeito e por sua própria interpretação.

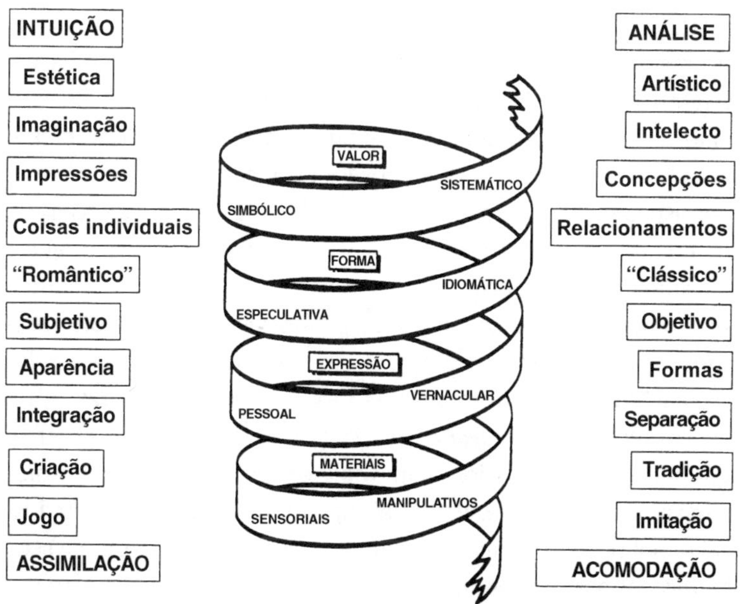

Figura 2 – À esquerda e à direita da espiral (Swanwick, 1994, p.87; trad. nossa).

David Elliot

O terceiro nome a ser destacado neste segmento é o do canadense David Elliot. Professor da Universidade de Toronto, Elliot tem se destacado entre os educadores musicais por sua pesquisa engajada em questões sociais. Ex-aluno e ex-orientando de Bennett Reimer, é ele seu principal interlocutor. São as ideias de Reimer que, em certa medida, incomodam Elliot e o levam a discuti-las e a dialogar com aquele autor. Elliot é um ferrenho crítico da proposta de educação musical "estética", que considera estar apoiada em valores do século XIX e distanciada da realidade contemporânea, por conceber a arte como dotada de "valor intrínseco", desterritorializada, descontextualizada e não comprometida com a realidade humana. Ele não concorda com o que diz Reimer a respeito da similaridade e, mesmo, da igualdade que aponta entre música e sentimentos, o que o leva a considerar a educação musical uma possibilidade de educação dos sentimentos. Elliot discorda também da "visão idealista" de Reimer que, segundo ele, não enfatiza a prática musical, mas a experiência de postar-se diante da obra de arte para fruí-la estática e esteticamente – e, quanto a esse aspecto, alinha-se a Swanwick, de quem se afasta, porém, por considerar a prática social, e não a estrutura psicológica, determinante da prática musical. Para ele, a linha que defende a importância da educação estética apoia-se em conceitos ultrapassados, que atribuem valor apenas às obras de arte consideradas "eternas", via de regra representantes da cultura ocidental.

Em seu livro *Music matters* (1995, p.296), Elliot afirma ser errôneo conceber obras musicais como objetos autônomos, pois a música é uma prática humana e, sendo assim, está imersa num contexto histórico, político, econômico e cultural, derivando sua natureza e seus significados das circunstâncias em que ocorrem seu uso e sua produção. Mesmo as propriedades estruturais das obras musicais não são autônomas, pois refletem as características de seu tempo e de sua cultura. As obras de arte são constructos artístico-culturais, e a música, uma prática humana multiforme, que se configura de diferentes maneiras, sendo destinada a diferentes tipos de ouvintes. Para delinear um tipo de educação musical adequada a essa característica, é preciso que se considerem todas essas dimensões, bem como as relações que se estabelecem mutuamente, na medida em que isso contribui para o entendimento da natureza e do significado da música (Elliot, 1995, p.3-46). Essa maneira de compreender a música como fruto de condições históricas e sociais abre caminhos, pois abriga em si a diversidade e, nesse sentido, pode abrir espaço a um amplo espectro de ações de caráter artístico, provenientes de diferentes contextos. Sua maneira de compreender a educação musical pode, por isso, fornecer subsídios tanto ao entendimento da problemática educacional brasileira hoje quanto das condições adversas que a cercam, contribuindo para a implantação, de fato, da educação musical na escola.

O outro ponto discutido por Elliot é a questão da natureza e do valor da escuta e das obras musicais. Todas as formas de musicalização dependem de um conjunto multidimensional de conhecimentos, que ele define como "musicalidade". A escuta musical envolve a construção de informações e o estabelecimento de relações e de significados inter e intramusicais, por meio dos quais se constitui o conhecimento musical em suas várias formas. Portanto, para ele, musicalidade e escuta constituem dois lados da mesma moeda, pois os conhecimentos exigidos para uma escuta efetiva são os mesmos que os exigidos pela prática musical, seja ela criar (compor) ou executar (tocar um instrumento ou cantar), as duas formas de fazer musical (Elliot, p.48-238). No entanto, pode-se dizer que são, na verdade, três tipos de fazer, e não dois, como quer Elliot, porque a escuta é, também, um tipo de fazer musical, visto que, na atividade de audição, o ouvinte constrói a música interiormente. Esses três fazeres se completam e interpenetram, não sendo claros os limites entre um e outro, pois o que realmente se ouve é resultado da interação entre o estímulo sonoro externo (a obra) e sua escuta interna, o que faz da música não um objeto preexistente, mas fruto da interpretação. Acrescente-se, ainda, que Elliot, ao abrigar a multiplicidade de culturas e, portanto, de repertórios, não descarta nenhum deles, dando lugar, também, aos repertórios clássico e contemporâneo, relativizando-os como partes de um contexto mais amplo, cujo limite é a própria possibilidade do fazer humano.

Discussão

Expostas as principais características do pensamento de Reimer, Swanwick e Elliot, resta acrescentar que este último, em seu empenho em desconstruir os argumentos de Reimer a respeito da educação estética, adota uma visão também estreita a respeito dela. Para ele, o conceito apresentado por Reimer e outros pesquisadores é reducionista – pois entende a música como uma coleção de objetos, aos quais o ouvinte responde passivamente – e está atrelado ao pensamento romântico, que colocava a música no topo de uma hierarquia das artes. No entanto, a análise de Elliot à posição de Reimer no que diz respeito à estética e seu uso na educação é também simplificadora, pois não é isso o que diz Reimer em seu livro. Ao contrário, ao discutir as várias formas de educação musical, esse autor destaca a problemática da música em suas várias funções, na escola geral, na escola especializada, em situação de performance, e como integrante de currículos multidisciplinares, nos quais uma atitude contemplativa estaria descartada pela própria natureza da ação. Swanwick também questiona o pensamento de Reimer, discordando de algumas de suas posições, embora menos enfaticamente do que o faz Elliot. Segundo ele, Reimer entende "estética" como sinônimo de "artístico", e "arte" como "formação de habilidades", o que seria reducionista. Vê-se, portanto, que os três pontos de vista a respeito de estética aqui apresentados mostram que, nesses autores, é o próprio conceito de estética (e de arte) que não está suficientemente discutido entre os educadores musicais, pedindo por esclarecimento.

Cada um desses autores tem sua razão. A música pode ser entendida como um misto de expressão e pensamento lógico; quando Swanwick insiste no caráter intuitivo do conhecimento musical precedendo à lógica, não está se colocando antagonicamente em relação a Reimer, mas depurando o conceito, isto é, indo além do que este havia delineado. Compreender a música como atividade da psique humana, por sua vez, não exclui a aceitação de que ela é uma prática humana, dotada de uma rede complexa de inter-relações com o panorama social, cultural, político e econômico. Embora, à primeira vista, possa parecer que os três autores situam-se em campos opostos, na verdade seus pontos de vista não são excludentes; cada um examina a música por um ângulo e, com isso, contribui para o aprofundamento das questões que cercam a educação musical e sua prática.

No Brasil, o conhecimento do pensamento de Reimer, Swanwick, Elliot e de outros que se debruçam sobre as questões que cercam a educação musical e a prática da música em diferentes espaços e contextos é crucial, pois, embora muito se tenha feito nos últimos anos para trazer esse conhecimento ao país, depois de um exílio de quase trinta anos, a maior parte dos educadores musicais e arte-educadores brasileiros ainda não teve oportunidade de conhecê-los e não reflete sistematicamente a respeito do que fazem e propõem. O acesso a esses autores poderia auxiliá-los a preencher essa lacuna, além de dar suporte à sua prática, ensinando-os a compreender que a educação musical não é apenas uma atividade destinada a divertir e entreter as pessoas, tampouco um conjunto de técnicas, métodos e atividades com o propósito de desenvolver habilidades e criar competências, embora essa seja uma parte importante de sua tarefa. O mais significativo na educação musical é que ela pode ser o espaço de inserção da arte na vida do ser humano, dando-lhe possibilidade de atingir outras dimensões de si mesmo e de ampliar e aprofundar seus modos de relação consigo próprio, com o outro e com o mundo. Essa é a real função da arte e deveria estar na base de toda proposta de educação musical.

2
Tramando os fios da educação musical: os métodos ativos

Um galo sozinho não tece a manhã.
Ele precisa sempre de outros galos. ...
Que com muitos outros galos se cruzem
os fios de sol de seus gritos de galo,
para que a manhã, desde uma teia tênue,
se vá tecendo entre todos os galos.

João Cabral de Melo Neto

Depois de examinar as diferentes visões de música no primeiro capítulo e sua influência no estabelecimento da natureza e do valor da música e da educação musical, ocupar-se-á, agora, dos "métodos ativos" em educação musical, surgidos no início do século XX, como resposta a uma série de desafios provocados pelas grandes mudanças ocorridas na sociedade ocidental na virada do século XIX para o XX. Ressalve-se, contudo, que nem todos podem, na verdade, ser considerados métodos, mas abordagens ou propostas. Nas décadas de 1950 e 1960, alguns deles foram introduzidos no Brasil, ao menos nos grandes centros e escolas de música, influenciando também a prática da música na escola comum. No entanto, por uma série de circunstâncias, entre as quais a exclusão da disciplina Música dos currículos escolares, substituída pela Educação Artística desde 1971 (lei n.5692/71), muitas dessas abordagens ficaram esquecidas, limitando-se a uns poucos seguidores, via de regra, pertencentes a segmentos educacionais alternativos.

Hoje, nem mesmo as escolas de música parecem dar-se conta da importância dessas propostas, permanecendo muitas delas no antigo esquema de iniciar crianças e jovens diretamente no instrumento, e colocando-os em classes de teoria da música para completar a formação exigida pela aula de instrumento. São poucas as escolas que sistematicamente desenvolvem um trabalho apoiado nos métodos ativos como preparação para o ensino de instrumento, que se dá nos mesmos moldes das escolas do século XIX, ou que se dedicam à música popular, que sofre influência das escolas jazzísticas norte-americanas, igualmente voltadas para a prática instrumental e não para a formação musical básica. Mas mesmo nas escolas que investem em aulas de musicalização, observa-se que, muitas vezes, isso ocorre de maneira pouco consistente, caracterizando-se mais como recreação do que como fonte de conhecimento. O esquecimento dos métodos ativos de educação musical vem sendo danoso ao ensino de música no país, provocando duas posturas opostas: a de adotar um dos métodos acriticamente e de maneira descontextualizada, descartando outras possibilidades, e a de ignorar seus procedimentos, investindo em propostas pessoais, geralmente baseadas em ensaio-e-erro e, em geral, privilegiando o ensino técnico-instrumental (leia-se treinamento dos olhos e das mãos) ou a diversão, dentro do pressuposto de que música é lazer.

No entanto, caso se queira fortalecer a área da educação musical, é importante que os educadores musicais pioneiros sejam revisitados, não para serem adotados tal como se apresentam em suas propostas de origem, mas como fonte vital, da qual se podem extrair subsídios para propostas educacionais adequadas à escola e à cultura brasileiras. É isso que se fará a seguir, para que o professor, a partir das condições históricas e do contexto em que o ensino de música se dá hoje, possa proceder às necessárias avaliação crítica e adaptações, a fim de que se usufrua efetivamente das contribuições que essas abordagens podem trazer ao ensino da música no Brasil.

Os educadores musicais do início do século XX constituem-se em pioneiros no ensino da música. Como se viu, num período histórico não muito distante, não havia preocupação específica em cuidar do desenvolvimento e do bem-estar da criança, ou mesmo do jovem e do adulto. A intenção do ensino variava a cada época, de acordo com a maneira pela qual a criança e o jovem eram vistos em determinada sociedade, bem como com a visão de mundo e os valores eleitos por essa sociedade. No século XIX que findava, essa intenção concentrava-se, antes de mais nada, na produção de bons intérpretes musicais; no âmbito acadêmico, o que se buscava era a excelência no conhecimento técnico/instrumental e científico. O retrospecto histórico do capítulo anterior procura elucidar essa questão, buscando entender de que modo a música e a educação musical ocorreram em diferentes épocas, e se relacionaram com o pensamento e a estética de cada período, em que pesem as dificuldades em fazer esse recorte, nem sempre possível de ser reconstituído integralmente. Em determinados períodos históricos, nem mesmo se consegue detectar o valor e o significado que os homens atribuíam à educação ou à educação musical, por serem anteriores ao próprio conceito de infância, que só se firmou a partir de finais do século XVII (Ariès, 1981). As grandes transformações artísticas e científicas produziram os pedagogos da música no século XX, e o estudo do pensamento de alguns deles mostrará claramente que elas estão presentes, algumas vezes como o próprio motivo da proposta e, em outras, participando dos conteúdos, metas e estratégias de ensino.

O século XX viu despontar, em um curto espaço de tempo, uma série de músicos comprometidos com o ensino da música. Dentre eles destacam-se alguns, pela pertinência de suas propostas e por sua penetração no Brasil, tornando-se, com isso, mais significativos entre nós. São eles: Émile-Jaques Dalcroze, Edgar Willems, Zoltán Kodály, Carl Orff e Shinichi Suzuki, na maior parte europeus, com exceção do japonês Suzuki, que, todavia, viveu na Alemanha durante anos e apresenta uma proposta nitidamente ocidentalizada.

A primeira geração

Émile-Jaques Dalcroze

Educador musical suíço, viveu de 1865 a 1950 e foi professor no Conservatório de Genebra. Seu grande mérito, graças à sua observação incessante e à sua intuição, foi propor um trabalho sistemático de educação musical baseado no movimento corporal e na habilidade de escuta. Ele próprio é quem conta que, desde o início de seu trabalho no Conservatório, constatou a precariedade do preparo auditivo de seus alunos, que não conseguiam imaginar o som dos acordes que escreviam nas aulas de harmonia. Para Dalcroze, isso era fruto de um erro conceitual comum à época: o de centrar o conhecimento na mente do aluno, desconsiderando as oportunidades de se estabelecerem ligações entre a atividade cerebral e as sensações auditivas. Percebeu, então, que o erro do ensino de música era não permitir que os alunos experimentassem sonoramente o que deviam escrever. Àquela época, era praxe que os professores de música não permitissem aos alunos se aproximarem do teclado para conferir o que produziam nas aulas de harmonia, contraponto ou composição. Dalcroze inverteu a ordem estabelecida, incentivando a escuta e o toque no piano antes de o aluno realizar a atividade. Essa atitude foi resultado do questionamento de um de seus alunos, a respeito da regra de conduta comumente empregada, ao argumentar com o mestre que, se não tinha o som dos acordes na cabeça, o único modo de conhecer sua sonoridade seria tocá-los. Essa simples observação abalou Dalcroze, que iniciou um trabalho em que integrava as atividades de tocar, escutar e escrever harmonias. Daí deduziu um dos princípios fundamentais de seu sistema: "Toda regra não forjada pela necessidade e pela observação da natureza é arbitrária e falsa" (Dalcroze, "Les études musicales et l'éducation de l'oreille" 1898, in 1965, p.9).

Dalcroze também constatou a dificuldade de seus alunos, ainda que bem-dotados, para cantar obedecendo aos influxos rítmicos das melodias, não porque não os compreendessem, mas pela incapacidade dos músculos do aparelho vocal em responder adequadamente às solicitações da música. De acordo com ele, os alunos compreendiam intelectualmente a organização rítmica das melodias, mas não eram capazes de executá-las bem, porque não tinham controle sobre os movimentos de seu aparelho vocal. Essas observações marcaram o início de suas investigações em direção à elaboração de uma proposta de educação musical baseada na interação entre escuta e movimento corporal. Dalcroze aliava, à sua aguda capacidade de observação e reflexão, uma viva intuição e um olhar penetrante para as condições do mundo em que vivia. Conhecia bem a situação das escolas suíças e alemãs e os problemas que enfrentavam, conseguindo avaliar com propriedade e discernimento seus pontos fortes e suas deficiências. Percebia, também, a rapidez com que sobrevinham mudanças no comportamento das pessoas, provocadas pela instalação de novos modelos sócio-econômico-culturais, que exigiam rápida adaptação.

Distinguem-se, no trabalho de Dalcroze, dois tipos de preocupação distintos, mas não conflitantes: a educação musical e a necessidade de sistematização das condutas, em que música, escuta e movimento corporal estivessem estreitamente ligados e interdependentes. Sobre essa base, Dalcroze erigiu seu sistema de educação musical, conhecido como "Rythmique" em língua francesa.

A segunda preocupação de Dalcroze é mais ampla e mostra quanto ele estava interessado em buscar soluções para as condições que se apresentavam no novo século. Analisando a questão da educação musical em seu tempo e em seu país, ele atribui aos órgãos educacionais, aos professores e aos artistas a responsabilidade de promover a educação das massas. Em 1905, Dalcroze demonstra, em um de seus artigos, "Un essai de réforme de l'enseignement musical dans l'école" (1905, in 1965, p.5), seu interesse pela educação do povo, que, segundo ele, deveria ser liderada por uma elite de artistas, pois, se os líderes se mostrassem interessados apenas no progresso, não teriam capacidade para conduzir o povo. Então, era necessário conscientizá-los da importância de seu papel, para aproximar a arte do povo, incentivando-o a praticá-la:

> A música fará o milagre de ordenar a massa, agrupá-la de acordo com determinada ordem, apaziguá-la, instrumentalizá-la e orquestrá-la, segundo os princípios dos ritmos naturais, pois a música é a emanação de aspirações e vontades. (Dalcroze, Prefácio, 1919, in 1965, p.8)

A forte presença da música na escola seria o único meio de catalisar o que Dalcroze chamava de "as forças vivas do país". Para que essa experiência tivesse êxito, seria preciso formar mestres inteligentes e capazes. A aspiração de Dalcroze, ao elaborar sua proposta de ensino de música, era, de acordo com suas próprias palavras, construir um "sistema racional e definitivo", objetivo que, todavia, não tardou a ser revisto, pois logo percebeu que a consciência motora-táctil e a compreensão do espaço raramente se apresentam plenamente formadas, e que o mesmo se dava em relação ao "ouvido absoluto" (Dalcroze, Prefácio, 1919, in 1965, p.7).

Num momento em que detecta, na sociedade em que vive, um certo afrouxamento da vontade, Dalcroze acredita ser necessário ensinar as novas gerações a combater esse estado, com a própria energia individual, posta a serviço das gerações futuras. O ideal de Dalcroze é a união dos indivíduos, num processo que caminha em direção ao coletivo; para ele, caberia à arte esse papel aglutinador, graças à sua capacidade de suscitar, nos indivíduos, a expressão de sentimentos comuns. A nova arte preconizada por Dalcroze seria o resultado da união de múltiplos ideais e quereres, pela exteriorização comum dos sentimentos.

Com seu conhecimento aprofundado das sinergias e antagonismos corporais, Dalcroze pretendia descobrir a fórmula de uma arte futura, caracterizada pela expressão dos sentimentos do povo. O propósito de Dalcroze em cultivar os "ritmos naturais", bem como sua adesão à psicofísica, refletem seu alinhamento às propostas de seu tempo, mas também quanto seu pensamento está, ainda, impregnado de concepções provindas do século anterior; a busca da verdade na natureza tinha sido a proposta de muitos pensadores e cientistas do século XIX, inclusive Helmholtz, que tanta influência exerceu sobre os músicos da sua e de épocas posteriores. Dalcroze, em 1909, já destacava a importância do papel das representações motrizes do ritmo. Dez anos depois, o psicólogo americano Seashore imputaria a percepção do tempo musical aos movimentos, que poderiam ser reais ou imaginários:

> As impressões de ritmos musicais despertam sempre, e em certa medida, imagens motoras na mente do ouvinte e, em seu corpo, reações musculares intuitivas. As sensações musculares acabam por associar-se às sensações auditivas que, assim reforçadas, se impõem mais ao espírito, para apreciação e análise. (Seashore, 1919, p.170)

Mas muito antes desse pesquisador, em 1906, Claparède, respondendo a uma carta de Dalcroze, já reconhecia que este tinha sido capaz de perceber a importância psicológica do movimento como suporte dos fenômenos intelectuais e afetivos.

> É interessante comprovar que você chegou, por caminhos totalmente diferentes dos da psicologia fisiológica, a conceber, como ela, a importância psicológica dos movimentos e o papel que desempenha o movimento, como suporte dos fenômenos intelectuais e afetivos. (Claparède, 1924, in Bachman, 1993, p.16)

Não obstante o endosso científico, Dalcroze era combatido no meio musical por suas ideias revolucionárias, o que o levou a querer reafirmar o que descobria a partir de suas intuições, por meio de argumentos sólidos e do trabalho experimental que desenvolvia com seus alunos. Não obstante esse fato, muitas das conclusões a que chegou não foram fruto direto da experimentação, mas de suas intuições.

Neste resumo de propósitos, é possível perceber que Dalcroze estava inteiramente engajado nas questões de seu tempo, mas seus instrumentos de interpretação da realidade permaneciam inseridos no pensamento romântico. Suas propostas congregavam duas fortes tendências românticas: o entendimento da arte como expressão de sentimentos e a crença em métodos racionais e definitivos, que atuariam como estratégias de asseguramento da qualidade investigatória de seu trabalho.

Suas ideias a respeito da educação das massas reflete a preocupação com o aumento populacional e com as forças coletivizantes que, a partir da Revolução Francesa, engolfaram a vida individual, submetida à *res publica*. Com efeito, crescia mais e mais a massa, com todo seu peso, força, desejo e poder, provocando profundas alterações nos modos de vida, na visão de mundo e no uso dos chamados "bens culturais". O novo estado de coisas e a maneira de compreender a música na virada do século foram vividos por Dalcroze, que, de pronto, compreendeu a nova situação e atribuiu aos órgãos educacionais, aos professores e aos artistas a responsabilidade de promover a educação das massas. Contudo, ao avaliar a nova situação, transparecem valores individuais e humanistas de cunho romântico, o que, talvez, explique o uso do termo "elite", atribuído por ele aos artistas líderes, que deveriam "conduzir as massas, organizá-las, apaziguá-las, instrumentalizá-las e orquestrá-las" (Dalcroze, 1919, in 1965, p.8). É como se a força coletiva fosse uma enorme energia selvagem, que seria necessário domesticar, e na qual a música funcionaria, em certa medida, como o chicote de um domador de feras.

Em sua intenção de democratizar o ensino, Dalcroze ressaltou a importância da presença da música na escola, pois acreditava que "nenhuma evolução, nenhum progresso, podem ocorrer sem a participação da juventude, pois é nos espíritos jovens que as ideias deitam suas raízes mais profundas" (Dalcroze, "Un essai de réforme de l'enseignement musical dans les écoles", 1905, in

1965, p.14). Nessa mesma época, manifesta-se um certo enfraquecimento da Igreja que provocou o afastamento das pessoas da vida religiosa, o que, por sua vez, tem, como uma de suas consequências, a ausência da música nas escolas, pois as instituições religiosas e as próprias igrejas tinham sido, até então, e durante séculos, as grandes responsáveis pela educação e por boa parte da música composta e executada. Era uma situação incomum a secularização da vida, e a consequência, tanto no âmbito da educação geral quanto especificamente no da educação musical, logo se fez notar. Em vista disso, o revolucionário Dalcroze clamava por uma reforma de ensino radical, na qual os artistas desempenhariam importante papel, e reafirmava sua crença no poder do progresso e na força de um ideal para realização de sua utopia.

> E não está, esta hora, em vias de soar, quando tantos artistas isolados sentem a necessidade de se agrupar para se conhecer, para o progresso e o triunfo do bem? [E ele mesmo responde:] Sim, chegou a hora em que, pelo esforço das vontades reunidas, impor-se-ão as ideias comuns. E o tempo necessário para impô-las, nós o passaremos confiantes e felizes, pois marcharemos em falange cerrada, os olhos fixos no mesmo ideal e os corações batendo dentro do mesmo espírito. (Dalcroze, Un essai..., 1905, in 1965, p.17-8)

As ideias defendidas por Dalcroze deixam transparecer quanto seus ideais estão impregnados pelo pensamento romântico, com traços do que Löwy e Sayre, em seu livro *Revolta e melancolia* (1995), denominam "melancolia e utopia", fortes características dos pensadores românticos em suas posturas em relação à vida. Em seus textos, Dalcroze mostra insatisfação com o estado da sociedade em geral e, mais especificamente, das escolas de seu tempo, porque, de acordo com ele, as autoridades escolares não conseguiam ir além dos procedimentos rotineiros e não tomavam conhecimento das recentes teorias educacionais de Froebel, Pestalozzi e Claparède, tampouco, das lúcidas análises a respeito da ausência da música nas escolas suíças efetuadas pelo compositor e educador Mathias Lussy, demonstrando, com isso, uma perniciosa acomodação à situação dada, e impedindo, com seus procedimentos, qualquer possibilidade de aproximação com a "verdadeira" educação, considerada por ele "oportunidade para o máximo desenvolvimento das potencialidades humanas" (ibidem, p.20).

Essa é a "melancolia". A "utopia" manifesta-se no entusiasmo com que abraça a própria proposta de ensino de música que, uma vez implantada, reverteria o estado de coisas apontado, permitindo o pleno desenvolvimento das capacidades sensório-motoras, sensíveis, mentais e espirituais da criança e, em consequência, de toda a população. Dalcroze dedicou sua vida a esse ideal e, se não conseguiu atingir, como queria, toda a população, ainda assim continuou a persegui-lo.

"Ritmo e gesto no drama musical e diante da crítica"

Esse é o título de um artigo de Dalcroze, escrito entre 1910 e 1916, editado na compilação de seus textos (1965) e que está destacado aqui por ser bastante elucidativo para a compreensão de suas ideias, muito mais amplas do que as que dedicou à resolução de questões específicas da educação musical. No entanto, como se verá, as ideias de Dalcroze sempre retornam à temática da educação musical, sem dúvida a mais importante presença no corpo de sua filosofia. O que Dalcroze entende por educação musical ultrapassa o conceito comumente atribuído a essa expressão, de ensino de música para crianças. Para ele, toda ação artística é um ato educativo e o sujeito a que se destina essa educação é o cidadão, seja ele criança, jovem ou adulto. Seu sistema, muito embora se dedique ao desenvolvimento de competências individuais, pois é intensamente vivenciado pelo aluno, num movimento integrado que reúne capacidades psicomotoras, sensíveis, mentais e espirituais, é também pensado como agente de educação coletiva. E talvez esteja aí a atualidade de sua proposta, pois o mundo contemporâneo só exacerbou a necessidade de promover educação e cultura a todos, crianças, jovens e adultos, questão que, nos dias atuais, mostra-se cada vez mais pertinente.

Mas não pode ser ignorado que, além de educador, Dalcroze era um artista, e é com o instrumental e a postura de artista que analisa a situação da sociedade e da escola com que convivia em seu país. Suas ideias a respeito da arte como que contaminam sua relação com a educação e, inevitavelmente, permeiam a construção e a aplicação de seu sistema de educação musical. No artigo em questão, ele apresenta *a trindade verbo, gesto, música*, anunciada por Wagner no final do século XIX com seus dramas musicais, e lamenta que ela, de fato, jamais tenha ocorrido.

O não reconhecimento da união pretendida na ópera wagneriana levou-o ao início de seus questionamentos a respeito da união das artes, não por não concordar com ela, mas por entender não ser suficiente a obra conter os três elementos clássicos para que estivesse garantida sua unificação. Para ele, uma simples análise de apresentações das obras wagnerianas, montadas nos melhores teatros europeus, iria demonstrar, sem a menor dúvida, que a unidade clássica jamais se realizara, "nem poderá se realizar, mantidas as atuais condições da educação musical" (1965, p.105). Se, realmente, houvesse a intenção de promover a unidade, não bastaria a fusão de música, verbo e gesto, mas seria necessário que os movimentos corporais e sonoros, bem como os elementos musicais e plásticos, estivessem estreitamente unidos, pela base. No desenrolar do artigo, Dalcroze expõe pormenorizadamente seus princípios, tendo por pano de fundo a crítica ao desempenho de cantores e dançarinos no palco, que, segundo ele, jamais demonstravam tal integração nas produções artísticas a que assistia: "Se considerarmos, seja a obra, seja a interpretação teatral de nossos dias, dar-nos-emos conta de que esta união jamais se realizou" (ibidem, p.105).

Apoiando-se na tradição das grandes festas populares de seu país, principalmente os espetáculos da Paixão, durante a Semana Santa, que, tradicionalmente, mobilizavam centenas de pessoas, mostra que os suíços tinham "um instinto natural para a arte de agrupar a turba e de tornar vivas as cenas, e que podem ser vistos nas festas da Paixão, que remontam ao século XII, em que o entrosamento entre os diferentes elementos da tríade são perfeitos" (ibidem, p.114).

De posse dessa convicção, baseada em sua própria observação, Dalcroze propõe o aproveitamento desse interesse característico da cultura local para a exploração do que chama "leis do gesto coletivo", "relação entre o povo e os solistas", "dinamismo das massas", "polirritmia do povo", "educação dos coristas" e estudos a respeito de "luz e gesto" (Dalcroze, "Le rythme e le geste dans le drame musical et devante la critique", 1910-1916, in 1965, p.104-19).

Os itens destacados mostram a importância que Dalcroze dedicava ao coletivo em arte, alinhando-se ao que já ocorria ao seu redor e se manifestava nos grandes movimentos populares e na massificação da cultura, que se evidenciava desde o século anterior, mas que, até aquele momento, não havia se estendido ao ensino artístico (e, mais especificamente, ao musical), que ainda se encontrava ligado ao desenvolvimento técnico e à capacidade expressiva do indivíduo. Dalcroze lembra nesse texto que, após Wagner ter trazido ao teatro a trindade mencionada e traçado um plano para uma escola lírico-dramática, em que os movimentos sonoro e corporal, bem como o ritmo verbal, se uniriam, definitivamente retornando à orquestra grega, os críticos e diletantes teriam se acalmado, trazendo a impressão de que tudo corria bem, "do melhor modo, no melhor dos mundos" (ibidem, p.105), com o que, absolutamente, Dalcroze não concordava.

No restante do artigo, Dalcroze analisa a atuação dos críticos de arte, que julga despreparados para a função e expõe, uma vez mais, a temática a que, reiteradamente, retorna: a educação coletiva. Neste caso, trata-se da massa coral, comum aos espetáculos nacionais que analisa. A partir dessa análise, Dalcroze demonstra que a preparação dos grupos artísticos estava baseada em princípios errôneos, pois não existia nenhuma proposta de tratamento coletivo do gesto, o que fazia que os movimentos individuais realizados simultaneamente evidenciassem a ausência de um pensamento comum e, portanto, de senso dramático. É nesse sentido de superação das deficiências detectadas que conduzia sua pesquisa, que desembocou em sua revolucionária proposta de educação musical pelo movimento.

A Rítmica

O sistema de educação musical a que Dalcroze chamou "Rythmique" (Rítmica) relaciona-se diretamente à educação geral e fornece instrumentos para o desenvolvimento integral da pessoa, por meio da música e do movimento. Além desse propósito mais amplo, atua como atividade educativa, desenvolvendo a escuta ativa, a voz cantada, o movimento corporal e o uso do espaço. Dalcroze enfatiza o fato de o corpo e a voz serem os primeiros instrumentos musicais do bebê, daí a necessidade de estímulo às ações das crianças desde tenra idade, e da maneira mais eficiente possível.

O sistema Dalcroze estimula a imersão dos participantes nos aspectos estruturais e dramáticos da obra musical, valorizando, a um só tempo, a compreensão de seus elementos constituintes e de seus aspectos expressivos. Por meio de sua proposta, pretende levar o indivíduo à escuta consciente e ao movimento, que teria dois papéis opostos e complementares: o de ato provocado pela música, entendido como sua emanação, e o de provocador e gênese do som, afastando a ideia do movimento como algo externo à música e, circunstancialmente, a ela sobreposto, como usualmente ocorre. Desse modo, estão fundamentalmente interligados, em Dalcroze, a escuta e os aspectos psicomotores como instrumentos da compreensão/ação/sensibilidade musicais. É seu propósito "fazer do organismo inteiro algo que poderia chamar-se de um ouvido interior" (Dalcroze, "Les études musicales et l'éducation de l'oreille", 1898, in 1965, p.10).

A integração entre ritmo e atividade motora não é criação de Dalcroze, embora, no meio musical, ele tenha sido o primeiro a investigar essa ligação. No entanto, outras áreas estavam se debruçando sobre a mesma questão e é interessante perceber que muitos dos "achados" científicos dos pesquisadores ocorrem quase simultaneamente aos de Dalcroze. Vários estudos em psicologia, na mesma época, dão-se conta da natureza motora do ritmo; Bolton, em 1884, por exemplo, já afirmava que os movimentos involuntários que acompanham a percepção do ritmo não são resultado da experiência rítmica como tal, mas sua própria condição ou, dizendo de outro modo, não são reconhecidos como efeito, mas como causa. Em 1907, Dalcroze afirma que "não existe nenhum sujeito musical que apresente alguma deficiência na expressão musical rítmica, que não a possua, também, corporalmente" (Dalcroze, "L'initiation au rythme", 1907, in 1965, p.41). Além de estar alinhado às descobertas de sua época, algumas vezes até se antecipou a elas, como quando pôs em prática, na Rítmica, certos aspectos aos quais, pouco depois, a psicologia do desenvolvimento daria sólidos fundamentos, como sua crença em que a ação corporal é, ao mesmo tempo, fonte, instrumento e condição primeira de todo conhecimento ulterior.

Não se pretende expor de maneira pormenorizada o sistema dalcroziano, pois há literatura especializada e atual, fornecida pelo próprio Instituto Dalcroze e escolas autorizadas, em livros, artigos e *sites* na internet. No entanto, alguns princípios gerais devem ser mostrados, ainda que de forma resumida, para que a própria exposição clarifique ideias anteriores.

Segundo Marie-Laure Bachman, do Instituto Émile-Jaques Dalcroze em Genebra, a Rítmica ocupa uma posição peculiar em relação a outros métodos e abordagens em educação musical, por duas razões: a primeira é a clara intenção de Dalcroze de superação da dicotomia corpo/espírito, característica do dualismo do século XIX, e também assumida, a segunda razão é a ampla utilização que faz de um espectro abrangente da música, capaz de fazer emergir, dialeticamente, o que há de mais primitivo e de mais evoluído no funcionamento do ser humano. Bachmann explica que "a Rítmica não é um fim em si mesma, mas um meio de estabelecer relações" (1993, p.27).

O sistema Dalcroze parte do ser humano e do movimento corporal estático ou em deslocamento, para chegar à compreensão, fruição, conscientização e expressão musicais. A música não é um objeto externo, mas pertence, ao mesmo tempo, ao fora e ao dentro do corpo. O corpo expressa a música, mas também transforma-se em ouvido, transmutando-se na própria música. No momento em que isso ocorre, música e movimento deixam de ser entidades diversas e separadas, passando a constituir, em sua integração com o homem, uma unidade. Esse é o modo pelo qual Dalcroze supera o dualismo em sua busca pelo todo. Se recordarmos que a música, na concepção romântica, era considerada a mais espiritual das artes, porque desencarnada, puro espírito, podemos compreender que a aspiração à unicidade, para Dalcroze, teria que fazer proceder a sua encarnação, ligando as entidades separadas – corpo e espírito, ou "corpo e música". Esse é o princípio de seu sistema.

Outro ponto a considerar, que parte da mesma ideia de união de opostos, é a estreita convivência entre liberdade e estrutura. Mesmo agora, essa convivência é, muitas vezes, considerada impossível, alternando-se as propostas educacionais em privilegiar ora um, ora outro desses polos. No entanto, Dalcroze já pressentia a necessidade de superação dessa dicotomia. Não é difícil imaginar a situação vivida no início do século XX, quando ele começou seu trabalho com música e movimento. Sem muito esforço, pode-se supor que o principal propósito do sistema seria o da liberação dos grilhões manifestados nas atitudes prevalecentes no processo educativo. Num mundo autoritário, marcado por convenções e pela expectativa de "bom comportamento" nas escolas, pelo extremo zelo com que ocultavam o corpo feminino e ordenavam os gestos sociais com um sem-número de regras de etiqueta, não é difícil imaginar o sentido do sistema proposto por Dalcroze, que partia do movimento corporal, da exploração do espaço e do próprio corpo, que buscava a comunicação e o contato com outros corpos e com o ambiente, e exigia vestimentas especiais, que proporcionassem liberdade ao gesto: braços nus, pés descalços, pernas delineadas pelas malhas de dança. No entanto, por mais chocantes que fossem suas propostas, elas ganhavam adeptos, que aderiam a essa ideia de conhecimento e liberdade.

No entanto, essa não é uma ideia única; ao lado dela, outra está presente: a de estrutura, presente no corpo e na música, e que também se mostra nas relações estabelecidas pelo indivíduo consigo próprio, com o outro, com o espaço e com as sonoridades; nesse ponto, o corpo se identifica com a música, cuja liberdade expressiva, intensamente buscada no período romântico, apoia-se numa estrutura complexa, em que intervêm um sem-número de componentes; hoje, embora não se possa dizer que ainda persistam as mesmas regras de contenção em relação ao movimento, ainda assim, a despeito da extinção do formalismo extremo e de atitudes, em geral, mais relaxadas, pode-se afirmar ser o corpo ainda pouco conhecido e explorado. O que existe, hoje, é a apresentação de estereótipos, nas imagens divulgadas por vídeo e internet, bem como nos festivais pseudopopulares promovidos pela indústria cultural, que tentam passar as ideias de prazer e liberdade, fortemente impregnadas de conteúdos sensuais que, por sua vez, atendem a interesses mercadológicos – estamos em plena era do consumo e isso transparece em muitas das imagens e sonoridades divulgadas pela mídia. Nesse processo massivo, o indivíduo fica desconectado de qualquer possibilidade de expressão individual, atendo-se a manifestações de caráter tribal, induzidas pelo comportamento divulgado nos meios de comunicação; assim, mesmo em situações outras que não estejam diretamente ligadas às mídias ou ao consumo, transparecem esses interesses: nas escolas, as crianças e adolescentes reproduzem em gestos, movimentos e cantos, o que lhes é imposto pela sociedade de consumo; esse corpo veiculado pela mídia e as manifestações sonoras vocais ou instrumentais são simulacros e, à pretensa liberdade de expressão, não correspondem o conhecimento e a exploração do corpo como unidade sistêmica e instrumento expressivo, que exigem, a um só tempo, conhecimento, sensibilidade, exploração, liberdade e estrutura. É a convivência entre liberdade de expressão e estrutura de movimento corporal que garante a atualidade do sistema Dalcroze em nossos dias.

O sistema

Embora inicialmente concebido para adultos, o sistema Dalcroze foi adaptado, posteriormente, para atender crianças a partir de seis anos, podendo ser desenvolvido com crianças menores. Ele parte da natureza motriz do sentido rítmico e da ideia de que o conhecimento necessita ser afastado de seu caráter usual de experiência puramente intelectual para alojar-se no corpo do indivíduo e em sua experiência vivida. A partir dessa ideia, o sistema organiza-se em movimentos e atividades destinados a desenvolver atitudes corporais básicas, necessárias à conduta musical. Busca-se trabalhar a escuta ativa, a sensibilidade motora, o sentido rítmico e a expressão.[1]

Incentivam-se movimentos básicos como andar, correr, saltar, arrastar-se, deslocar-se em diferentes direções, utilizando-se de diferente saltos, livremente, ou seguindo um determinado ritmo. As estruturas musicais vão sendo abordadas nas próprias atividades, de modo que, dirigidas pela escuta, as pessoas expressem o que ouvem por meio de movimentos. Bater palmas nos tempos rítmicos acentuados, interromper ou recomeçar, subitamente, um movimento, expressar com um gesto o caráter anacrúsico de um trecho, ou criar um movimento expressivo que represente uma determinada frase musical, são exemplos do que se pode explorar numa aula dalcroziana. Os exercícios corporais visam, especificamente, combinar e/ou alternar movimentos, dissociá-los, estimular a concentração, a memória e a audição interior, promover a rápida reação corporal a um estímulo sonoro ou explorar o espaço em diferentes direções, planos e trajetórias, objetivos que continuam atuais, ainda mais se se pensar na expressão e na estrutura corporais como maneiras de suplantar as estereotipias postas hoje ao alcance da população.

---

1 Vanderspar (1990) e Compagnon & Thomet (1954) expõem pormenorizadamente essas atividades, em que todos os elementos são trabalhados.

Dalcroze hoje

O Instituto Émile-Jaques Dalcroze, em Genebra, continua sendo um importante centro de formação de professores, responsável pela difusão das ideias e da sistemática de Dalcroze. A entidade oferece cursos de longa, média e curta duração, além de regularmente publicar revistas e livros. Apesar de as matrizes do pensamento dalcroziano estarem imersas no século XIX, ele estava alinhado às ideias de seu tempo, o que é fácil perceber pela evolução de suas ideias, desde os primeiros textos (de 1889) até os últimos (de cerca de 1945). O professor de educação musical, hoje, uma vez decidindo aprofundar-se no conhecimento da proposta dalcroziana, tendo em vista sua aplicação, precisa tomar consciência das mudanças por que passou o mundo desde então, para que a reflexão acerca de suas ideias permita sua adaptação à nova realidade, conduzindo à elaboração de novas estratégias e propostas. É isso que mantém o sistema vivo e pertinente. Pode-se imaginar, a partir das posições que assumiu durante sua vida, que Dalcroze não teria gostado de presenciar o uso estagnado de suas propostas, o que impediria a produção de frutos adequados às novas condições de vida.

Émile-Jaques Dalcroze inseriu-se em sua época e em seu espaço, como artista e educador, com tanta veemência e verdade, que suas ideias, além de influenciar educadores de seu tempo, ainda hoje servem de fundamento a muitas propostas e ações nas áreas de música, dança e teatro. Não obstante o tempo passado, seu pensamento continua a ter considerável importância no terreno da educação musical, e o Instituto Émile-Jaques Dalcroze tem conduzido esse ideal, formando professores de música de competência internacionalmente reconhecida, responsáveis pela difusão do sistema por ele criado e sua adaptação às condições do mundo contemporâneo.

Edgar Willems

Edgar Willems (1890-1978), nascido na Bélgica e radicado na Suíça, foi aluno de Émile-Jaques Dalcroze e Mme. Lydia Malan, e atribuía a eles grande importância em sua formação musical. O reconhecimento a Dalcroze era suficientemente grande para pedir-lhe que escrevesse o prefácio do primeiro volume de seu livro *L'oreille musicale*; a opinião de Dalcroze acerca da proposta de Willems é bastante elucidativa para a compreensão de seu trabalho, de modo que não é possível falar de Willems sem retornar ao velho mestre.

Dalcroze inicia o prefácio relembrando quanto é recente a preocupação dos educadores em relação à preparação das faculdades auditivas do povo. No período compreendido entre a Idade Média e meados do século XIX, relembra, o objetivo dos colégios musicais era

> desenvolver a arte do canto e de grupos instrumentais, bem como instruir os alunos na ciência da harmonia e do contraponto, [com o intuito de] formar homens aptos a celebrar a glória de Deus e a preencher sua vida e a de seus companheiros com a alegria dos hinos, sequências, tropos e litanias. (Willems, 1985, p.5)

A necessidade de ensinar música a toda a população surgiu com o ideal democrático, a partir da Revolução Francesa, e foi uma consequência natural, no século XX, que os músicos interessados em educação dedicassem algum tempo à descoberta de métodos e estratégias adequados à preparação auditiva das camadas populares.

No entanto, lembra Dalcroze, nada se fez nesse sentido, a não ser insistir em exercícios técnicos sem interesse musical. Foram os músicos "os primeiros a compreender a necessidade de se introduzir com vantagens a humanidade na educação musical, de empregar procedimentos intelectuais e desenvolver, simultaneamente, as faculdades sensoriais e sentimentais, espirituais e físicas dos futuros artistas e amadores" (Dalcroze, in Willems, 1985, p.5-7). Com essas observações, Dalcroze introduz e aplaude o livro do ex-aluno, endossando seu trabalho.

Pressupostos

Na página de rosto de *L'oreille musicale* há uma epígrafe bastante elucidativa a respeito dos propósitos de Willems: "A arte de educar encontra sua base racional de conhecimento nas relações estritas, vitais, que existem entre os elementos fundamentais da matéria a ensinar, e as próprias da natureza humana". A identificação entre música e natureza humana está apoiada nos mesmos pressupostos encontrados em Hegel, comentados anteriormente, mas provém, também, de Platão e de Pitágoras. Na mesma epígrafe encontra-se a aspiração de Willems em fazer ciência, constituindo-se em fundamentos de seu trabalho: operar em bases racionais e encontrar as relações entre a música e o homem. Uma vez estabelecida a necessidade da educação musical, o firme propósito de Willems é fazer que ela ganhe *status* científico e, para isso, baseia-se no modelo de Helmholtz, tal como está exposto em *Die Lehre von dien tonempfindungen als physiologische Grundlage für die Theorie der Musik* [A doutrina das sensações sonoras como fundamento fisiológico da teoria da música], que estuda as sensações auditivas e os fundamentos materiais do som.

Em sua proposta, Willems dedica-se a dois aspectos: o teórico, que engloba os elementos fundamentais da audição e da natureza humanas, e a correlação entre som e natureza humana, e o prático, em que organiza o material didático necessário à aplicação de suas ideias à educação musical. Willems estuda a audição sob três aspectos: sensorial, afetivo e mental, repetindo os três domínios da natureza, que considera essencialmente diferentes entre si: o físico, o afetivo e o mental.

Segundo sua concepção, há uma ordem construtiva, natural, necessária à criação, que ordena natureza, ser humano, música e audição. Não se compreendeu ainda, diz, a natureza profunda da musicalidade, e isso talvez explique a pouca atenção dada à educação musical das crianças e jovens. Para ele, toda criança pode ser preparada auditivamente, de modo a aprender a ouvir os materiais sonoros básicos que compõem a música e a organizá-los como experiência musical. Na verdade, Willems aponta para a necessidade de fomentar a cultura auditiva para todos, colocando-se contrariamente à ideia, então ainda muito difundida, do ensino musical exclusivo para pessoas talentosas. Para lograr êxito, Willems advoga a necessidade de que o preparo auditivo se dê anteriormente ao ensino de um instrumento musical, pois a escuta é a base da musicalidade. A capacidade auditiva depende de um conjunto de fenômenos que apelam, cada um, para uma faculdade diferente e se identificam com a natureza do ser humano. A audição, de acordo com o autor, apresenta aspectos que Willems denomina sensorialidade, sensibilidade afetiva auditiva ou afetividade auditiva e inteligência auditiva, que estão em estreita relação com a capacidade sensório-motora, a sensibilidade afetiva e a inteligência do homem, prosseguindo, além disso, para uma dimensão espiritual.

Esse aspecto da teoria de Willems, contudo, nem sempre tem sido corretamente interpretado, pois omite-se, na exposição de seus princípios, que Willems não concebe essas três instâncias da audição como fenômenos separados; na verdade, para ele, esses fenômenos apresentam-se simultaneamente, sendo a divisão um recurso para que cada uma das características mais importantes da audição possa ser devidamente analisada.

O som

O som é o objeto de estudo de um dos capítulos de seu livro *L'oreille musicale*, como fenômeno natural de caráter vibratório. Os fenômenos vibratórios são percebidos pelos sentidos, e o som, como fenômeno específico, é percebido pela audição. Desse modo, é necessário conhecer cientificamente o modo de funcionamento do ouvido, que serve de intermediário entre o mundo objetivo das vibrações sonoras e o mundo subjetivo das imagens sonoras. O conhecimento do modo de funcionamento do ouvido contempla, em especial, os aspectos fisiológicos da audição, e Willems dedica boa parte de seu texto a analisar o trajeto do nervo auditivo, o que explicaria os diferentes aspectos da audição: sensorial, sensível e mental. Em suas palavras, "o nervo auditivo passa pelo bulbo (sede das ações reflexas ou dinamogênicas), vai à concha ótica (sede das emoções) e só depois chega ao cérebro" (Willems, 1985, p.27, nota). Assim, segundo ele, "a ciência confirma o triplo aspecto da audição: sensorial, afetivo e mental. Na música, atividade sintética, os três aspectos estariam indissoluvelmente unidos" (ibidem). Nessa concepção, o pensamento de Willems está estreitamente alinhado ao de Helmholtz e sua "legalidade natural", isto é, a necessidade de as leis estéticas e artísticas não contradizerem as leis naturais, que governam os sons e suas relações. Em suma, ouvimos do jeito que ouvimos porque há uma estreita ligação entre a fisiologia do ouvido e a escuta. Do mesmo modo, fazemos a música que fazemos porque somos dotados de características físicas, fisiológicas, afetivas, mentais e espirituais que se assemelham estreitamente à nossa maneira de ouvir.

A divisão esquemática proposta por Willems, porém, não supõe a separação dos aspectos da audição em compartimentos estanques; do mesmo modo, não há solução de continuidade na série de fenômenos ligados ao ser humano, que vão do polo material ao espiritual, passando pelo afetivo e pelo mental. Na prática musical, esses elementos estão unidos, sendo a experiência musical, antes de tudo, uma experiência global. A dissociação apresentada por Willems em seus textos provém de uma necessidade pedagógica, mas não há, na verdade, separação entre os três domínios, passando-se, insensivelmente, de um para outro. Na prática educacional, Willems recomenda iniciar pelo aspecto sensorial; no entanto, alerta para "o perigo de uma educação exclusivamente sensorial ... [pois] o mundo sensorial é apenas a introdução de um fenômeno muito mais amplo e abstrato. O intelecto permite passar do concreto ao abstrato e não deve ser subestimado por sua relação com a sensorialidade" (Willems, 1985, p.30).

Na explicitação das diferentes qualidades da audição, Willems remete-se a três verbos em francês – *ouir, écouter* e *entendre* – que explicariam, respectivamente, as qualidades predominantemente sensorial, afetiva e mental da audição. No entanto, essa distinção é meramente sugestiva, pois o próprio autor, em nota de rodapé, diz:

> como existem funções auditivas em três domínios diferentes, seria preciso três palavras diferentes para exprimi-los. Assim, poder-se-ia dizer "ouir" para designar a função sensorial, "écouter" para designar aquela função em que a emoção se junta ao ato de "ouir", e "entendre" para indicar que se toma consciência daquilo que se "ouit". *O uso corrente dessas palavras, entretanto, não permite que se faça tais distinções.* (Willems, 1985, p.31; grifo da autora)

A ressalva é válida em francês; no entanto, a questão é mais complexa quando se traduz esses verbos para o português, porque as palavras costumeiramente evocadas para eles entre os estudiosos da metodologia Willems – ouvir, escutar e entender (*sic*) – não apresentam, na língua portuguesa, as conotações que têm em francês, portanto, os significados dados por Willems, que ele próprio julga difícil de utilizar em contextos mais amplos do que sua própria proposta de educação musical, se distorcem ainda mais. Embora os dicionários de português acusem uma sutil diferença entre "ouvir" e "escutar", atribuindo ao segundo uma qualidade de atenção não mencionada no sentido de "ouvir", seu uso corrente, como atestam os próprios exemplos dos dicionários, é de sinônimos, empregando-se, por hábito, indistintamente um ou outro dos vocábulos. A pretensão de que "ouvir" se remete a uma escuta puramente fisiológica, enquanto "escutar" traria em seu bojo conotações afetivas não se sustenta em nossa língua. O mais grave, porém, é a tradução de *entendre* por "entender", pois, em português, *entender* só remotamente remete-se a "ouvir", quando empregado em frases como "não entendi bem o que você me disse" no sentido de "não ouvi bem". Seu significado mais comum está mais próximo a *compreender* e a *perceber* do que a *escutar*, em que, por sua vez, não importa a qualidade da escuta, se ela é mais, ou menos, reflexiva. Assim, mesmo que se aceitem as distinções propostas por Willems, não é possível aproximá-las de nossos verbos ouvir, escutar e entender, como usualmente se faz, ao se tratar de Willems no Brasil, sem distorcer o sentido a eles atribuído pelo autor.

Deixando de lado o uso polêmico de certos termos, retorna-se à questão da sensorialidade auditiva, tão importante para Willems, e que ele discute extensamente em sua obra. Willems parte do pressuposto de Comenius (1640), segundo o qual, "não há nada, no intelecto humano, que não tenha, antes, passado pelos sentidos". A capacidade sensorial seria, portanto, o ponto de partida para o despertar de outras faculdades humanas. Há uma linhagem de sábios e pedagogos que acredita na importância dos sentidos como possibilidade de desenvolvimento da acuidade sensorial, por exemplo, Rousseau, Pestalozzi, Herbart, Froebel, Sègur, Decroly, Montessori, entre outros. Willems partilha dessa opinião, atribuindo aos órgãos dos sentidos a primazia na recepção dos estímulos ambientais. Seu sistema de educação é dirigido, primordialmente, ao desenvolvimento da função do órgão auditivo. Muitas vezes, um "mau ouvido" é precariamente utilizado, ou ainda, um ouvido prepondera sobre o outro, o que, de certa forma, impede ou diminui a função daquele que é menos utilizado. Seria preciso afastar os obstáculos de ordem física, afetiva e mental que dificultam, ou mesmo impedem, a recepção das impressões vindas de fora pelo órgão auditivo. Ensinar a ouvir, então, é ensinar a receber impressões sonoras. Depois de realizar exercícios de compreensão de sons sucessivos, entram os que se dedicam à compreensão dos sons simultâneos, em que se podem distinguir dois momentos distintos, um passivo e um ativo, isto é, o ato de receber e o ato de tomar consciência do que se ouve; ou, utilizando-se da terminologia de Willems, o ato de ouvir sensorialmente e o de compreender o que se ouve mentalmente (*ouir* e *entendre*).

Sensorialidade auditiva

Como a atenção primordial de Willems concentra-se no fenômeno sonoro, é natural que incentive a escuta e a compreensão do som como entidade física; portanto, apresenta exercícios especiais para a distinção auditiva dos parâmetros do som, isto é, altura, duração, intensidade e timbre, priorizados nos primeiros exercícios de escuta. Para Willems, o mais importante desses parâmetros é a altura, e ele desenvolve uma grande quantidade de exercícios de reconhecimento auditivo, que vão do grande para o pequeno, isto é, da distinção de regiões graves, médias e agudas, passando pelos intervalos mais amplos, como a oitava, encaminhando-se para os mais próximos, como o tom e o semitom e desenvolvendo-se, além disso, na percepção do espaço intratonal.

A sensorialidade auditiva é importante por ser a *base material* sobre a qual se assenta a música; é essa base que permite liberdade de escuta, que libera o indivíduo de qualquer sistema, inclusive do tonal, e o dispõe a aceitar, sem pré-julgamentos, outros tipos de organização sonora, como a da música contemporânea ou de outras culturas, que se utilizam, por exemplo, de intervalos menores do que o semitom. Willems entende que a educação musical não pode ater-se à formação do ouvido clássico, pois é preciso que se prepare a audição para aceitar outros sistemas. Coerente com essa posição, em seu trabalho, Willems utiliza sistematicamente exercícios que contemplam o espaço intratonal, termo criado por ele em 1931, embora já desenvolvesse pesquisas que exploravam esse tema desde 1927 (Willems, 1985, p.36).

Willems utiliza, além de jogos de sinos intratonais, que têm entre 4 e 34 sinos por tom, diapasões, apitos, plaquetas de metal e cordas, e também sons de diferentes procedências, como o canto de pássaros e insetos, ruídos da natureza, sons produzidos por máquinas, inflexões da linguagem, gritos de animais e de seres humanos. Com isso alinha-se à estética musical de seu tempo, que abriga, na composição musical, materiais sonoros os mais diversos, e os utiliza como matéria-prima. Criou, também, teclados especiais, cuja distância entre a primeira e a última tecla é de um tom. Os teclados variam de tamanho, podendo ter até cem teclas; nesse caso, cada tecla corresponde a cem avos de tom. Embora tenha sido o primeiro a construir materiais pedagógicos desse tipo, valorizando o espaço intratonal, a ideia já fora explorada por Helmholtz, que, por coerência a seu sistema naturalista, via com reservas o temperamento igual, e propunha a construção de um harmônio não temperado, semelhante ao "harmônio de Bosanquet", que dividia a oitava em 53 graus iguais.

A sensibilidade afetiva auditiva

A sensibilidade afetiva auditiva, segundo Willems, manifesta-se no momento em que passamos do ato objetivo, sensorial, de "*ouir*", para o ato subjetivo de "*écouter*". Quando se ouve possuído por um desejo, uma emoção, como o medo ou a surpresa, um interesse específico está em jogo, e esse interesse conduz a atenção, necessária à eclosão da consciência sonora; poder-se-ia dizer que, nesse caso, haveria uma intenção de escutar. A escuta sensível raramente vem só, sendo acompanhada por efeitos autônomos, concomitantes e consecutivos, de ordem física e mental. Segundo Willems, esse tipo de escuta não se dá com sons isolados, mas pressupõe sua organização em forma de música. A melodia é o ato típico da escuta sensível; com ela, entramos no domínio melódico, e é graças a ela que "o homem pode cantar sua alegria, suas dores, suas esperanças ou, ainda, simplesmente seu amor pela beleza sonora" (1985, p.38).

Mas a despeito dessa característica da melodia em relação à escuta, Willems assinala que, com frequência, a cultura das emoções é banida do ensino musical, pela incompreensão da natureza da música e de suas relações com o ser humano. O paradoxo que se apresenta no ensino de música é que a possibilidade de uma educação sensorial sempre foi objeto de ceticismo e contestações. No entanto, isso não ocorre com a sensibilidade afetiva auditiva, pois a maior parte dos professores acredita que ela possa evoluir; poucos, porém, conhecem suficientemente a natureza afetiva do ser humano e as relações que mantém com a música, o que torna difícil a sistematização de princípios que incluam o desenvolvimento da afetividade no seu ensino. No entanto, sempre de acordo com Willems, a criança é muito emotiva, e é importante que o professor sinta essa afetividade e trabalhe para torná-la consciente ao aluno. Segundo ele, a música, mais do que as outras, é a arte da expressão emotiva, que será introduzida naturalmente, com o estudo dos vários procedimentos melódicos, como a escala, os intervalos, as pequenas canções e as improvisações.

Pode-se ver nessa concepção, ao lado da preocupação em fazer ciência, outra faceta, que entende a música como expressão de sentimentos, como já ocorrera tantas vezes no decorrer da história. Paradoxalmente, embora Willems reforce a necessidade de trabalhar a sensibilidade afetiva auditiva, não se percebe grande ênfase nessa temática durante as atividades de ordem prática que propõe, muito menos presente, em suas propostas, do que os aspectos sensorial e mental. Embora enfatize a necessidade do trabalho sensível, também ele não estaria tão preparado para sistematizar tanto atividades que envolvessem a sensibilidade musical, quanto as que se prendem à materialidade do som e às suas formas de organização. E, talvez, esse entrave continue sempre, pelo caráter subjetivo da emoção, que a torna imprecisa, fugidia e resistente às tentativas de organização e sistematização, que têm ampla possibilidade de ser bem-sucedidas no estudo, na classificação e no estabelecimento de formas de uso dos aspectos materiais de qualquer fenômeno. No ensino de intervalos e das organizações escalares, por Willems, aparecem algumas sugestões de exploração da sensibilidade auditiva que se baseiam no caráter qualitativo dos intervalos e nas diferenças que se identificam na escuta dos modos maior e menor. No segundo volume de *L'oreille musicale*, Willems atribui, a cada intervalo, uma emoção, o que remete à Teoria dos Afetos (Quadro 1).

São palavras de Edgar Willems:

> É normal que o trabalho com intervalos seja confrontado com o do solfejo, em que o nome das notas desempenha um papel preponderante. Podemos, entretanto, antes de utilizar os nomes das notas, despertar a sensibilidade do aluno, pedindo-lhe para apreciar os dife-

rentes intervalos em termos qualitativos: "bom e mau", "incisivo e suave" etc. A avaliação da consonância e da dissonância também pode ser utilizada pouco a pouco.

Uma criança encontrou as seguintes expressões, que ela mesma traduzia com gestos: "a bonitinha (terça), a bonitona (a sexta), a malvadinha (segunda), a malvadona (sétima), a durona (a quarta), o par (a oitava)".

Entenda-se que essas comparações – muito subjetivas – não têm nenhum valor, a menos que inventadas pelos próprios alunos ...

Mais tarde, quando se fizer, entre alunos mais adiantados, uma incursão consciente ao domínio da sensibilidade musical, pediremos que façam a abstração do nome das notas, para que dirijam seu trabalho de pura sensibilidade, não empregando nada além dos próprios nomes dos intervalos: segunda menor etc. Seria um erro realizar esse trabalho qualitativo antes do quantitativo. (Willems, 1984, p.135)

Quadro 1 – Intervalos harmônicos quanto à sua qualidade afetiva

Intervalos	Aspecto afetivo
Uníssono	Paz
Segunda menor	Nervosismo
Segunda maior	Vulgaridade
Terça menor	Pena
Terça maior	Felicidade
Quarta justa	Indiferença
Quarta aumentada	Excitação
Quinta diminuta	Inquietude
Quinta justa	Calma
Sexta menor	Melancolia
Sexta maior	Gentileza
Sétima menor	Amor

(Willems, 1984, p.163).

A citação extensa tem o propósito de auxiliar a compreensão de que essa temática não é claramente exposta no sistema de Edgar Willems; mesmo sua maneira de fixar na mente do aluno os intervalos a partir das notas iniciais de uma canção não faz uso do aspecto sensível dos intervalos; esse processo de fixar o intervalo a partir de uma canção conhecida e explorada é uma ajuda mnemônica, e não uma incursão aos aspectos sensíveis dos intervalos. A sensibilidade musical procurada por Willems deveria ser buscada na própria música, não com um apelo a uma subjetividade ligada a valores dualistas, como o bem e o mal, por exemplo, mas na compreensão da obra artística como plena de qualidades estéticas, o que poderia ser feito em qualquer estágio de desenvolvimento musical do aluno, do iniciante ao avançado; mas Willems não caminha por aí.

No segundo volume de *L'oreille musicale,* Willems volta à questão da afetividade, explicando que o impacto sonoro provindo do exterior produz imediatamente uma reação de acolhimento ou repulsa, e que os mesmos elementos que havia destacado anteriormente, no estudo da sensorialidade auditiva, como memória, imaginação, audição interior, encontram-se igualmente presentes na escuta sensível. Essa interdependência estreita entre o fato fisiológico e a afetividade segue os passos da concepção helmholtziana, que também, como se recordará, apresenta "uma abertura acolhedora para o fenômeno psíquico, a atividade psíquica complexa, que participa ativamente da percepção sonora, interligando a fisiologia e a psicologia" (ver Capítulo 1, p.85). A afetividade, para Willems, é o elemento central da escuta, do mesmo modo que a melodia é o elemento central da música. É aqui que Willems transcende os elementos sonoros em favor de uma construção musical, pois, para ele, a afetividade se manifesta na melodia, entendida não necessariamente em seu sentido tonal, mas nas relações estabelecidas entre diferentes frequências, compondo um *melos* que provoca imediata reação afetiva no ouvinte. O termo *melodia* é tomado num sentido muito mais amplo do que o usual, abrigando na mesma categoria não apenas o desenvolvimento de conjuntos de diferentes alturas dentro de um padrão sonoro determinado pelo estilo musical, mas também outros agrupamentos, usualmente deixados à margem do conceito de "música" por muitos educadores musicais: o canto dos pássaros, os sons da natureza e dos animais, além de cantos primitivos que se incorporam às usuais organizações melódicas tonais e têm o poder de provocar reações afetivas no indivíduo que os escuta.

A inteligência auditiva

O terceiro modo de escuta mostrado por Willems é a inteligência auditiva, que nos permite tomar consciência do universo sonoro, o qual pode ser empregado como elemento artístico, seja como interpretação, seja como criação. A inteligência auditiva constitui-se, também, em uma síntese abstrata das experiências auditivas sensoriais e afetivas, pois se constrói sobre seus dados. Os fenômenos que a inteligência auditiva comporta são a comparação, o julgamento, a associação, a análise, a síntese, a memória e a imaginação criativa, além da escuta interior (1985, p.41-3). Para o autor que se está examinando, o ouvido tem a faculdade de registrar os sons isoladamente, enquanto a simultaneidade dos sons só pode ser apreendida pela atividade cerebral, e é isso que caracteriza a inteligência auditiva. Por sua vez, a capacidade de compreensão do elemento sonoro, sucessivo ou simultâneo, abre espaço à imaginação criativa, isto é, à capacidade de imaginar e criar imagens sonoras. A maior parte das atividades e materiais propostos por Willems contempla a sensorialidade e a inteligência auditiva: apitos, brinquedos, cartões sonoros, sinos, metalofones, xilofones, e outros, que estimulam tanto o ato da escuta em si quanto o uso de funções matemáticas a ele diretamente relacionadas, como comparar, ordenar, analisar, entre outras. À sensibilidade auditiva restam somente alguns conselhos, de ordem geral, muito menos enfatizados, no corpo da obra, do que as duas atividades citadas.

É importante perceber a pertinência e propriedade das ideias de Edgar Willems no início do século XX, por sua compatibilidade com a realidade da época, assim como ocorria com Dalcroze. Aquele início de século mostra a crescente industrialização, a aspiração ao progresso, a necessidade de descobrir bases científicas para os procedimentos em todas as áreas do conhecimento. O encaminhamento da educação em direção à coletividade, abandonando a individualidade do século XIX, aparece nas preocupações do educador quanto à educação coletiva: "por força da democratização do ensino, as escolas de música tornam-se acessíveis a alunos pouco ou nada dotados ... é precisamente aos alunos deficientes ... que devo o bom nome de meu trabalho" (Willems, 1984, p.12).

Essa necessidade de encontrar princípios que permitissem a construção de um método está de acordo com a ciência, que busca regularidades e não particularidades. Do conhecimento dessas regularidades, Willems erigirá seu método de trabalho, a partir de bases que descobre no pensamento científico do século XIX. Dotado de cultura invulgar, Willems conhece os pensadores mais importantes de seu tempo e do passado; sua cultura musical permite que transite com familiaridade por todas as épocas musicais, da medieval à contemporânea. Conhece o trabalho dos pedagogos importantes que influenciavam seu tempo, como Rousseau, Pestalozzi, Herbart, Decroly, Montessori e, principalmente, seus contemporâneos. As obras de Edmond Claparède e Jean Piaget lhe são familiares, e Willems concorda com eles na construção de sua própria teoria da educação musical. Como Piaget, Willems divide o desenvolvimento infantil em estágios, que vão do material/sensorial ao intelectual, passando pelo afetivo; para ele, esse tipo de estrutura está presente na música, no ser humano e na vida. Sua teoria baseia-se, por um lado, na ciência e, por outro, na psicologia, que lhe fornece as bases para a compreensão do ser humano (Willems, 1960).

Segundo o sábio que o inspira, Helmholtz, os fenômenos sonoros estão presentes na natureza, e a música não estaria nos sons, mas *entre* os sons. Willems compreende essa afirmação como "a música está nos intervalos"; nos fenômenos sonoros da natureza estão presentes intervalos de todos os tipos. A música, porém, está sujeita a determinadas regras, que são escolhidas pelos seres humanos. Essas regras diferem de acordo com cada grupo social e modificam-se no tempo e no espaço. Não são, portanto, universais, mas culturais. No entanto, os elementos fundamentais da música – ritmo, melodia e harmonia – não existem apenas em função do ser humano, mas são partes intrínsecas do universo, onde os diferentes "reinos" estão harmonicamente conjugados. Essa seria a razão da identidade que Willems encontra entre música e ser humano, e entre música e vida. Por esse motivo, não tributa a si o mérito de ter criado um "sistema" de ensino; para ele, o que faz é apenas uma proposta de "ordenação construtiva", capaz de presidir a atividade musical criativa em estreita semelhança com a vida e com as leis cósmicas que regem o universo, o que confirma, atuando ao lado da matriz helmholtziana, sua herança platônico-pitagórica.

Zoltán Kodály

Nascido em Keskémet, na Hungria, em1882, foi um ferrenho nacionalista e carregou com empenho a tarefa de reconstrução da cultura musical húngara, abandonada e escondida durante muitos séculos pela influência dos sucessivos invasores; após ter alcançado altos níveis artísticos, houve um momento de declínio, a partir do chamado "desastre de Mohács" (1526), quando a Hungria foi ocupada pelos turcos. A partir de então, o período de dominação, por diferentes povos, durou séculos, fazendo que a música perdesse importância e a cultura húngara, gradualmente, sua identidade. Somente no final do século XVIII e início do XIX é que retornou a preocupação com a cultura do país e, já no final desse século, com a recuperação da qualidade da música húngara, principalmente pelo trabalho de Liszt e Erkel. Nesse momento, a Academia de Música de Budapeste atingiu alto nível e reconhecimento internacional.

No entanto, o que era tocado nas cidades, no período anterior a Kodály, era distante da autêntica música húngara, redescoberta no século XX. Essa música, até então considerada autêntica representante do folclore húngaro, era ligada à dança, e havia sido trazida às cidades pelos ciganos. Suas fontes rítmicas e melódicas pertenciam, de fato, à tradição húngara, mas haviam sido adaptadas ao gosto popular, caracterizando-se pelo abandono das escalas típicas húngaras (em geral, pentatônicas) e pela adaptação ao sistema maior/menor. Essa era a música ouvida por Liszt e explorada por ele, com grande sucesso, em suas rapsódias. Todavia, as verdadeiras fontes folclóricas, confinadas, desde séculos, nas propriedades rurais, ficaram livres dessa influência, mantiveram-se intactas e foram transmitidas por tradição oral em toda sua pureza. Esse foi o tesouro desvelado por Kodály, Bela Bartók e sua equipe, constituída por músicos, etnomusicólogos e sociólogos, num enorme trabalho de resgate da identidade húngara.

Kodály era filho de músicos amadores e, ainda criança, aprendeu a tocar piano e violino; cantava no coro da catedral e visitava sua biblioteca, para estudar as partituras dos grandes mestres. Estudou composição na Academia de Música de Budapeste. Seu interesse pela música nacionalista sempre foi grande, mas, depois de estudá-la, conseguiu perceber quanto os motivos típicos, que a tornavam tão distinta das músicas folclóricas de outros povos, ainda eram pouco conhecidos. E é essa, também, a razão de as publicações de música folclórica húngara realizadas no século XIX revelarem um certo descuido nos arranjos e na edição, o que as afastava de seu verdadeiro caráter. A fonte primeira da música húngara só foi descoberta com Bartók e Kodály, que viram no trabalho de pesquisa que empreenderam uma oportunidade sem precedentes para a afirmação da cultura do país. A partir daí, renascia a "nova"/antiga música húngara.

A pesquisa musicológica

Os compositores do século XX sentiam que o desenvolvimento musical havia atingido um ponto crucial, e que não havia como se afastar do cromatismo exacerbado por Wagner no final do século anterior; no entanto, as regras estritas do sistema tonal mostravam-se enfraquecidas e caminhavam para o fim. Nesse momento de impasse, muitos deles entenderam que o renascimento da música não estava na continuação das experiências provenientes do cromatismo, mas na exploração de antigos sistemas tornados novos, agora, devido ao total esquecimento em que haviam submergido. Era o caso dos sistemas pentatônico e modal, tão fundamentais à música folclórica húngara e que, a partir da pesquisa empreendida, passaram a dar fundamento ao caminho trilhado pela composição na Hungria. Após o levantamento do material folclórico nas aldeias e vilarejos esquecidos, logo começou a ser aplicado, nas criações musicais contemporâneas, tudo o que fora encontrado; ritmos inusuais despertaram a atenção; novos sons surgiam, pela aplicação de escalas há muito esquecidas e, agora, revalorizadas. O folclore passou a ser reconhecido como fonte de cultura e espelho da alma do povo húngaro. Uma estrutura composicional mais clara e simples emergiu, substituindo as formas familiares ao romantismo. Essa foi a rota seguida por Bartók e Kodály, que evocavam o passado de seu povo e, com ele, construíram o futuro da nação. Imbuídos do espírito nacionalista de valorização do folclore, apreenderam essa linguagem e dela se apropriaram. Era plena a identificação desses compositores com o espírito que forjou a música, e seu aprendizado não veio de livros, discos ou de apresentações radiofônicas, tendo sido colhido vivo, nos vilarejos e fazendas visitados por eles, em busca de manifestações artísticas capazes de preencher seus ouvidos, mente e espírito.

O trabalho científico da equipe formada e liderada por Kodály em prol da redescoberta da cultura húngara apresentava quatro fases: coleta de material, transcrição, classificação e publicação. Kodály iniciou esse trabalho em 1905 e Bartók juntou-se a ele um ano depois. A partir daí, trabalharam em estreita colaboração, gravando milhares de melodias, que formam a base da etnomusicologia húngara. Os resultados foram demonstrados com a publicação de inúmeras coleções, que apresentavam cerca de cem mil canções, coletadas ao longo de, aproximadamente, sessenta anos. O trabalho de Bartók e Kodály colocou em igualdade de condições a composição musical, a pesquisa científica e a educação musical. A força das ideias dos dois compositores e a aplicação estrita do método sobrepujaram os efeitos das adversas condições sociais do período que imediatamente antecedeu a Segunda Guerra.

Em 1945, a Hungria libertou-se do Império Austro-Húngaro e abriu espaço para as ideias revolucionárias de Bartók e Kodály. O tesouro da antiga música folclórica serviu de matéria-prima para a obra criativa de compositores e executantes. Coleções e livros didáticos em educação musical começaram a proliferar. A nova República Popular Húngara forneceu o suporte para a aplicação do método em uma ampla rede de escolas estatais que, em 1966, data da publicação do livro de Katalin Forrai – *Music Education in Hungary* –, encontrava-se em plena maturidade. O índice de produtividade em pesquisa deu um grande salto após a criação, com a Academia de Ciências, do Instituto de Pesquisas Folclóricas, em 1954, do qual Kodály foi presidente. O Instituto contava com muitos coletores capacitados e moderno equipamento técnico. Examinando o farto material coletado durante a pesquisa de campo, Bartók e Kodály logo se deram conta da impossibilidade de conhecer mais profundamente seu caráter, origem e o inter-relacionamento das canções, se todo aquele material não fosse previamente classificado, por grupos, tipos e estilos, o que foi feito como penúltimo momento da pesquisa, antes da publicação de seus resultados.

Aplicações

a) Arte

O folclore não é objeto de interesse apenas da ciência, mas também da arte. Em Bartók e Kodály, o desejo de conhecimento científico corria paralelamente ao anseio de redescoberta do estilo musical húngaro. Embora mantivessem grande amizade e os mesmos interesse, eles encaminharam suas pesquisas por rotas diversas. Bartók dedicou-se ao folclore romeno, eslovaco, turco e árabe, de países vizinhos à Hungria, e tentou encontrar nessas produções semelhanças e diferenças em relação à música húngara; o aspecto enfatizado, portanto, foi o geográfico. Kodály, por sua vez, tinha seu interesse voltado para os aspectos históricos, preferindo explorar o folclore de sua própria terra e suas transformações no decorrer do tempo. As pesquisas dos dois, portanto, unem-se e se completam, fornecendo um amplo panorama da música da Europa oriental, praticamente desconhecida até aquele momento, mesmo em seus próprios países, pois o modelo ocidental impunha-se como cultura predominante. No entanto, esse rico material não estava morto, mas apenas escondido, e um dos principais méritos da pesquisa empreendida na Hungria foi dar visibilidade à música do próprio país, preservada nos vilarejos esquecidos e na zona rural da Hungria.

b) Ensino

As pesquisas folclóricas e a tradição húngara influenciaram a educação musical pela ampla mobilização dos dois compositores. Mas, no início do século XX, a educação musical não suscitava, ainda, todo interesse que merece atualmente, levando alguns anos para se estabilizar. O esforço de compreensão do importante papel da música folclórica húngara aponta para três forças formativas: pensamento, sentimento e vontade, que se reuniram num esforço coletivo que atingiu toda a nação. O primeiro desses itens – o *pensamento* – é da alçada do musicólogo, que analisa e organiza o material coletado; o segundo – o *sentimento* – dirige a transformação do material em arte, e esse é o trabalho do compositor; a *vontade*, por sua vez, é reduto da educação e contempla tanto a formação do aluno quanto a do professor. Na Hungria, todas essas ordens tinham o mesmo foco e eram igualmente valorizadas, de modo que progrediam paralelamente, e mutuamente se influenciaram e inter-relacionaram.

O meio encontrado por Kodály e Bartók para colocar em prática a tarefa de reconstrução de identidade baseou-se em dois princípios: desenvolver a musicalidade individual de todo o povo e manter a cultura musical "natural", isto é, as fontes da tradição oral. A abordagem de ensino de música conhecido, posteriormente, como "Método Kodály" de implantação da música nas escolas, utiliza-se prioritariamente de canções folclóricas e nacionalistas, isto é, de obras compostas a partir do material coletado durante a pesquisa e das constantes rítmicas e melódicas encontradas nessa coletânea, mediante acurada análise. Zoltán Kodály (1974) relata muitas das passagens que acompanharam a coleta de material, sua classificação e a composição, por um grande número de compositores comprometidos com a ideia de resgate de identidade, a partir das bases da música folclórica. Métodos de ensino de canto e instrumento baseados na mesma matriz não tardaram a surgir, assim como várias coleções de canções húngaras a uma, duas e três vozes, competentemente transcritas pela equipe, apesar das complexas relações rítmicas encontradas.

A meta de Kodály era ensinar o espírito do canto a todas as pessoas, por meio de um eficiente programa de alfabetização musical; a ideia era trazer a música para o cotidiano, fazê-la presente nos lares e nas atividades de lazer. Na proposta, pensada para uma larga aplicação do método em todas as escolas do país, ele pretendia educar o público para a música de concerto. O grande interesse de Kodály era proporcionar o enriquecimento da vida, valorizando os aspectos criativos e humanos, pela prática musical. Proporcionar alfabetização musical para todos era o primeiro passo em direção a esse ideal. Por essa razão, Kodály propunha a reforma do ensino musical, estreitamente ligada ao sistema educacional húngaro, que estaria presente em todos os níveis de ensino, das classes de educação infantil até o curso superior. A ênfase era colocada no canto em grupo e o material utilizado, canções folclóricas e nacionalistas.

Em seu livro *Musical education in Hungary* (1966), Katalin Forrai coleta uma série de artigos a respeito da organização educacional da Hungria, desde as escolas de educação infantil até as academias superiores de música. Esse livro é uma das mais importantes referências a respeito do método, pelo volume de informação, boa organização, detalhamento das estruturas e grades curriculares de cada curso, bem como pela amostragem do material musical.

A publicação é apresentada ao público pelo próprio Kodály e, ao ler suas palavras, pode-se compreender o alcance de sua proposta e a força de seu ideal:

> O presente volume é a evidência de que a educação musical na Hungria está no caminho correto; ele destina-se não apenas ao treinamento de músicos, mas, também, ao público em geral.
>
> Continuando na mesma linha, ela atingirá seus propósitos quando o tema for dirigido por aqueles que experimentaram as vantagens desse tipo de educação em si mesmos, principalmente os que têm, agora, dez anos de idade.
>
> Se alguém tentasse expressar a essência desta educação numa só palavra, ela seria somente – cantar. A palavra mais frequentemente ouvida dos lábios de Toscanini durante seus ensaio com orquestra era "Cantare!" [e essa palavra] expressa mil significações.
>
> Esse encorajamento, porém, é devastado por aqueles que nunca cantaram; existem pessoas assim? Recusava-me a acreditar, mas fui convencido, por inumeráveis provas, de que elas existem. Afinal, por que deveria alguém cantar, se não foi embalado em seu berço pelas canções de ninar de sua mãe, quem cresceu na presença do rádio e do gramofone e pode ouvir um canto muito melhor girando um botão do que produzindo sozinho um som?
>
> Nossa época de mecanização conduz [o indivíduo] por uma estrada que, no final, verá o próprio homem transformado em máquina; somente o espírito do canto pode nos salvar deste destino.
>
> Duas vezes, no nosso século, o leve som do canto húngaro foi silenciado pelo ronco dos canhões e de bombas explodindo. Se não estivéssemos convencidos de que isso jamais tornaria a acontecer, estaríamos desesperados. É nossa firme convicção que a espécie humana viverá mais feliz quando aprender a viver mais sua música. Qualquer um que trabalhe com este objetivo não terá vivido em vão. (Kodály apud Forrai, 1966, p.5).

O método

O objetivo do método de educação musical de Kodály é ensinar o espírito do canto a todas as pessoas, além da alfabetização musical para todos, trazendo a música para o cotidiano, nos lares e nas atividades de lazer, de modo a formar público para a música de concerto. Kodály está interessado em proporcionar enriquecimento da vida de maneira criativa e humanizada, por intermédio da música. Para ele, proporcionar a alfabetização musical para todos é o primeiro passo em direção a esse ideal. O desenvolvimento curricular inclui leitura e escrita da música, treinamento auditivo, rítmica, canto e percepção musical. A consciência e o sentido rítmico são desenvolvidos nas crianças por meio de movimentos e jogos, que auxiliam no reconhecimento e na compreensão sensorial dos modelos rítmicos, tanto oral quanto visualmente.

Para notar os ritmos, Kodály utiliza uma única linha, na qual se colocam os valores. Ao ouvir uma frase, as crianças respondem, criando suas próprias frases. Desse modo, desenvolvem o sentido de metro, pulso, acento e equilíbrio. À medida que a experiência se torna mais complexa, os alunos reagem, aprofundam sua sensitividade rítmica e tomam conhecimento das inúmeras nuances que se apresentam, bem como se alfabetizam.

O ritmo não é ensinado separadamente da melodia, mas conjugado a ela; a experiência de vivenciar a melodia é tão estruturada quanto a do ritmo. Para Kodály, é importante desenvolver o hábito de entonação desde muito cedo, porque depois, talvez, não seja possível aperfeiçoar essa capacidade. O canto é baseado em modelos melódicos simples, que as crianças podem cantar, e provêm do repertório folclórico húngaro, geralmente construído sobre a escala pentatônica.

O intervalo mais assimilável pelas crianças, de acordo com Kodály, é a terça menor descendente, de modo que, quando as crianças improvisam e fazem suas cantilenas, é comum que cantem esse intervalo. O ensino de música, no método Kodály, baseia-se no canto em grupo e no solfejo. A escala utilizada, até a criança estar no quinto grau,[2] é a escala pentatônica menor; mais tarde, esse

2 No sistema brasileiro, corresponde ao 6º ano do ensino fundamental.

material expande-se para outras organizações, geralmente escalas modais, também encontradas no folclore húngaro. Quando a escala pentatônica está assimilada, bem como os intervalos, elas já são capazes de cantar e ler à primeira vista. O vocabulário se amplia, até chegar à escala maior. Só após esse momento é que os acidentes serão apresentados às crianças.

O método Kodály utiliza-se, também, do manossolfa, um sistema que alia sinais manuais às notas musicais. Esse sistema ajuda a criança a "ler" os sinais e a transformá-los em sons. Outro sistema utilizado por Kodály é o Tonic Solfa,[3] que trabalha a leitura relativa, em que os nomes das notas dó, ré, mi, fá, sol, lá e si são dados para os graus da escala maior, em qualquer tonalidade, enquanto a escala menor corresponde a lá, si, dó, ré, mi, fá e sol. Esse sistema é adotado em países não latinos, em que as alturas fixas são designadas por letras do alfabeto. Em países latinos, em que as notas fixas são dó, ré, mi, fá, sol, lá e si, não faz sentido o esforço para desaprender o culturalmente aceito e atrelar esses mesmos nomes a organizações em altura relativa, sem dúvida, um complicador.

O sistema de leitura rítmica adotado também não era original. Em vários países seguia-se a metodologia da silabação rítmica, que designava os valores por diferentes sílabas: *tá* para semínima, *tate* para as colcheias, *tateti* para as tercinas, *tafatefe* para as semicolcheias, e assim por diante. Por meio desses apoios, além de incentivar o canto, Kodály insistia no aprendizado do solfejo.

Em resumo, os componentes do método Kodály não são novos, mas adaptações de propostas existentes em outros países. O sistema Kodály os juntou num planejamento gradativo e coerente. Esses componentes são:

- um sistema de símbolos de duração rítmica;

---

3 Método de solfejo criado na Inglaterra por Sarah Glover (1785-1854) e aperfeiçoado por John Curwen (1815-1882), ainda utilizado nos países anglo-saxões. Baseia-se no "dó" móvel e emprega letras que não se referem às notas, mas às suas funções na tonalidade: d, r, m, f, s, l, t (Scholes, 1978, p.1029).

- um sistema de alturas relativas, conhecido como dó móvel (Tonic Solfa);
- um conjunto de sinais manuais que auxiliam o desenvolvimento de relações tonais, conhecido como manossolfa. (Mark, 1986, p.129)

No Brasil, o sistema Kodály é difundido pela Sociedade Kodály do Brasil, em São Paulo, que oferece cursos regulares e de curta duração, e busca no folclore brasileiro equivalências às constantes encontradas nas canções húngaras.

Carl Orff

Os princípios que embasam a abordagem Orff são a integração de linguagens artísticas e o ensino baseado no ritmo, no movimento e na improvisação. A dificuldade em tratar do pensamento de Orff é que ele não deixou textos que explicassem sua filosofia e os princípios de sua abordagem. Os cinco volumes que compõem a *Orff-Schulwerk* (1954) são uma coletânea de peças especialmente escritas para serem executadas pelos alunos, mas não há nela qualquer referência aos pontos de vista adotados por Orff/Keetman. Assim, é-se obrigado a utilizar fontes secundárias para aprofundar esse entendimento. Essas fontes fornecem boa informação, pois a abordagem Orff encontrou grande aceitação em vários países da Europa e da América, sendo adotada por um grande número de escolas de educação geral ou especializadas em música. Formaram-se, também, Associações Orff, que se encarregam de difundir, pesquisar e aplicar os princípios elaborados por Orff (Mark, 1986; Orff, 1954; Detroit, 1988).

Pequeno histórico

A história de Orff e seu envolvimento com a educação musical é interessante; renomado compositor, muito tempo antes de conceber sua proposta educativa, Orff já trabalhava com sua amiga Dorothea Gunter, tendo fundado com ela, em 1924, a Gunter Schule, em que ambos atuavam dando aulas de música e dança a professores de educação física, desenvolvendo uma proposta criativa de integração de música e movimento. Os princípios norteadores eram os mesmos do Método Dalcroze, que enfatizava o desenvolvimento rítmico, o movimento e a integração de linguagens artísticas. Com a ajuda de um amigo, Karl Maendler, Orff construiu uma série de instrumentos de percussão, hoje conhecidos como "instrumentos Orff", que utilizava na escola. A ideia era que músicos e dançarinos trocassem de papéis entre si, de modo que todos pudessem tocar e dançar. O trabalho da Gunter Schule teve um grande desenvolvimento e logo se formou um grupo de espetáculos conhecido em toda a Alemanha, que provocava admiração tanto pela proposta artística quanto pelo papel que desempenhava na formação de professores.

Quando veio a guerra, o grupo interrompeu seu trabalho, pois não havia mais condições de prosseguir; a escola foi destruída e o trabalho parou até o término da guerra, quando a Rádio da Bavária descobriu um velho disco que mostrava o trabalho musical dirigido por Orff e Gunter e decidiu produzi-lo, o que acabou despertando novamente o interesse da comunidade pela proposta.

Pouco depois, Orff começou a pensar que o tipo de trabalho que desenvolvia e em que acreditava seria muito mais efetivo se, em vez de apenas se ocupar dos professores, ele começasse a trabalhar diretamente com crianças pequenas. A partir dessa ideia, desenvolveu o conceito de "música elemental", isto é, uma música primordial que envolvesse fala, dança e movimento, partisse do ritmo e servisse de base à educação musical da primeira infância. Começou, então, a desenvolver essa ideia com a colaboração de outra amiga, Gunild Keetman. A seu pedido, Klauss Becker reconstruiu os instrumentos Orff criando o Studio 49, ainda hoje fabricante dos instrumentos Orff de educação musical que servem de base à proposta.

A abordagem Orff

Para Orff, o ritmo é a base sobre a qual se assenta a melodia e, em sua proposta pedagógica, deveria provir do movimento, enquanto a melodia nasceria dos ritmos da fala. Vivendo no século XX, Orff compartilhava dos valores de sua época herdados do século anterior, de modo que, atento à teoria da evolução darwiniana, acreditava que a educação musical deveria assentar-se nos estágios evolutivos da humanidade; desse modo, para que o desenvolvimento musical das crianças ocorresse de forma profunda e significativa, elas deveriam percorrer os mesmos passos traçados pela espécie humana no desenvolvimento das próprias competências musicais. Os ritmos e as pequenas melodias que propunha eram simples e facilmente assimiláveis pelas crianças. Partia de cantilenas, rimas e parlendas, assim como dos mais diversos jogos infantis que faziam parte do vocabulário sonoro infantil.

A prática da improvisação tem um papel importante em sua proposta pedagógica e está presente desde os primeiros estágios, até chegar à sua forma madura, em estágios superiores de desenvolvimento. Dentro da proposta, assumem importante papel as atividades de eco (repetir o que se ouviu) e pergunta e resposta (improvisar um segmento musical depois de ouvido um estímulo). Outra conduta bastante utilizada por ele são os *ostinatti*, figurações rítmicas ou melódicas repetidas, sobre as quais se pode improvisar vocalmente ou ao instrumento.

Há também grande ênfase no movimento corporal e na expressão plástica, interligados à experiência musical. Como Kodály, Orff parte da escala pentatônica como base para o aprendizado de música, embora por razões diferentes; para Kodály, trata-se da recuperação de um modelo escalar típico do folclore húngaro e que havia estado encoberto durante os anos de predomínio da cultura germânica, no período do Império Austro-Húngaro. Para Orff, a motivação não poderia ser a mesma, pois o folclore alemão é claramente tonal e não pentatônico. No entanto, ele adota o modelo pentatônico, por este haver surgido, historicamente, antes da tonalidade; essa atitude é coerente com seu pensamento e com sua adesão à evolução musical e à música elemental; além disso, a escala é mais adequada à sua proposta do que as escalas maiores e menores, porque a escala pentatônica tem caráter circular, não direcional, e comporta a superposição (empilhamento) de todos os seus componentes sonoros, o que não ocorre com o modelo diatônico (maior/menor), que é direcional e alterna estados de tensão e relaxamento que exigem a subordinação das linhas melódicas às regras de harmonia, o que pode representar uma grande dificuldade nos primeiros estágios da educação musical, principalmente nas propostas de improvisação. No dizer de Mark: "Orff considerava importante limitar a criança à escala pentatônica ... porque é mais fácil, para ela, ser criativa nesse modo" (Mark, 1986, p.121). Orff adota um modelo de escala pentatônica em seu trabalho: a pentatônica maior – dó, ré, mi, sol, lá, também conhecida como "escala pentatônica chinesa", não levando em consideração outros modelos.

A coleção em cinco volumes *Orff-Schulwerk* conduz cuidadosamente o desenvolvimento musical das crianças, passando da escala pentatônica para os modos maior e menor, como pode ser visto no quadro a seguir, que apresenta um sumário do conteúdo dos cinco volumes.

A partir do material básico, as crianças são levadas a tocar, desde o início, nos grandes conjuntos de instrumentos Orff, o que as faz imergir numa sonoridade poderosa, que as motiva a executar música em grupo desde os primeiros estágios.

Embora a abordagem siga estruturas musicais muito bem definidas, paulatinamente oferecidas às crianças, elas se confrontam muito mais estreitamente com a expressão do que com o aprendizado de regras. Se essas regras existem, são estruturais na composição das obras musicais, não são enfatizadas às crianças além do necessário. É de grande auxílio o instrumental Orff, especialmente pensado para o fim educacional a que se destina e de cuja constituição se ocupará em seguida.

Quadro 2 – Procedimentos musicais na *Orff-Schulwerk*

Volume I – rimas infantis e pequenas canções sobre a escala pentatônica.
Volume II – modo maior: bordões (nesse volume, os graus IV e VII da escala maior são introduzidos, isto é, a partir da escala pentatônica já conhecida, introduzem-se os graus que faltavam para se chegar à escala maior).
Volume III – modo maior: tríades (nesse volume são introduzidas duas relações: tônica e supertônica e tônica e subdominante, ou, dizendo de outro modo, I-II e I-IV. É interessante observar que Orff evita as dominantes, portadoras de maior tensão, e elege graus em que a relação com a tônica é de um discreto afastamento).
Volume IV – modo menor (nesse volume é introduzida, pela primeira vez, a sonoridade menor, em três modos: eólio, dórico e frígio, isto é, o modo mais próximo da escala menor – natural –, o menor com sexta maior e o menor que tem início em semitom).
Volume V – modo menor (nesse volume são introduzidas tríades em dois tipos de relação, I-VII e I-III, enfatizando-se que, nos modos sem sensível, o sétimo grau não tem a conotação típica de dominante da música tonal. Continua-se, portanto, evitando os pontos de maior tensão, o que facilita muito os procedimentos de improvisação por parte das crianças).

O instrumental Orff

O instrumental Orff, planejado por ele mesmo, com o auxílio de Curt Sachs e Karl Maendler, e posteriormente desenvolvido e aperfeiçoado por Klauss Becker no Studio 49, é como um grande conjunto de percussão, cordas e flautas doces. É composto por uma família de xilofones (soprano, alto, tenor e baixo), uma família de metalofones, tambores, pratos, platinelas, pandeiros, maracas e outros instrumentos de percussão pequenos, além de violas da gamba e flautas doces. O instrumental é de excelente qualidade

Figura 3 – Instrumentarium (apud *Orff-Schulwerk*, 1954, v.I).

musical, com boa ressonância e afinação, e permite uma massa sonora importante, com timbres diversificados, o que permite às crianças entrarem em contato com princípios básicos de combinação de timbres, a partir da experimentação. Pode parecer assustador oferecer uma orquestra construída nesses moldes a crianças com pouca ou nenhuma experiência musical, mas o instrumental é desenvolvido de tal modo que mesmo crianças pequenas ou iniciantes podem participar do conjunto de maneira eficaz e motivadora. Isso porque os xilofones e metalofones têm teclas removíveis, o que permite que, ao montar o conjunto, o professor deixe no instrumento apenas as teclas que o aluno realmente vai tocar. Além das obras constantes dos cinco volumes do *Orff-Schulwerk*, os alunos são estimulados a criar e improvisar, tanto vocal quanto instrumentalmente. Por seu grande apelo, essa é a parte da abordagem Orff que mais fascina professores e alunos. No entanto, há outros procedimentos igualmente importantes, como a fala expressiva, em que os alunos são levados a expressar-se e a ouvir o que está em seu entorno. Com esse exercício, eles desenvolvem conceitos de textura, dinâmica, contorno melódico e ritmos da língua, e os transformam em elementos musicais, traduzindo na prática um dos mais antigos princípios, frequentemente revisitado na história da música, por inúmeros compositores e teóricos: a origem única da palavra e da música. No entanto, esses procedimentos não são oferecidos às crianças como teoria ou técnica. Ao contrário, todo o conhecimento que adquirem provém da experiência, e o que ocorre com a música e a palavra também se dá com o movimento e a expressão plástica. As crianças começam imitando e repetindo, depois são levadas a reagir a um estímulo, contrapondo a ele outro, semelhante ou contrastante, e finalmente a improvisar livremente. Assim, pode-se dizer que a ênfase da abordagem está na expressão e não no conhecimento técnico, que surge em decorrência da primeira. No Brasil, a Associação Orff, em São Paulo, reúne educadores musicais com o objetivo de estudar e divulgar as práticas de som, movimento e expressão dessa abordagem.

Shinichi Suzuki

Em seu livro *Educação é amor,* Shinichi Suzuki afirma que toda criança, potencialmente, tem capacidade para aprender música, do mesmo modo que para aprender a falar a língua de seu país – sua *língua-mãe.* Nesse sentido, aproxima-se de Kodály, que também defende a importância da língua-mãe.

Nascido em 1898 em Nagoya, filho do dono da maior fábrica de instrumentos de cordas do Japão, frequentemente brincava nesse espaço quando garoto e, mais tarde, lá passou a trabalhar, executando projetos e construindo violinos. Nancy Curry, ao fazer uma breve biografia do mestre, observa que

> as dez crianças Suzuki viam a fábrica como se fosse um *playground,* e os violinos, brinquedos – até o dia em que o pai trouxe um gramofone, e eles puderam ouvir, pela primeira vez, o som do violino, em uma

> gravação. Suzuki trouxe para casa um violino da fábrica, determinado a encontrar aquele lindo som por ele mesmo. Ouvindo repetidamente a gravação e experimentando encontrar os mesmos sons no instrumento, aprendeu sozinho os princípios básicos de como tocar violino e, depois, teve um ano de lições do instrumento e teoria da música, em Tóquio. (1998-1999, p.12)

A partir de então, Suzuki resolveu que teria, ele mesmo, que produzir esse som. Foi assim que aprendeu a tocar o instrumento, como autodidata, até que teve oportunidade de ir à Alemanha para se aperfeiçoar. As circunstâncias que levaram Suzuki à Alemanha são relatadas por ele com minúcias no livro citado anteriormente. De acordo com ele, seu amigo, o marquês de Tokugawa, convidou-o a "dar a volta ao mundo" e convenceu seu pai a consentir que o jovem Suzuki o acompanhasse; seguiram os dois, a bordo do navio *Hakone Maru,* rumo a Marselha. Mas na verdade, em vez de continuar a viagem com o marquês, Suzuki viu aí uma oportunidade de prosseguir seus estudos na Alemanha. Assim, em Marselha, abandonou o navio e foi para Berlim, onde residiu durante oito anos. Nesse período, teve aulas de violino com Karl Klinger, o famoso violinista do Quarteto Klinger, privou da amizade de Albert Einstein, que chamava de "meu guardião", e conheceu sua mulher, Wartraud.

Voltando ao Japão em 1928, Suzuki começou a lecionar no Conservatório Imperial e formou, com seus irmãos, um quarteto que costumava tocar em rádios e concertos. Sua experiência como educador começou, quase por acaso, em 1931, quando um senhor trouxe-lhe seu filho de quatro anos para que o ensinasse a tocar violino. Não era comum, àquela época, iniciar o estudo de violino tão cedo. Geralmente esperava-se até que a criança tivesse oito ou nove anos de idade para colocá-la em contato com o instrumento. Suzuki relata que, após o pedido daquele pai, passou o dia todo refletindo acerca de qual método seria apropriado para ensinar violino a uma criança tão pequena. A compreensão veio-lhe subitamente, a partir de uma observação muito simples:

> Como?! Todas as crianças japonesas falam japonês! Esse pensamento foi para mim como um relâmpago numa noite escura. ... se elas falam tão fácil e fluentemente o japonês, deve haver algum segredo no seu aprendizado. Realmente, todas as crianças do mundo são educadas por um método perfeito: por sua língua materna. (Suzuki, 1994, p.12)

De fato, ele raciocinava, em todas as partes do mundo, por mais difícil que seja, as crianças, misteriosamente, aprendem a falar a língua de seu país. No entanto, elas não têm tanta habilidade para aprender quando estão na escola. Deveria haver uma razão para isso. Pensando mais profundamente a respeito, Suzuki concluiu que as condições de aprendizagem da língua materna eram dadas pelo meio em que a criança vivia e pelo estímulo dos pais, que costumam falar com o bebê desde o seu nascimento. Essa constatação serviu de base para seu método. Suzuki propõe que a música faça parte do meio da criança desde pequena, como ocorre com a língua materna, assim, ela a aprenderá naturalmente; segundo ele, todo ser humano tem, potencialmente, o mesmo talento para falar e fazer música. Mas para que esse potencial se desenvolva, é preciso que a criança seja exposta a um meio favorável desde muito cedo. A música tem que ser parte importante desse meio e os agentes da musicalização do bebê serão seus próprios pais.

Educação é amor (1994) é um misto de autobiografia e exposição de método e, graças a ele, fica-se sabendo das inquietações que levaram Suzuki a pensar na melhor maneira de pôr as crianças em contato com a música. Numa nação fortemente afetada pela guerra, era necessário muito mais do que ensinar uma habilidade ou competência às crianças do país. Era preciso fazê-las recuperar a confiança em si mesmas, e desenvolver a persistência necessária para auxiliá-las a ultrapassar a grande crise, contribuindo para a reconstrução do Japão.

O Movimento Educação do Talento começou no Japão, em 1954, na cidade de Matsumoto. Suzuki, naquela ocasião, habitava uma província de nome Kiso-Fukushima e foi lá que, certa vez, recebeu uma carta da cantora Tamiki Mori, de Matsumoto, convidando-o a fazer parte do corpo docente de uma escola de música que pretendia criar na cidade. Suzuki respondeu não estar interessado em dar aulas para adultos, mas que gostaria de começar um trabalho com crianças, para aplicar o método que havia desenvolvido anos antes (Suzuki, 1994, p.34).

Foi assim que Suzuki mudou-se para Matsumoto e iniciou o Movimento, que teve um surpreendente êxito, rapidamente ganhando adeptos e impressionando o mundo pelo fantástico resultado obtido a curto prazo com tantas crianças. Na história do trabalho de Suzuki, há vários momentos especiais, causados pela admiração incontestável de grandes músicos, que tiveram oportunidade de assistir a uma verdadeira legião de crianças tocando em absoluta comunhão; foi o caso de Pablo Casals, que se emocionou às lágrimas durante um concerto dos alunos de Suzuki no Japão.

No entanto, apesar do sucesso, a aceitação de seu método de ensino do violino, um instrumento ocidental, não foi fácil, pois havia muita resistência à ocidentalização do Japão, de modo que o que era proveniente do Ocidente tinha dificuldade em entrar no país. Durante a Segunda Guerra (1939-1945), novamente essa proibição aconteceu, no mesmo momento em que Suzuki lançava sua proposta de, não só ensinar um instrumento musical do Ocidente, mas pedir que se ocidentalizasse o ambiente musical nas casas de seus alunos. Não é difícil imaginar as dificuldades por que passou.

Depois de alguns anos, o método Suzuki foi introduzido nos Estados Unidos, onde teve uma expansão expressiva. O próprio Suzuki auxiliou em sua implantação. Em 1958, a Associação Americana de Professores de Cordas assistiu a um filme de Suzuki, com 750 crianças tocando de cor. Os professores ficaram tão impressionados que decidiram enviar ao Japão um representante, que viajou para lá no ano seguinte, e de novo em 1962. Em 1964, Suzuki foi convidado a ir aos Estados Unidos e levou consigo um grupo de dez crianças, com as quais demonstrou seu método em várias partes do país. O impacto foi enorme, pois até então nunca haviam visto crianças de apenas cinco anos de idade tocando violino tão bem, pois só se começava o ensino do instrumento bem mais tarde. A partir daí, o método foi introduzido no país e rapidamente ganhou adeptos, tendo, desde então, sofrido uma série de adaptações, mantendo-se, porém, sua essência. Suzuki tornou-se conhecido em outras partes do mundo e os resultados logo se fizeram notar. A importância do método é ter mostrado que as crianças são capazes de desenvolver as habilidades necessárias à execução de obras importantes da literatura do instrumento. No entanto, elas não desenvolvem outras habilidades, como leitura à primeira vista e compreensão aprofundada das estruturas musicais das obras que tocam; além disso, não são preparadas para integrar orquestras, o que, aliás, dizem os adeptos, não é objetivo do método (Mark, 1986, p.178-82).

No Brasil, alguns professores trabalham sobre os princípios de Suzuki, com algumas adaptações. Em São Paulo, o professor Yoshitame Fukuda trabalha com a família – a filha, a violinista Elisa Fukuda e sobrinhos – e tem uma escola de violino para crianças, que produz resultados admiráveis. Ele afirma não seguir o método Suzuki, mas os procedimentos que adota são bastante próximos aos daquele educador. A professora Fumiko Kawanami, ao contrário, é seguidora do método Suzuki, do qual é representante no Brasil, e conduz um admirável trabalho com crianças. Pode-se citar, ainda, a professora Shinobu Saito, que durante muitos anos conduziu um trabalho de ensino de violino em Londrina, quando a cidade se tornou um grande polo Suzuki no Brasil. Atualmente, esse trabalho se desenvolve em Campinas, onde dirige duas orquestras de crianças e jovens a partir dos princípios Suzuki. Outro centro importante do método Suzuki é a Universidade de Santa Maria, no Rio Grande do Sul, responsável pela edição brasileira do livro *Educação é amor*.

O método

O método Suzuki pressupõe que as pessoas são produtos de seu meio. No entanto, esse meio não é aquele espontaneamente criado, próprio da cultura e das condições de vida de um determinado lugar. O meio, para Suzuki, é fabricado artificialmente, de modo a proporcionar o que julga serem as condições ideais para desenvolver o talento potencial de cada criança. Essas condições do ambiente ideal à aprendizagem são muito estritas, bem definidas e devem ser seguidas à risca pelos professores. A despeito do rigor dos princípios, ele está baseado, paradoxalmente, na aprendizagem informal da língua-mãe. Embutida nesse princípio está a teoria da origem comum da palavra e da música, segundo a qual, o ser humano é espontaneamente capaz de expressar-se verbalmente e pelo canto. O procedimento básico do método é ensinar à criança uma coisa de cada vez, progressivamente. As crianças são submetidas a um intenso estímulo auditivo; ouvem muitas vezes a gravação que acompanha o livro de exercícios, até que conheçam perfeitamente o que vão tocar. Embora o método Suzuki de ensino de violino esteja publicado numa extensa coleção em dez volumes, as crianças tocam de cor, após terem ouvido a gravação muitas vezes, e visto e ouvido a mãe ou o pai tocarem.

A presença dos pais é fundamental; são eles que desempenharão o papel mais importante, porque em casa, diariamente, tocarão e estimularão a criança a tocar, transformando o aprendizado em atividade lúdica. O ambiente tem que ser "fabricado" pelos pais, com a minuciosa orientação de Suzuki. O método utiliza, tradicionalmente, alguns procedimentos que se justificam por sua identidade com o aprendizado informal da língua materna:

- *Repetição constante*: [Suzuki] escolheu um trecho musical conhecido por todas as crianças do Japão, a canção *Brilha, brilha, estrelinha,* adotada nas escolas públicas do país desde 1875, após haver sido introduzida por um músico norte-americano. Era fácil de ser cantada ou tocada por crianças, pois não passa de uma escala maior subindo e descendo, dentro do âmbito de uma oitava.
- *Utilização de discos e gravações:* a orientação de Suzuki era fazer que as crianças ouvissem gravações o mais cedo possível. Acreditava que nenhuma criança é muito pequena para ouvir boa

música. Para ele, era importante que a criança, desde cedo, tivesse um ótimo referencial musical, principalmente no que se refere à afinação e à qualidade sonora. Na época em que Suzuki iniciou seu trabalho com crianças, as companhias gravadoras estavam em pleno desenvolvimento e ele conseguiu fazer um acordo com elas, para que as gravações de seu método fossem tecnicamente as melhores. Era um negócio interessante tanto para Suzuki quanto para as companhias, pois o êxito do método garantia um consistente mercado para as gravações. Além das que serviam de modelo às crianças, havia outras, de acompanhamento, para captar da maneira mais clara possível as inúmeras nuances que cercam uma boa interpretação musical.

- *Contato positivo* com a criança e aceitação de seus esforços e possíveis falhas.
- *Oferecimento de oportunidade* para a criança tocar em público; Suzuki enfatiza a necessidade de criar essas oportunidades, porque isso faz aumentar sua autoconfiança.
- *Formação de repertório:* é importante que, após haver aprendido a tocar uma determinada peça, a criança não a abandone. É muito importante tocar as obras que já conhece, aprimorando sua técnica e sua qualidade musical.
- *Estímulo* à habilidade de memória.
- *Estímulo à execução "de ouvido"*: antes de iniciar a prática da leitura, a criança deve tocar de ouvido. A leitura só será iniciada quando a criança tiver a postura adequada ao tocar e dominar sua concentração completamente, para poder dedicar atenção à afinação e à qualidade sonora sem perder a habilidade de execução. Para Suzuki, a criança só pode começar a ler após ter esse domínio técnico-instrumental, além de perceber a forma da peça que toca e saber alguma coisa a respeito de seu compositor e do tempo em que viveu.

O objetivo do método não é formar instrumentistas, mas seres humanos completos e felizes, com o auxílio da arte (cf. Hermann, s. d., p.3-4).

A extensa citação tem o propósito de mostrar que Suzuki parece contemplar todas as variáveis ao construir seu método, apresentando um caminho linear em que cada pormenor é previsto e o objetivo final claramente divisado.

Princípios básicos da aprendizagem

Além dos procedimentos anteriormente mencionados, há alguns princípios básicos a serem seguidos:

- *Busca de tranquilidade interior* – sem o que, aprender é impossível. O respirar controlado é essencial à tranquilidade interior. Ele desocupa a mente e relaxa o corpo, permitindo que o indivíduo aprenda.
- *Perseverança em direção à meta* – quando se tem uma meta e domínio de si para perseverar, tudo é possível. Aprende-se um passo de cada vez. O método Suzuki requer que, a cada aula, se trate de um só conceito.
- *Repetição* – sem repetição não há aprendizagem. Esta é a chave para a retenção mental e física. Memoriza-se pouco se não houver repetição, mas, praticando-se a repetição sempre, leva-se menos tempo para memorizar novas coisas.
- *Estudo sistemático* – é difícil estudar sozinho e é por isso que é preciso um professor. Mas não se pode esquecer que confiança e respeito mútuo são essenciais na relação professor-aluno. No método Suzuki, o professor e o pai (ou a mãe) têm que estudar constantemente novas maneiras para melhorar o trabalho com a criança.
- *Consistência* – considerada importante para o progresso. Suzuki diz: "Não tenham pressa, mas também não tardem. Mantenham um passo consistente; só assim vão mostrar progresso".
- *Mente* – a mente serve para expressar-se, e não para explicar-se.
- *Qualidade do ser* – as saúdes mental e física são de grande importância. A rapidez de resposta da mente e do corpo são essenciais para a aprendizagem.
- *Generosidade na transmissão do conhecimento* – os professores que sentem medo de que outros aprendam os segredos de seu êxito não

crescem, nem como professores, nem como seres humanos. É preciso ser generoso e compartilhar ideias com os colegas.

- *Economia no ensinar* – não ensinar muito; permitir que o aluno descubra coisas por si mesmo.
- *Pensar positivamente* – o negativismo destrói todo desejo de aprender.
- *Não julgar* – ter uma atitude aberta para crescer. Nos processos de ensinar do método Suzuki, o pai (ou a mãe) e o professor têm que crescer com a criança. Se não procederem assim, podem sufocar seu crescimento. Nunca julgar de antemão uma pessoa ou alguma coisa. O julgar bloqueia o desejo de aprender.
- *Imaginar mudanças* – tudo que se consegue é previamente imaginado. Pense primeiro na mudança e permita que ela ocorra. (Hermann, s. d., p.16-7)

No método Suzuki, o desenvolvimento da leitura musical é posterior ao aprendizado do instrumento. O aluno deve memorizar o que toca, antes de ler obras da literatura violinística no instrumento; assim, não faz exercícios de leitura à primeira vista, pois lê apenas o que já sabe tocar de cor. Os materiais a que o aluno está exposto são bem definidos; ele realiza sempre a mesma sequência de canções e exercícios, tocando sempre o mesmo repertório. As necessidades técnicas são apresentadas à medida que se fazem necessárias para a execução do que se está estudando.

As crianças têm aulas individuais. Sua duração é flexível, determinada pelo grau de atenção do aluno. Os pais são diretamente envolvidos e aprendem o mesmo que a criança, para poderem auxiliá-la em casa. A atuação dos pais é muito importante para Suzuki, pois, além de ajudar diretamente as crianças na formação das habilidades, eles são responsáveis pela criação de um sentimento positivo em relação ao instrumento; o valor do estudo do instrumento, portanto, é construído a partir do modelo paterno ou materno. Apesar das aulas individuais, a criança pratica também em grupo, quando tem oportunidade de se confrontar com outras crianças. Nessas ocasiões, todos os alunos se juntam e, assim, os iniciantes entram em contato com alunos de outros níveis e se estimulam por tocar em conjunto com eles.

Considerações a respeito do método

A primeira coisa que aflora ao se tomar contato com os princípios do mestre Suzuki é a contradição entre o que ele chama "meio" e o meio ambiente de seu país. Suzuki, após demonstrar a importância do meio na aquisição da linguagem, descoberta a partir da súbita compreensão de que "toda criança japonesa fala japonês", imaginou oferecer as mesmas condições a crianças bem pequenas, para que elas aprendessem música do mesmo modo que aprendiam a falar. No entanto, o meio musical em que insere a criança é artificialmente criado, daí a importância dos pais no processo de aprendizagem, pois cabe a eles fabricá-lo. Os pais não contribuem espontaneamente, como no aprendizado da língua, para a formação musical da criança; eles são treinados para criar um meio musical adequado, que não se insere nos moldes da música e da cultura japonesa, mas é constituído dentro de padrões ocidentais (Suzuki, 1994, p.90).

Nesse sentido, o caminho de Suzuki é oposto ao de Kodály; enquanto este último busca nos cantos e danças escondidos nos recantos mais longínquos do país (e, por isso, com pouco ou nenhum contato com a cultura ocidental) a identidade do povo húngaro, Suzuki desconhece a tradição de seu país e cria um meio asséptico, de caráter laboratorial, em que insere a música clássica europeia; talvez essa seja uma das razões da ampla aceitação de seu método no Ocidente.

Outra questão merece ser destacada: a ideia de aprendizagem em Suzuki. Segundo suas próprias palavras,

> a maioria das crianças desafinadas não consegue cantar as quatro primeiras notas da escala, dó, ré, mi, fá, ... sem fazer sair o intervalo de semitom, fá, um pouco mais alto. Isso porque elas se acostumaram a cantar o fá alto demais. Observei que essa pré-educação não pode ser corrigida. O que posso fazer, então? Descobri que é preciso ensinar-lhe um novo fá. Se elas, por ouvirem umas cinco mil vezes, aprenderam um fá errado, precisam ouvir seis ou sete mil vezes um fá correto ... a capacidade de cantar um fá correto conseguido após ouvi-lo

> seis mil vezes começa a superar a capacidade de cantar um fá errado adquirido após ouvi-lo só cinco mil vezes. ... O fá correto tornou-se para aquela criança mais fácil e mais natural, de tal maneira que ela passou a cantar certo ... Não se trata de corrigir, mas de desenvolver uma nova habilidade em lugar da que estava errada. (Suzuki, 1994, p.86)

Vê-se por essas palavras que, para ele, a criança aprende por repetição e memorização, e nisso consiste o aprendizado para Suzuki:

> Criança com excelentes resultados escolares têm simplesmente uma memória bem desenvolvida e acredito que, crianças de pouco desempenho não adquiriram a habilidade da memória. Sobretudo, todas as crianças têm as mesmas possibilidades. (ibidem, p.88)

Ou ainda:

> Crianças que, no início, não conseguiam gravar um único poema, nem após dez repetições, já na segunda fase conseguiam depois de quatro ou cinco repetições, e na terceira fase, já na primeira vez. (ibidem, p.89)

Esse conceito de aprendizagem apoia-se na ideia de conhecimento adquirido por repetição e memorização, distanciando-se dos princípios defendidos pelos modernos educadores que baseiam suas propostas em outros conceitos de aprendizagem, de construção do conhecimento a partir de hipóteses. Suzuki também acredita na importância do lúdico na educação, mas sua ideia de jogo não é a mesma encontrada em teóricos contemporâneos da educação. O jogo que propõe é uma maneira quase ingênua de conseguir que a criança faça o que os adultos julgam ser melhor para ela, pelo despertar de seu interesse.

> Começar dando às crianças o prazer de brincar com um brinquedo, deixando o espírito de divertimento levá-las pelo caminho certo – é

> assim que deveria iniciar toda a educação das crianças ... Hitomi Kasuya tinha três anos e tocava três horas de violino todos os dias. Muitos vão pensar: como uma criança de três anos consegue isso? A mãe de Hitomi tinha comprado para ela um violino em vez de uma boneca e deixava, como fundo musical, um disco com a peça a ser estudada. Hitomi brincava com o violino o dia todo, como se fosse um brinquedo. Sua mãe, de vez em quando, lhe mostrava a maneira correta de tocar, seguindo nossa orientação, deixando Hitomi pensar que ela participava de um jogo com ela. *Essa é a melhor forma de educação; o que importa é o resultado: que a criança adquira uma habilidade.* (Suzuki, 1994, p.92, grifo da autora)

Por muito que se discorde dessa maneira de compreender a educação, é difícil emitir juízos a respeito do autor baseando-se em conceitos ocidentais e quase um século depois da criação do método. Alguns dos procedimentos aqui destacados, como obediência aos mais velhos, valor da ordem e da repetição acima da liberdade de expressão, não são prerrogativas do método, mas da cultura japonesa. Se o meio musical imposto por Suzuki a seus alunos é de origem ocidental, as posturas, conselhos e o próprio método não contrastam com valores e princípios profundamente inseridos na cultura japonesa. Há uma profunda filosofia de vida por trás de um método quase ingênuo, baseado na memória e na repetição. O que não se pode deixar de conjeturar é que, caso se sigam, simplesmente, as ideias acima expostas, de repetir milhares de vezes uma determinada frase, ou deixar soar um disco com uma só canção, durante todo o dia, para que a criança a assimile não só com os ouvidos, mas por todos os poros, o resultado pode ser no mínimo uma profunda rejeição e uma enorme ânsia por liberdade desse grilhão obsessivo de um som se impondo ao ouvido, reiteradamente. No entanto, os depoimentos entusiasmados de milhares de seguidores de Suzuki em todo o mundo descartam essa hipótese, ao menos nos grupos que os têm experimentado. As crianças não rejeitam tocar e sentem-se mais que entusiasmadas em fazê-lo. O resultado técnico é brilhante, a ponto de, como relata o próprio Suzuki, levar Pablo Casals às lágrimas (Suzuki, 1994, p.96).

A par dessa metodologia aparentemente rígida, há algo mais, indefinível, mas grande e tocante, que pode ser pressentido nos simpáticos relatos de mestre Suzuki a respeito de sua vida e de alguns casos difíceis que encontrou como professor, como o bem--sucedido trabalho de ensinar um garotinho cego de nascença a tocar, ou as dificuldades quase insuperáveis por que passou durante a guerra, às quais conseguiu se sobrepor. Mais do que o método, brilha um profundo amor pela humanidade, ancorado na filosofia budista, que perpassa todo o ensinamento. E é isso que o torna tão especial e admirado, pois não basta dominar um método ou ter talento para ensinar. É preciso iluminar a rota com grandeza de espírito, e é isso que mais transparece nas simples palavras de Suzuki, que consegue os melhores resultados, não pelo associacionismo e cega obediência pedidos por seu método, mas pela aproximação amorosa e por muitas atitudes que descreve em seu livro, em que se pressente como que uma grandiosidade de atitude, fortemente ancorada em princípios humanitários e espirituais. Daí a propriedade do título de seu livro: *Educação é amor*.

Reflexão a respeito dos métodos ativos da primeira geração

De modo geral, pelo exame das propostas dos cinco educadores musicais mais influentes do início do século XX, pode-se perceber um padrão de condutas que convive com as particularidades de cada método. A mais importante é, sem dúvida, o que motivou sua classificação como "métodos ativos", isto é, todas elas descartam a aproximação da criança com a música como procedimento técnico ou teórico, preferindo que entre em contato com ela como experiência de vida. É pela vivência que a criança aproxima-se da música, envolve-se com ela, passa a amá-la e permite que faça parte de sua vida. Eles enfatizam a importância do movimento e do canto na aprendizagem da música, apesar de cada qual enfatizar um aspecto diferente. Dalcroze, por exemplo, prioriza o movimento, enquanto Kodály destaca o papel do canto coral, embora uma e outra abordagem abriguem os dois modos de expressão. Algumas das propostas são mais estritas e têm por objetivo desenvolver habilidades específicas: Suzuki interessa-se pelo desenvolvimento da habilidade instrumental, enquanto Kodály enfatiza o cantar em grupo e a capacidade de leitura e escrita. Orff dá preferência à expressão e à criação enquanto Dalcroze enfatiza a integração música e movimento, nenhum dos dois se preocupando demasiadamente em fixar procedimentos de leitura ou técnicas instrumentais avançadas. Willems, embora em sua proposta enfatize o desenvolvimento da audição, a sensibilidade e a racionalidade, na prática, cuida mais dos aspectos físicos e mentais em torno da escuta, citando a importância do envolvimento afetivo da criança, mas não se detendo muito sobre a maneira de promover essa faceta da musicalidade. Algumas propostas mostram a importância da integração de linguagens artísticas (Dalcroze, Orff), enquanto outras se concentram no desenvolvimento musical da criança, sem aproximação com outras formas de arte (Suzuki, Kodály, Willems).

Como último comentário, registre-se que as cinco propostas concentram-se na música clássica ocidental ou no folclore, o que faz que, embora tenham ocorrido no mesmo período em que a produção musical estava solidamente engajada em procedimentos de vanguarda, o material musical utilizado nas aulas de música continue a ser mais tradicional do que inovador. Foi preciso esperar até o final da década de 1950 e a década de 1960 para que os procedimentos das aulas de música se alinhassem aos da vanguarda musical. Esse é o tema do próximo segmento.

A segunda geração

Após a exposição dos métodos e princípios das mais significativas propostas de educação musical da primeira parte do século XX, resta ainda ocupar-se da chamada "segunda geração" de educadores musicais, que floresceu na Europa e na América do Norte em meados da década de 1950 e início da seguinte. Essa época coincide com a grande virada da produção musical, com as pesquisas lideradas por Pierre Schaeffer na Radiotélévision Française (*musique concrète*) e as experiências de música eletrônica conduzidas por Eimert e Stockhausen nos estúdios de música eletrônica em Friburgo. De maneira geral, as propostas da chamada música de vanguarda apontavam para um renovado interesse pelo "som" como matéria-prima da música e sua transformação, graças a uma série de procedimentos de manipulação realizados em fita (música concreta) e por meio eletrônico. Além disso, relembrem-se as propostas de Cage, fortemente influenciadas pelo budismo e que surgiram como uma reação à "cerebralização" da música, concentrando-se no próprio som e em procedimentos aleatórios (acaso); basta recordar sua definição de música, instigado por uma pergunta de Murray Schafer: "Música é sons, sons à nossa volta, quer estejamos dentro ou fora de salas de concerto" (Cage apud Schafer, 1991b, p.120).

Tanto na Europa quanto na América do Norte, a questão da educação musical ganhou bastante proeminência nesse mesmo período e inúmeras metodologias surgiram, tendo sido testadas em escolas de primeiro e segundo graus e em conservatórios e escolas de música. São muitos os suportes filosóficos, os conceitos e valores abarcados por esta ou aquela linha pedagógica, que defendem ardorosamente a adoção de determinados procedimentos para tornar a criança, o adolescente ou o adulto seres musicais mais aptos a ouvir e/ou fazer música. Essas metodologias postulam um melhor conhecimento do ser humano e tentam construir métodos competentes que facilitem a rápida assimilação de conceitos básicos e a consequente introdução do aluno na prática musical.

Os educadores musicais desse período alinham-se às propostas da música nova e buscam incorporar à prática da educação musical nas escolas os mesmos procedimentos dos compositores de vanguarda, privilegiando a criação, a escuta ativa, a ênfase no som e suas características, e evitando a reprodução vocal e instrumental do que denominam "música do passado".

Entre os educadores estão alguns compositores interessados em influir no processo educacional, como George Self, John Paynter, Murray Schafer e Boris Porena, entre outros. George Self e John Paynter são ingleses e têm em comum o fato de terem sido professores de música em escolas, tendo que descobrir maneiras de trabalhar música de um modo bastante diferente dos métodos geralmente utilizados em escolas de música. Os outros dois compositores mencionados (Schafer e Porena) estão mais interessados em pensar nas possibilidades de assimilação, por parte dos educadores, de procedimentos utilizados pelos compositores contemporâneos, do que em criar metodologias de ensino, o que os torna atraentes arautos da nova linha de educação musical do que seus executores.

George Self

Esse educador está profundamente comprometido com a educação musical e com a música de vanguarda. Ele não concorda com um ensino de música voltado para o passado e para o que denomina "adestramento musical dos alunos", que faz que toquem ou cantem sons determinados, organizados em ritmo e tempo concebidos pelo compositor. O objetivo desse tipo de educação é desenvolver habilidades técnicas que se traduzem no domínio do instrumento ou da voz, e na habilidade de leitura de partituras. Se a música executada for considerada de boa qualidade e bem apresentada por um professor que consiga motivar a classe, o aluno "desfrutará de uma experiência musical" (Self, 1967, p.4).

O que intriga Self, levando-o a formular sua proposta, é que, nas ciências e em outras formas de arte, os alunos trabalham com a linguagem contemporânea e estão alinhados às mais recentes descobertas científicas ou às últimas produções artísticas, enquanto na aula de música, em seu país, sucede justamente o contrário: o foco da aula está voltado para a produção musical do passado e o aluno aprende a tocar e a ouvir quase exclusivamente a música de dois ou três séculos anteriores. Self, inspirado no modelo das artes plásticas, busca encontrar maneiras de envolver os alunos das escolas em que trabalhava nos procedimentos da música do século XX, estimulando-os a ouvi-la "com novos ouvidos" e a desenvolver habilidades de criação e invenção de partituras.

O que está em jogo, com ele e outros educadores/compositores, é o paradigma tradicional que ampara o ensino da música; em troca, propõe uma educação musical em que os valores vigentes na música ocidental tradicional (precisão de ataque, afinação, técnica) são substituídos por procedimentos com alto índice de imprecisão, que se somam aos aleatórios e às improvisações. No entanto, apesar dessa evidência, a proposta de Self não pretende desconsiderar os procedimentos da música tradicional nem a notação convencional. O que deseja é que sua proposta de notação acople-se aos procedimentos usuais na escola, ampliando as experiências sonoro-musicais de crianças e adolescentes.

Princípios gerais

A pulsação musical não é enfatizada, pois esse é um aspecto não usualmente encontrado no que ele chama de "música do presente". Segundo Self, seria errôneo que o professor de música se concentrasse exclusivamente num único aspecto da música do passado – por exemplo, a regularidade da pulsação –, sendo importante que, em vez disso, enfatizasse o emprego de organizações rítmicas irregulares.

Do mesmo modo que em relação à duração, Self, ao tratar do parâmetro altura, descarta a estrutura da escala diatônica, por considerá-la de pouca utilização na música do século XX. Assim, inicia seu trabalho com uma grande gama de sons possíveis (os sons da escala cromática e os de altura indefinida). Nos primeiros encontros, o que visa obter com seus alunos não é a conscientização de alturas, mas a variedade sonora, obtida nas atividades de exploração coletiva das possibilidades do instrumento.

George Self utiliza-se de um grande número de instrumentos musicais, particularmente os de percussão, de altura determinada e indeterminada, em virtude da maior facilidade de manuseio pelos alunos, em comparação com outros instrumentos. Ele dá grande importância, também, à utilização de instrumentos artesanais, ou confeccionados na própria escola pelos alunos. A ênfase no ensino da música está colocada na exploração dos meios de produção sonora e na criação de atividades não convencionais que, segundo ele, são mais adequados à sala de aula do que o ensino tradicional de música.

Self classifica os instrumentos que utiliza pelo tipo de som que produzem, e não especificamente pelo timbre, ou pelos modos de produção sonora, organizando-os em três grandes grupos: os que produzem sons curtos, os de sons que se extinguem gradualmente e os que produzem sons possíveis de serem sustentados (*tenuto*).

Quadro 3 – Proposta de classificação dos instrumentos, por George Self

Classificação de instumentos segundo o tipo de som que produzem		
Instrumentos que produzem sons curtos	*Instrumentos que produzem sons de extinção gradual*	*Instrumentos que produzem sons sustentados*
Placas de madeira Bloco chinês Pandeiros Tambores pequenos Claves Garrafas	Piano Cítara Tubos grandes Platinelas Gongos Triângulos Campanas Metalofones Maracas	Cordas Metais Madeiras Harmônicas Melódicas

(Self, 1967, p.17-20)

Notação simplificada

George Self propõe um tipo de notação musical simplificada, particularmente adequada ao som e à estrutura da música contemporânea, em que o timbre e a textura ganham precedência em relação à linha melódica e à exatidão rítmica, características da produção musical dos séculos anteriores. Pelo fato de a notação musical convencional não dar conta das questões de timbre e estrutura sonora que quer desenvolver em seus alunos, a criação de um tipo alternativo de notação parece-lhe a única saída.

A proposta de notação musical de George Self dá margem a um tipo de improvisação que se utiliza de sons e ritmos impossíveis de serem notados de modo convencional, por não serem regulares como as estruturas mais comumente encontradas na música tradicional. Sua proposta espelha-se nos procedimentos espontâneos do movimento e das artes visuais contemporâneos, voltados para a criação e a improvisação. Por seu alto índice de imprecisão, a notação proposta por Self possibilita várias versões de uma mesma obra, dando margem a diferentes interpretações.

Em seu sistema de notação, muito simples de ser aprendido, George Self parte do modo pelo qual o som se manifesta: curto, *tremolo,* de extinção gradual, ou *tenuto*. Nesse sistema empregam-se os seguintes sinais:

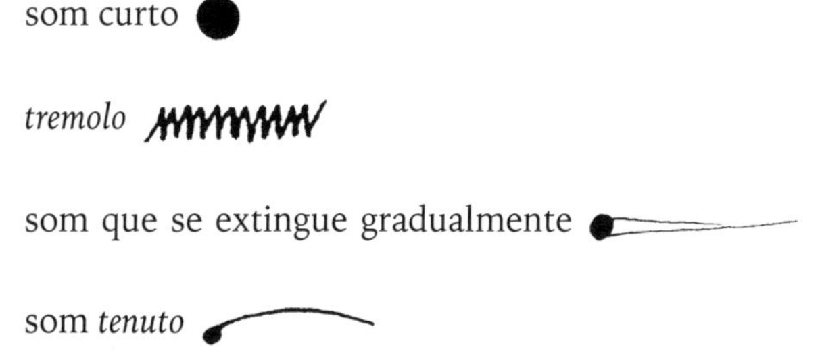

Além desses, primários, há outros, para efeitos especiais, como ou .

George Self acopla a esses sinais os de dinâmica *f* e *p*, sugerindo que se evitem os sons *mf*, principalmente no início do trabalho, em que é mais importante conseguir efeitos extremos, que exigem intencionalidade, do que sons médios, que podem ser produzidos sem qualquer empenho especial por parte do aluno.

Em seu livro *New Sounds in Class*, George Self apresenta inúmeras partituras de sua autoria, escritas nesse tipo de notação, destinadas à execução coletiva em sala de aula. Além da execução em conjunto, sugere Self, os alunos são estimulados a criar seus próprios sons e notá-los em partitura (ver Figura 4).

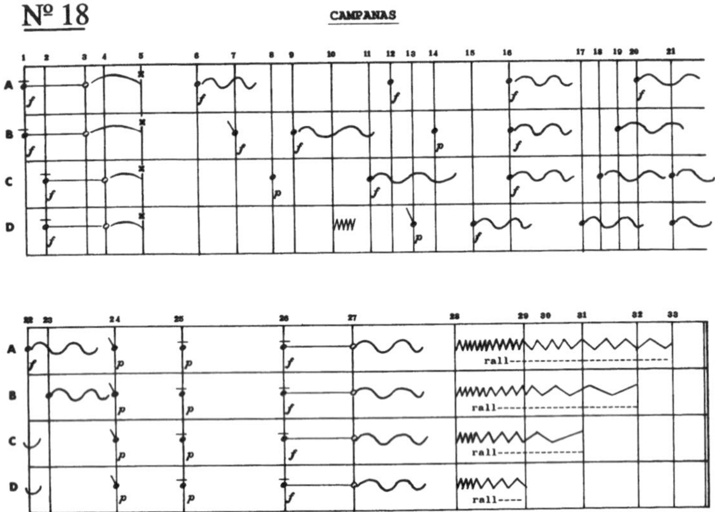

Figura 4 – Campanas (Self, 1967, p.42).

John Paynter

Na mesma esteira de Self está John Paynter, também professor de música em escolas da Inglaterra e, posteriormente, docente de música na Universidade de York. Paynter escreveu vários livros a respeito de educação musical, como *Sound and silence, Hear and now* e *Sound and structure*. No presente trabalho, serão examinados dois desses livros: *Hear and now* (1972) e *Sound and structure* (1992), mostrando que o intervalo de vinte anos entre eles aperfeiçoa mas não modifica a proposta inicial.

No primeiro desses livros, *Hear and now*, o propósito de Paynter é a introdução de práticas alinhadas à música contemporânea nas escolas e, nesse aspecto, adota uma posição bastante semelhante à de Self. O mundo contemporâneo abriu tão grande leque de possibilidades que os recursos de invenção são inesgotáveis. No entanto, a educação musical, via de regra, volta-se para o passado e ignora essas possibilidades, como se elas não existissem, continuando a considerar apenas os sons tradicionalmente empregados e não estimulando a escuta de outros sons, insuspeitados.

O fazer artístico sempre refletiu a visão de mundo de uma determinada época e, usualmente, tem buscado novos materiais, novas ideias, novas maneiras de organização e experimentação. Para Paynter, o século XX assistiu a um aumento da responsabilidade individual e a uma diminuição do autoritarismo e, desse modo, pôs à prova dogmas e situações eternizadas. Segundo ele, a grande marca do século foi a valorização da experiência individual e de escolas estéticas baseadas na experiência do sujeito, e não na manutenção das tradições.

Avançando um pouco mais nessa ideia, essa postura de valorização do experimental e rejeição à repetição de procedimentos ligados à reprodução de valores tradicionais gera outras, que afetam decisivamente os próprios fundamentos da música, de modo que se pode questionar: Que sons podem ser realmente considerados matéria-prima da música? Qualquer som, seja ele materialmente ouvido seja imaginado, em qualquer combinação, realizada a partir de quaisquer critérios, estabelecidos individualmente ou em grupo, a partir da exploração e da capacidade inventiva, sem regras predefinidas ou concepções *a priori*. No entanto, nesse amplo leque de escolhas, "o que se busca é a liberdade, e não a anarquia" (Paynter, 1972, p.17).

É o que ocorre no terreno composicional a partir de Debussy, sem que se esqueça que essa inquietude em descobrir novos caminhos e arrebentar as amarras da tradição sempre ocorrera a cada declínio de época e início de outra, e que a particular ânsia pelo novo encontrada no século XX já fora prenunciada, no final do século XIX, por alguns compositores como Wagner e Liszt. Tal atitude, defendida por uma considerável parte dos compositores do século XX, deveria estar presente em sala de aula, ampliando materiais e horizontes, e cultivando a liberdade de expressão. No entanto, isso não se deu na mesma velocidade do que ocorria na composição; mesmo nos métodos educacionais inovadores, a maior parte dos materiais musicais utilizados estava mais colada à tradição do que à inovação, sendo esta encontrada na maneira de apresentação e nas posturas educacionais, mas não nos materiais em si. Somente a partir dos anos 1960 é que ela surge, não só na pedagogia, mas nos próprios materiais musicais.

Nas propostas de Paynter e Self, não se trata apenas de descobrir e registrar novos sons, mas de organizá-los como música, e os critérios de organização não obedecem aos cânones da tradição, mas surgem da própria escuta. Somente a partir de uma escuta ativa, profunda e atenta, dir-se-ia, mesmo, quase obsessiva, é que se pode chegar ao controle da sonoridade, de modo a permitir a reprodução do som ouvido e a criação de novos sons. É a partir daí que se constroem as propostas de criação sonora (composição).

Paynter, portanto, quer construir música ou fragmentos musicais a partir de uma atitude de escuta ativa e experimental. A atividade musical é o reino das descobertas e do jogo exploratório, em que os materiais se mostram ao ouvinte atento e o instigam a tomá-los, para, com eles, criar estruturas sonoras. A consequência direta desse tipo de postura é a transformação da própria natureza da aula de música, que se torna "oficina de experimentação".

Os princípios apresentados constam do livro *Hear and now*, que traz, em sua segunda parte, sugestões para o desenvolvimento de oficinas. Seria sem sentido reproduzi-los aqui, mas é interessante observar os sugestivos nomes de alguns dos capítulos, como exemplos das próprias propostas: "Os coloridos sons à nossa volta"; "Curto e longo"; "A música nova na sala de aula". Há, também, uma extensa lista de materiais: instrumentos, gravações de compositores do século XX, partituras especiais para serem executadas por crianças e jovens em sala de aula, com ampla possibilidade de exploração de movimentos corporais, voz e instrumentos simples de percussão, com alturas definidas ou não, como xilofones, metalofones e *glockenspiels* com teclas removíveis, tambores de vários tamanhos, pandeiros, pratos, clavas, maracas e outros.

Em *Sound and silence* (1967), já se encontram os pressupostos de *Hear and now*, quais sejam, criatividade e crença nas possibilidades compositivas da maior parte dos alunos das escolas não especializadas, com ênfase no estímulo à invenção e à construção da própria experiência, uma postura longe de ser consensual entre educadores musicais deste século, mas fortemente respaldada pelas descobertas da psicologia do desenvolvimento e de inúmeras teorias da educação do século XX, entre as quais figuram as de Piaget, Vigotsky, Gardner, Freire, entre outros.

A inspiração para as propostas de Paynter provém, como em Self, do exame de projetos da área de artes visuais, que mostravam ser possível oferecer às crianças uma visão das possibilidades da exploração artística a partir do interior da pessoa, o que as levaria à compreensão da obra artística. Esse processo fascinava Paynter, que elaborou suas propostas a partir dos mesmos princípios: incentivo à expressão musical e conhecimento da obra.

Anos após a publicação desses livros, em 1992, Paynter lançou *Sound and structure*, que discute o papel da arte no currículo escolar e enfatiza as direções que apresenta em sua proposta: composição, execução e escuta. No texto introdutório, Paynter apresenta as mesmas questões que sempre faz a si mesmo, quando se trata de descobrir justificativas para a presença da música na escola: "para que serve a música?" e "o que a música comunica?", pontos centrais em suas reflexões e que permeiam suas propostas.

Na estrutura do livro, Paynter distingue quatro procedimentos que, segundo ele, situam-se no centro da prática musical: sons na música, ideias musicais, pensar e fazer música e modelos de tempo. Cada um desses procedimentos liga-se aos outros, e um elenco de atividades demonstra a complexa rede de interações em qualquer direção, que passa por um ponto central em que se situa o que ele denomina "resposta e compreensão". Cada um desses quatro procedimentos desdobra-se em projetos (Quadro 4):

Quadro 4 – Procedimentos e projetos – adaptação do original de John Paynter

Parte I Sons na música	Parte II Ideias musicais	Parte III Pensando e fazendo	Parte IV Modelos de tempo
Sons do silêncio Canção do vento A descoberta de sons A inspiração dos dedos	Pontos de crescimento Um estoque de melodias Desenvolvimentos necessários Reinventando a gramática	Novos ouvidos Unidades e variedades: dos doze compassos às doze notas Começando e parando Deixando ir	Estrutura clássica Figuras na paisagem sonora De que modo o tempo vai a algum lugar sobre o arco-íris Uma frase passageira

(Adaptado de Paynter, 1992, p.24)

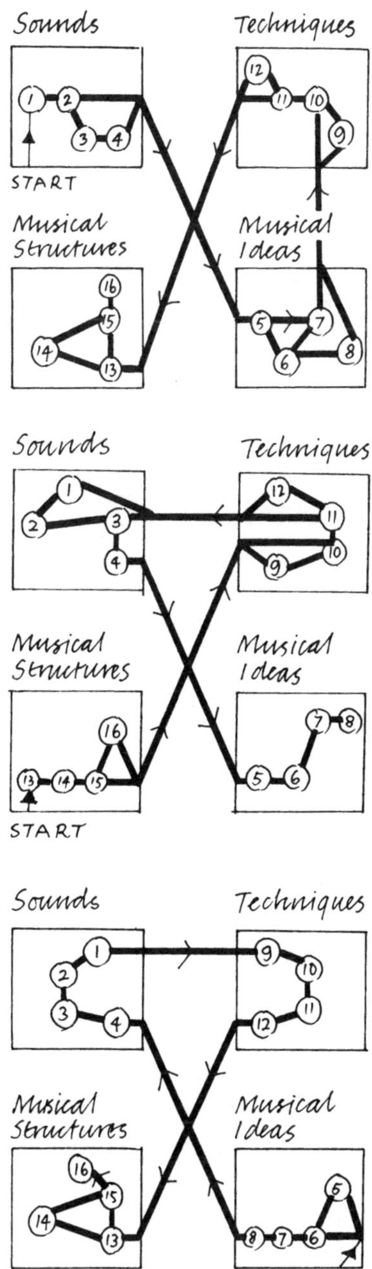
Sounds
Techniques
START
Musical Structures
Musical Ideas
Sounds
Techniques
Musical Structures
Musical Ideas
START
Sounds
Techniques
Musical Structures
Musical Ideas

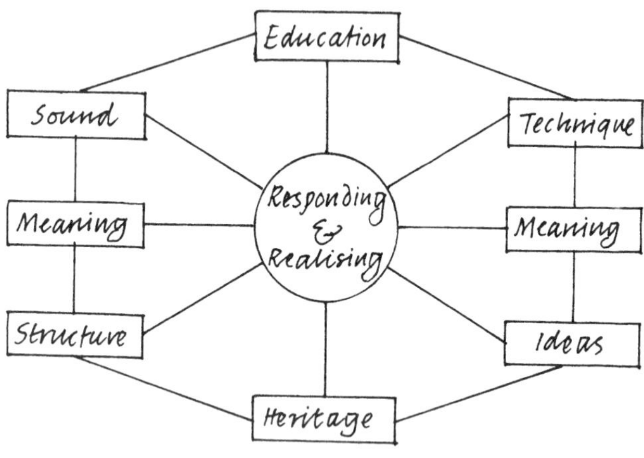

Figura 5 – Diagrama (Paynter, 1992, p.23).

Qualquer ponto que se tome inicialmente pode conduzir a qualquer outro, mas esse trajeto passa, forçosamente, pelo centro do diagrama (ver Figura 5), que trata da educação musical propriamente dita, por meio das duas propostas: "resposta e compreensão", que se remetem especificamente ao entendimento musical, por meio de suas modalidades composição e performance.

Com esse modelo, apresenta-se uma importante alteração no modo de compreender a educação musical, passando-se do procedimento em linha – presente nos métodos Suzuki, Kodály e Willems, e menos veementemente nas demais abordagens estudadas (Dalcroze, Orff) – para o procedimento em rede, típico dos modos de conhecer da contemporaneidade. Outro indício dessa mudança, que pode ser considerada paradigmática, é a proposta de organização do trabalho em forma de projetos, que podem durar uma, duas ou mais aulas, a depender da complexidade da proposta e da atuação dos alunos envolvidos. Com essa exposição, fica claro que, em Paynter, a ênfase está na capacidade criadora do aluno e no conhecimento do material sonoro, princípio semelhante ao de Carl Orff, que também explora atitudes criativas dos alunos, levado, porém, agora, às últimas consequências, e alinhado aos procedimentos e à estética da música da contemporaneidade.

Uma citação de Paynter pode auxiliar na compreensão de sua filosofia e do propósito de suas propostas, mas, sobretudo, de uma tendência que se torna mais incisiva a partir da segunda metade do século XX: a necessidade de substituição dos métodos rígidos de trabalho por procedimentos em que temas estudados de maneira criativa conduzem a outros, o que permite a construção, pouco a pouco, de uma rede de relações, e é desse modo que se constroem o conhecimento e a experiência do sujeito.

> o que está sendo enfatizado aqui é uma visão de educação musical e não um método de ensino de música. Na verdade, esta é uma área em que os métodos devem ser esquecidos, porque são a antítese da mente criativa. Quando se descobre que se inventou um sistema para o ensino da composição, então é o momento de desistir dele! (Paynter, 1992, p.30)

Boris Porena

Da Itália, na década de 1960, surgem as propostas de um músico quase desconhecido entre nós, mas nem por isso menos importante, Boris Porena. Como nas propostas anteriores, os procedimentos sugeridos por Porena apontam para o desenvolvimento de uma escuta musical alinhada à música contemporânea e ao estímulo à criatividade de professor e aluno. Não se trata de um método, mas de uma coletânea de propostas, pensadas para um ou vários instrumentos, canto, orquestra, em que o foco da abordagem do fenômeno musical é o procedimento lúdico, como, aliás, o título de seu livro sugere: *Kindermusik* [*música para crianças*].

Porena dá poucas explicações de sua proposta, mas apresenta um vasto material, agrupado de acordo com diferentes tópicos e graus de dificuldade bastante variados. Para o autor, o professor é a chave para a aplicação de suas ideias, pois as propostas exigem dele uma constante atitude criativa, e os textos, mediação.

A maior parte dos materiais contidos em *Kindermusik*, tanto os constituídos por palavras quanto os constituídos por notas musicais, não podem ser transmitidos da maneira que estão, necessitando de mediação, que inclui, entre outras [funções], a "tradução" dos textos numa linguagem mais adequada ao grau de desenvolvimento geral e específico, individual e coletivo dos destinatários (Porena, s.d., p.124).

A ideia de mediação defendida por Porena aponta para a necessidade de formação específica do professor de música, só assim capaz de assumir a responsabilidade a ele conferida por Porena: a de coautor, capaz de responder pela execução do projeto. Para conhecer melhor a proposta de Porena, o sumário de *Kindermusik* pode ser mais elucidativo do que qualquer explicação:

> Jogos a dois
> Vogais/consoantes
> Dez materiais para mais de dois executantes
> Dez coordenações
> Dez encontros de percussão com ou sem intervenções estranhas
> Dez utilizações heterodoxas
> Dez projetos ambiciosos

As sessões são separadas umas das outras por interlúdios:

> ***Interlúdio I***
> Seis exercícios para a conquista progressiva do espaço diatônico
> Dez exercícios polirrítmicos
> Oito exercícios para a conquista progressiva do espaço cromático
>
> ***Interlúdio II*** – para quatro ou seis flautas doces e instrumento com trastes

Uma das obras, *Der wiedergewonnene kuckuck* [O cuco reconquistado], apresenta um interessante processo de composição, em que uma melodia é distribuída pontilhisticamente por muitas vozes e encoberta por notas que funcionam como uma espécie de cortina, impedindo sua identificação. A cada repetição, algumas das notas vão sendo abandonadas, a partir de alguns critérios previamente expostos pelo autor, até o momento em que a simples melodia se mostra, distribuída entre as partes.

Interlúdio III – dez cânones diversos
Entre eles, *Un'oca un'ombra* – peça coral a várias vozes
Três coros rituais

Interlúdio IV – dois contrapontos a três
Mottetto
Duas fuguetas pentafônicas

Interlúdio V
Para quatro violinos ou dois pianos
Para violino e violoncelo
Duas marchas
Micrometamorphosen para quatro instrumentos iguais

O que importa destacar nesse autor é semelhante ao que se viu nos outros autores examinados neste segmento, é a não linearidade de propostas, com aulas abertas, com caráter de "oficina", além da grande ênfase posta na criatividade, tanto do professor quanto dos alunos. Também aqui, a atuação se dá em procedimentos de rede e não em linha, como era comum nos mestres anteriores.

Murray Schafer

Na mesma via percorrida pelos três educadores apresentados, inserem-se as polêmicas ideias de Schafer, que acredita mais na qualidade da audição, na relação equilibrada entre homem e ambiente, e no estímulo à capacidade criativa do que em teorias da aprendizagem musical e métodos pedagógicos. Suas posições a respeito desse tema vêm sendo construídas há bastante tempo, desde a década de 1960, como resultado da própria prática e de suas reflexões a respeito das suas (nem sempre bem-sucedidas) experiências escolares durante a infância e a adolescência.

Via de regra, as ideias de Schafer ganham adeptos entusiastas, ao mesmo tempo que chocam as facções conservadoras, não pela prioridade que confere à escuta, ênfase encontrada nos mais consagrados educadores musicais deste século, mas pela pouca importância que dá ao ensino de teoria da música. Outra de suas posições polêmicas diz respeito ao repertório usualmente utilizado no ensino de música, pois, no seu entender, a criança, isenta de atitudes preconceituosas em geral encontradas entre os adultos, tem capacidade para apreciar tanto a música do passado quanto a de vanguarda, e deve ser estimulada a tomar contato com produções de vários estilos e épocas (Adams, 1983, p.22).

Quando jovem, Schafer participou do *Projeto John Adaskin*, no Canadá, que propunha trazer compositores para dentro da escola, com o duplo objetivo de estimular os estudantes a desenvolver habilidades criativas e motivar os compositores a escrever para crianças e adolescentes. A partir dessa experiência, Schafer teve oportunidade de testar suas ideias na área da educação musical. Observando os alunos das escolas canadenses em que esteve durante o projeto, Schafer percebeu que o foco do ensino de música continuava centrado na leitura e na memorização, sendo que raramente eram levados a criar ou estimulados a ouvir o que eles ou outras pessoas tocavam ou cantavam, a despeito das inovações que surgiam no âmbito da produção artística contemporânea.

Com Schafer, o treinamento e as regras rígidas são substituídos por propostas destinadas a estimular os estudantes na busca de respostas às questões que ele lhes propõe, favorecendo, assim, o diálogo aberto e a discussão. Embora, ao contrário de Paynter e Self, Schafer nunca tenha lecionado em escolas, a não ser em projetos esporádicos, em que seus contatos com os alunos foram de curta duração, ele logo descobriu a boa relação que mantém com crianças e jovens, o que o levou a desenvolver técnicas de trabalho inovadoras, que lhe conferiram uma firme reputação e fama internacional na área da educação musical, apesar de que, como ele próprio afirma, "não haja evidência de que tenham tido um real impacto no Canadá" (Schafer, comunicação pessoal, apud Adams, 1983, p.22).

As atividades que Schafer propõe podem ser executadas dentro ou fora da sala de aula, com grupos de qualquer faixa etária e com ênfase no som ambiental. Essas atividades tanto podem ser utilizadas dentro do currículo específico de música como em atividades extraclasse ou mesmo fora da escola, e funcionam como uma espécie de "guerrilha" cultural, para lembrar uma expressão de Umberto Eco,[4] na qual brincar com sons, montar e desmontar sonoridades, descobrir, criar, organizar, juntar, separar e reunir são fontes de prazer e levam à compreensão do mundo por critérios sonoros.

Schafer não está preocupado com o ensino sistemático de música, com a aplicação de técnicas específicas à formação de instrumentistas ou cantores, tampouco quer desenvolver e sistematizar procedimentos metodológicos para uso nesta ou naquela instituição de ensino. O que o mobiliza é o despertar de uma nova maneira de ser e estar no mundo, caracterizada pela mudança de consciência. Essa postura, já divisada em seus trabalhos nas décadas de 1960 e 1970, vai se evidenciar cada vez mais no decorrer dos anos, pelo seu compromisso com a ecologia, de modo geral, e com a ecologia sonora em especial. Seus princípios, ideias e sugestões encontram-se agrupados em vários livros, dois dos quais estão traduzidos para o português: *O ouvido pensante* (1991b) e *A afinação do mundo* (2001).

Educação sonora

Por tudo o que foi dito até agora, o trabalho de Murray Schafer seria mais bem classificado como educação sonora do que pro-

---

4 Umberto Eco, ao tratar das formas de controle da mensagem por parte da população, diz que "as formas não industriais de comunicação podem tornar-se as formas de uma futura 'guerrilha de comunicação': a contínua correção de perspectivas, a interpretação sempre renovada das mensagens", como modos de reintroduzir a dimensão crítica na recepção passiva (Eco, 1984, p.173-5). Como se pode ver, também quanto a esse aspecto suas posições não estão distantes das assumidas por Schafer.

priamente educação musical, termo, em certa medida, comprometido com procedimentos, escolas e métodos de ensino. O que ele propõe deveria anteceder e permear o ensino da música, por promover um despertar para o universo sonoro, por meio de ações muito simples, capazes de modificar substancialmente a relação ser humano/ambiente sonoro.

O nome proposto não é casual. Em 1991, Schafer iniciou o projeto de um texto a respeito do que chamou *educação sonora*. Maior do que seu envolvimento com questões musicais, esse texto revela seu comprometimento com uma antiga ideia: a qualidade da escuta; por meio dela, seria possível a cada comunidade avaliar criticamente o ambiente acústico em que vive e propor soluções para a melhoria de sua qualidade. Schafer acredita que é preciso voltar aos exercícios simples, básicos, de audição, para que a capacidade auditiva, tão prejudicada pelo aumento indiscriminado de ruído e pelas condições da vida moderna, recupere sua plena capacidade. Dessa ideia, surgiu *A sound education*, publicado no Japão em 1991 e no Canadá em 1992. Em 1994, foi traduzido para o espanhol, em edição argentina, sob o título *Hacia una educación sonora*.

Ao visitar a América do Sul a partir de 1990, quando ministrou aulas em várias cidades do Brasil e da Argentina, Schafer propôs aos alunos de seus cursos uma série de exercícios, concebidos com o intuito de atingir a mesma finalidade. Schafer acredita que a América Latina, de modo geral, tem sido muito receptiva às suas ideias, mais do que seu próprio país. Segundo ele, isso se deve à criatividade dos latino-americanos, aliada a um menor compromisso com a tradição musical europeia; ao menos, diz ele, foi o que pôde observar nas comunidades com as quais tem trabalhado.

Novos materiais

Enquanto a "primeira geração" de educadores preocupou-se em fazer a criança desenvolver habilidades de escuta, incentivou o movimento corporal e trabalhou suas habilidades de intérprete, como cantores ou instrumentistas, na segunda parte do século XX a preocupação deslocou-se do âmbito da performance para o da composição. Essa tendência provocou a necessidade de exploração de formas alternativas de notação musical, bem próximas dos modos de notação contemporâneos.

Na segunda metade do século, pode ser identificado um grupo de compositores preocupados em fornecer a alunos, com pouca ou nenhuma experiência em escrita tradicional de música, obras especialmente planejadas para serem executadas em sala de aula, que não exigem conhecimento de teoria da música ou habilidades em performance para que sejam realizadas. O pressuposto é o mesmo das linhas experimentais de composição que incentivam a exploração de sonoridades, prescindindo, porém, de conhecimentos técnicos, que poderiam afastar essas obras do cotidiano dos alunos e professores de música nas escolas de educação geral ou especializada.

Alguns desses materiais serão examinados neste segmento, como alternativas possíveis ao educador. O primeiro deles é uma coleção de pequenas obras musicais para serem executadas coletivamente, em sala de aula. Esse material denomina-se *Jeunes musiques: Collection de partitions de musique contemporaine* e é editado pela Universal Éditions, na Áustria. A coleção foi organizada no Centre de Formation de Musiciens Intervenants à l'École, da Universidade de Ciências Humanas de Estrasburgo, por Victor Flusser, brasileiro radicado na França, e coeditada pelo Institut de Pedagogie Musicale et Choreographique de la Cité de la Musique, em Paris. A coleção reúne, em dois volumes, materiais dos compositores David Bedford, Alan Brett, Brian Dennis, George Self, Howard Skempton, Murray Schafer, Bernard Rands, Elizabeth Flusser e Heinz Kratchwill.

A maior parte das peças é escrita para instrumentos variados. Os compositores permitem adaptações para abrigar materiais disponíveis nas escolas; eles especificam, nas peças: voz e instrumento melódico, instrumentos de altura não determinada, instrumentos de sopro e/ou cordas, voz e mão, ou instrumentos *ad libitum*. Alguns são um pouco mais específicos, como peça para piano preparado e percussão, ou coro e instrumentos metálicos. Não há muito mais a falar do material, pois ele segue os mesmos princípios já abordados no segmento dedicado à segunda geração de compositores musicais.

Pelo fato de serem utilizados sistemas de notação não convencional, as partituras trazem uma bula, em que se explicam os procedimentos de execução e os significados dos sinais. Alguns exemplos, retirados das próprias partituras, podem elucidar o leitor a respeito da escrita, maneiras de execução e aplicação em sala de aula.

Palette de timbres nº 2

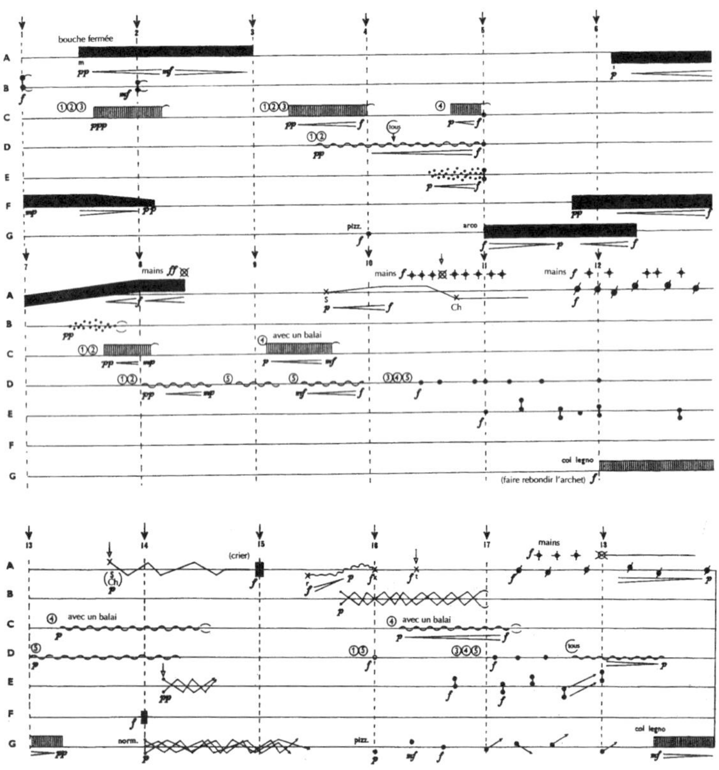

Figura 6 – *Palette de timbres 2*, de Bernard Rands (1968, in Flusser, 1996).

Seu autor, Bernard Rands, propõe que a peça seja executada por voz, mãos, cordas, instrumentos melódicos e percussão. "Voz" é, na realidade, a exploração do espaço bucal como fonte sonora: timbres fechados e abertos, uso dos lábios e da língua, exploração de fonemas, como *s, ch, r*. A proposta estende-se para as possibilidades das mãos: batimento dos dedos, aplausos, palmas. As crianças e jovens são postos em contato com um tipo de notação gráfica, fácil de ser compreendido pela leitura da bula, na partitura. Não há necessidade de grande desenvoltura técnica. Com essas características, o material é adequado tanto a escolas de música quanto a escolas não especializadas. As propostas, criativas e instigantes, têm a capacidade de mobilizar rapidamente os estudantes. A marcação de tempo é feita em segundos, havendo necessidade de um regente com um cronômetro para orientar as mudanças de atividade propostas, a cada linha vertical pontilhada.

Outros exemplos partem de critérios semelhantes aos apontados:

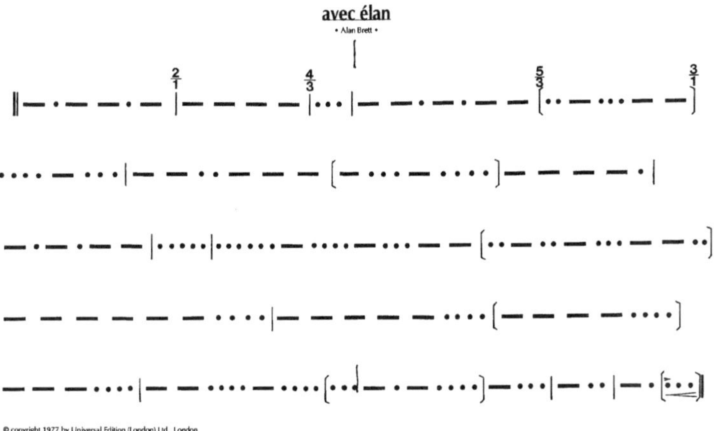

Figura 7 – Avec élan, de Alan Brett (1977, in Flusser, 1996).

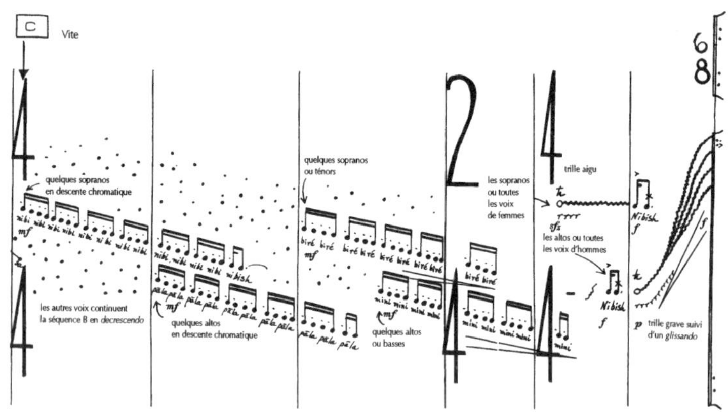

Figura 8 – *Miniwanka*, de Murray Schafer (1973, in Flusser, 1996).

Educação musical e canto coral

Além das propostas já expostas, que priorizam o corpo e o movimento, que se dedicam à preparação instrumental ou enfatizam a criação musical, há, ainda, outro veio importante na pedagogia musical do século XX: o canto coral. O canto coletivo tem estado presente nas manifestações musicais das mais diversas culturas, desde tempos imemoriais até os dias de hoje. Recurso preferido por Kodály em seu método de musicalização, é um excelente meio para a prática musical coletiva, até mesmo economicamente, pois cada criança traz em si seu próprio instrumento – a voz. Além da econômica há, certamente, outras vantagens em seu emprego.

São muitos os especialistas em coral infantil e juvenil em todo o mundo que têm dado importantes subsídios para o incremento dessa prática entre nós. Entre eles podem-se citar o maestro Henry Leck e a regente Mary Goetze, ambos da Universidade de Bloomington, Indianápolis, Estados Unidos, que desenvolvem trabalhos interessantíssimos na área de canto coral com crianças e jovens. Ambos estiveram no Brasil, ministrando cursos para professores e regentes de coral infantil.

Outra personalidade importante nessa área é Doreen Rao, regente americana radicada há alguns anos no Canadá e autora de importante trabalho de orientação a professores e regentes de canto coral.

Doreen Rao parte do mesmo princípio defendido por Zoltán Kodály e Suzuki, de que as crianças podem executar música com excelência, pois sua voz e sentimentos são tão profundos que lhes permitem enfrentar qualquer desafio artístico, não importando a dificuldade da tarefa. Esse é o conceito sobre o qual erige seu trabalho, explorando a arte, o fazer musical e o desenvolvimento das faculdades artísticas da criança. O entendimento dessa abordagem é essencial; via de regra, busca-se atingir, em educação musical, objetivos educacionais, e, uma vez alcançados, escola, professores, pais e os próprios alunos sentem-se satisfeitos e não cogitam ir além desse ponto. Rao demonstra que, embora atingir metas educacionais seja importante, isso não é suficiente, pois a criança precisa desenvolver-se artisticamente, e essa tarefa cabe ao professor: transcender o educativo, para chegar à excelência artística.

Rao fundamenta sua proposta de trabalho em filósofos contemporâneos, trazendo-os para a prática cotidiana e defendendo a ideia de que é necessário que a educação musical se apoie nesse tipo de conhecimento para obter o suporte necessário a uma educação musical de qualidade, isto é, que contemple as facetas educacional, técnica e artística. Rao ampara seus argumentos em Bennett Reimer, Suzanne Langer, Jerome Bruner, Piaget, Harold Blum e Murray Schafer. Em primeiro lugar, faz uma revisão dos filósofos que entendem a música como símbolo do sentimento humano. Segundo eles, as qualidades da música são semelhantes aos sentimentos humanos, e organizações musicais, como ritmo, melodia, harmonia, textura e dinâmica, formam como que uma estrutura fluida que se apresenta em constante mutação, podendo ser identificada com o corpo e a mente humanos, que também se apresentam, por sua vez, como estruturas em permanente mutação durante o tempo de vida.

Outros modos de compreensão da música são citados pela autora, como expressão direta da realidade (Clifton, 1983, apud Rao, 1987, p.4), ou traduzidos em experiências corporais e sensoriais e, portanto, não conceituais. Nesse entendimento, a música relaciona-se diretamente ao corpo e ao movimento, como gesto corporal holístico e, por isso, pertinente a todas as culturas.

Embora haja alguma diferença entre as três maneiras de entender a música – como símbolo do sentimento, como expressão do real ou como expressão sensorial –, em todas elas o sentimento pertence à experiência musical e dela não pode se afastar, sendo o que distingue a música de outros afazeres. Dentro dessa compreensão, não seria possível pensar sem que o sentimento estivesse permeando o próprio ato de pensar. Nenhuma ação pode ser dissociada do sentimento, e é por isso que a música é particularmente importante para o ser humano, pois sua similaridade com o sentimento torna a experiência imediata e profunda.

Demonstrando conhecer a teoria de estágios do desenvolvimento de Piaget, Rao prefere, no entanto, o modelo gestáltico de Bruner, segundo o qual o desenvolvimento cognitivo está relacionado com o aprender a pensar, enquanto o desenvolvimento afetivo relaciona-se com o aprender a sentir. Pelo primeiro, a criança desenvolveria seu raciocínio, e, pelo segundo, aprenderia a tomar decisões e a emitir julgamentos, modo de compreensão que, novamente, separa pensamento e sentimento, em contradição ao que diz Rao, acerca da impossibilidade de separar sentimento do pensamento. Para Rao, embora a experiência artística contribua para o desenvolvimento de habilidades cognitivas, é um meio especialmente direto de "educar os sentimentos".

Esse ponto de vista aproxima-se do que diz Reimer em seu livro *A philosophy of music education* (1970), que pode dar margem a dúvidas ou estranheza, pois, afinal, como foi comentado no capítulo anterior, se o sentir nem sempre pertence à esfera do consciente, como se poderia falar em "educar o sentimento"? Essa questão, porém, não é tratada por Reimer ou Rao, podendo-se apenas supor que os autores acreditam que a experiência musical, ao lidar com as estruturas musicais de maneira organizada, e sendo estas estruturas consideradas semelhantes aos conteúdos emocionais da psique, auxiliaria a ordenação de sentimentos, o que permitiria que o sujeito os percebesse com maior clareza, conseguindo, assim, lidar melhor com eles. Essa questão, porém, não está elucidada nos textos estudados e permanece em aberto. O que se pode dizer é que a experiência musical de qualidade atinge profundamente o ser humano e amplia suas experiências de vida.

Outro ponto abordado por Rao é o da multiculturalidade, questão atual desde que a aproximação entre culturas tem se constituído em fenômeno mundial. Até recentemente, principalmente no hemisfério norte, os referenciais musicais, bem como as informações relacionadas ao desenvolvimento artístico da criança, provinham das culturas ocidentais. Recentes pesquisas em culturas não ocidentais mostraram ao Ocidente uma nova perspectiva, não orientada pelo produto final, mas pelo processo. Nas culturas africanas, diz ela, todos são considerados musicalmente proficientes. E se, porventura, uma criança é mais lenta do que outras no aprendizado da música, ela não é considerada não musical pelo grupo, mas apenas menos rápida do que as outras crianças. Nessas culturas, tem valor a tradição, e a aprendizagem se dá pela imitação de um mestre ou grupo de mestres. O conceito de educação de Suzuki é semelhante, lembra Doreen, pois, para ele, qualquer criança pode aprender música.

Princípios

A voz infantil se desenvolve pela prática e a repetição é um fator fundamental. Daí a importância de que lhe seja oferecido um modelo vocal de qualidade, pois é a partir dele que sua voz se desenvolverá. No trabalho técnico de descobrimento da voz, Rao destaca a importância da dicção para as crianças, para que elas tenham acesso ao amplo espectro da literatura musical mundial. Segundo Rao, a criança só atingirá excelência artística se posta em contato com obras de qualidade desde o início do trabalho. É uma ilusão fazer que as crianças cantem apenas materiais "digeríveis" até que surja o "momento propício" para introduzi-las na literatura musical. No seu entender, a criança deve ter contato com a literatura musical desde cedo, pois somente assim sua musicalidade se desenvolverá com tranquilidade e sem sobressaltos.

O trabalho técnico está integrado ao musical; Rao não vê sentido em trabalhar técnica vocal separadamente do contexto; ao contrário, a técnica vocal é aplicada diretamente ao repertório e serve para facilitar passagens difíceis, dar autonomia aos músculos e apoio às necessidades expressivas da música. O canto expressivo precisa de uma boa técnica vocal; as crianças são intuitivamente musicais e compreendem sem dificuldade o desenvolvimento de uma frase musical, assim como percebem as tensões e os repousos da obra. Isso se dá de modo integrado, pois o som e a sensação da voz cantada conduzem a atenção para a música. Como a voz é um fenômeno físico, a sensação é localizada e permite uma relação direta com a música, possibilitando o desenvolvimento da potencialidade musical do aluno e o envolvimento estético com a obra.

Esse é um ponto em que Rao insiste: a criança desenvolve sua capacidade artística quando exercita sua imaginação mental e motora por meio da ação específica do canto coral. A atividade ultrapassa o âmbito do ensino/aprendizagem e torna-se artística quando, apoiado em sua habilidade e compreensão, o aluno é capaz de tomar decisões no que diz respeito ao som e à forma enquanto executa a obra. É essa síntese entre fazer, sentir e pensar, ocorrendo mutuamente no próprio fluxo musical, que permite a ultrapassagem do aspecto educacional e a revelação do artístico, potencialmente presente em todo ser humano.

Últimas considerações

Embora de modo algum a questão tenha se esgotado, esta exposição auxilia a reflexão a respeito da questão primeira deste trabalho: a identificação, no correr da história e em diferentes locais e contextos, da natureza e do valor da música e da educação musical. Ter-se-á notado que o material discutido nestes capítulos é europeu ou americano, nada havendo sido exposto com referência a outras culturas. Isso ocorreu por duas razões. A primeira é que o conhecimento disponível em música e em educação musical tem inegável influência dos países do hemisfério norte, não podendo essa influência ser descartada ou ignorada. A tradição de pesquisa e experimentação sistemáticas nos vêm desses países e são incorporadas aos nossos próprios processos de pesquisar e fazer. O modelo de pós-graduação brasileiro é americano, e isso se reflete na própria bibliografia a que se tem acesso. Contudo, apesar da inegável influência, o conhecimento dessa bibliografia é ainda pequeno, motivo pelo qual julga-se importante, e mesmo imprescindível, a revisão de literatura.

No entanto, existe um corpo considerável de propostas em educação musical em países latino-americanos, como México (Cesar Tort), Argentina (Violeta Gainza, Judith Akoski, Silvia Malbrán, Silvia Furnó, entre outros), Venezuela (Programa Nacional de Orquestras), Colômbia (Programa Nacional de Educação Musical nas Escolas), Costa Rica (Programa Nacional de Orquestras). O que ocorre nos países latino-americanos merece pesquisa aprofundada para que se conheça o trabalho; ao considerá-los, o Brasil avançará na questão do estabelecimento do perfil de sua educação musical, delineando melhor sua identidade. Esse é um campo ainda não suficientemente explorado, que traz fortes indícios de atividade intensa em desenvolvimento e encontra-se à espera de pesquisa específica, que pode ser desenvolvida pelo segmento brasileiro do Fadem (Foro Latinoamericano de Educación Musical), idealizado por Violeta Hemsy de Gainza, notável educadora musical da Argentina.

No que se refere ao Brasil, a pesquisa acadêmica em educação musical, embora recente, já tem trazido frutos. A Abem (Associação Brasileira de Educação Musical), fundada em 1990, tem desempenhado importante papel na divulgação da pesquisa da área em todo território nacional, com seus Encontros Anuais e publicação de anais, revistas e livros. Existem, ainda, no mercado editorial, alguns livros e manuais de divulgação bastante úteis ao professor, por apresentarem atividades práticas a serem desenvolvidas em sala de aula, mas estes são em número insuficiente em relação à demanda. No entanto, incorre em erro grave quem pensar que no Brasil ou na América Latina a atividade em educação musical é pequena ou incipiente. Essa atividade existe, é forte e tem características marcantes, que não podem ser ignoradas. Isso nos conduz ao segundo motivo de ter-se circunscrito os relatos a experiências realizadas nos países do hemisfério norte: a consciência de que as questões específicas da educação musical brasileira devem ocupar um lugar especial neste livro, por exigir lentes especiais para serem compreendidas em relação aos nossos próprios problemas. No mesmo espaço, ocupar-se-á de experiências desenvolvidas em países vizinhos, sempre que se identificar, na problemática que levantam, similaridades com nossas próprias questões.

3
Desenredando a trama da música na escola brasileira

E do outro lado do rio andavam muitos deles dançando e folgando, uns diante dos outros, sem se tomarem as mãos. E faziam-no bem. Passou-se, então, além do rio, Diogo Dias, que fora tesoureiro da Casa Real, o qual é homem agradável e divertido. Levou consigo um gaiteiro nosso com sua gaita e logo meteu-se com eles a dançar, tomando-os pelas mãos, e eles folgavam e riam e o acompanhavam muito bem ao som da gaita.

Pero Vaz de Caminha,
Carta do achamento do Brasil

Vivemos, no Brasil, um momento importante na Educação, pois, desde a promulgação da Lei de Diretrizes e Bases da Educação Nacional n. 9.394/96, no final de 1996, o país vem se preparando para, mais uma vez, adotar novas condutas educacionais. No que diz respeito à música, abre-se, portanto, espaço para que se discuta o que é educação musical e o que pode ou não ser apropriado para a área nas escolas brasileiras. Essa discussão contempla tanto as classes de educação infantil (crianças de 0 a 6 anos de idade) quanto as de ensino fundamental (1º a 9º anos) e médio (colegial), além dos cursos técnicos e superiores, de graduação e pós-graduação. Surgem, assim, dúvidas e inquietações, às quais se juntam expectativas e esperanças quanto aos possíveis rumos a serem tomados pela música nos próximos anos; com esse clima, aflora a necessidade de fortalecer, ou mesmo de estabelecer, a identidade da disciplina e do professor de música. Como parte dessa tarefa, é preciso lançar um olhar ao passado, pois conhecermos *quem fomos* pode contribuir para compreendermos *quem somos e quem pretendemos ser*.

Olhando a história

Quando, após o descobrimento, para cá vieram os jesuítas, primeiros educadores do país, estes trouxeram valores e práticas que iriam exercer grande influência no conceito de educação no Brasil; era inevitável que esses valores e práticas influenciassem, também, a educação musical brasileira. Na ação jesuítica, desde os primeiros tempos no Brasil, duas características podem ser imediatamente percebidas: o rigor metodológico de uma ordem de inspiração militar e a imposição da cultura lusitana, que desconsiderava a cultura e os valores locais, substituindo-os pelos da pátria portuguesa. Quem teve oportunidade de assistir ao filme *A missão* deve lembrar-se da orquestra europeia formada por meninos índios, que retrata muito bem essa condição. Lembre-se de que o Brasil foi descoberto no século XVI e, assim, acompanhava os fenômenos europeus ligados às experiências de escolarização relatados anteriormente.

A ordem jesuítica foi fundada por Inácio de Loyola, nobre militar que viveu no século XVI e que, após passar por experiências de conversão, fundou a Companhia de Jesus, de caráter viril, determinado e de inspiração militar, pragmaticamente voltado para o trabalho e a obediência aos superiores hierárquicos. Os *Exercícios espirituais* (1534/1990) de Loyola apresentam os seguintes preceitos básicos: programação minuciosa das tarefas do dia, estabelecimento de objetivos e metas, recordação do programado no dia anterior e comparação com o efetivamente realizado, no caso, tratando de exercícios espirituais, mas facilmente transposto para outras áreas. Há, nos *Exercícios*, um conjunto de regras que cobre todas as esferas da atividade humana: regras para desenvolver a imaginação, regras para dar esmolas, inclusive regras para "sentir" adequadamente... É o controle absoluto do psiquismo humano. As regras apontadas nos *Exercícios espirituais* de Loyola, contraditoriamente, pregam, além da obediência à hierarquia e do controle da vontade, a independência do pensamento. Aprendia-se pela prática exaustiva, mediante exercícios que evoluíam do simples para o complexo, o que permitia que o domínio de determinada disciplina ou atividade fosse, aos poucos, se instaurando. Foi dentro desses princípios racionais e metodológicos que, provavelmente, se instalou, no Brasil, a primeira proposta pedagógica em educação musical, em que os curumins das missões católicas eram treinados e aprendiam música e autos europeus.

Durante o período colonial, a situação pouco mudou: a educação musical, assim como a educação geral, estava diretamente vinculada à Igreja e, portanto, estreitamente ligada às formas e ao repertório europeus, e a preceitos básicos de organização e ordenação de conteúdos, que evoluíam dos mais simples aos mais complexos e que se utilizavam de repetições, memorizações e averiguações de aprendizado. É preciso que se diga que, então, o ensino da música se dava pela prática musical e pelo canto. Não havia o conceito de educação musical tal como o compreendemos hoje e, nesse sentido, esta estava ligada ao mesmo modo europeu de promover a educação e a prática musical nas igrejas, conventos e colégios.

No período iniciado com a vinda da família real de Portugal ao Brasil, em 1808, fugindo do exército de Napoleão Bonaparte, a situação mudou, pois a música, até então restrita à Igreja, estendeu-se aos teatros, que costumavam receber companhias estrangeiras de óperas, operetas e zarzuelas. Mas quase não há referências à maneira pela qual o ensino da música se dava, a não ser quanto ao repertório, predominantemente europeu. Pode-se supor, portanto, que as regras de ensino da música não tivessem sofrido alterações significativas, permanecendo presas aos mesmos valores citados: métodos progressivos, grande ênfase na memorização e confronto entre objetivos propostos e metas alcançadas. Ao mesmo tempo, firmava-se no país a prática informal da música popular, que não se moldava pelo conjunto de regras disciplinares de inspiração pragmática ou jesuítica, mas se constituía de maneira espontânea, valorizando a habilidade instrumental e a improvisação.

Embora haja registro de algumas atividades de música em escolas – a Escola de Santa Cruz, dos negros escravos, ou das desenvolvidas pelo padre José Maurício, mestre de capela do imperador e professor de música na escola –, foi somente em 1854 que se instituiu oficialmente o ensino da música nas escolas públicas brasileiras, por um decreto que ditava que o ensino deveria se processar em dois níveis: "noções de música" e "exercícios de canto", não explicitando, porém, nada mais do que isso. Um ano após a Proclamação da República, a 15 de novembro de 1889, foi dado outro passo em direção ao ensino da música na escola: pela primeira vez, passou-se a exigir, com o decreto federal n.981, de 28 de novembro de 1890, "formação especializada do professor de música" (Janibelli, 1971, p.41); a profissão começava a se estabelecer. A partir daí, podia-se prever seu desenvolvimento e fortalecimento, porém, não foi isso que ocorreu.

No século XX, algumas novidades contribuíram para dar novo alento à educação musical; o professor Anísio Teixeira, discípulo de John Dewey – cuja filosofia muito influenciaria a educação brasileira –, ao fazer a proposta da Escola Nova, trouxe ao Brasil as ideias de seu mestre, segundo as quais, a arte deveria ser retirada do pedestal em que se encontrava e colocada no centro da comunidade. Na escola, o ensino da música não deveria restringir-se a alguns talentosos, mas ser acessível a todos, contribuindo para a formação integral do ser humano. Assim, abria-se mais um espaço ao professor especialista, ainda não suficiente, no entanto, para lhe conferir estabilidade (Dewey, 1976, 1978; Barbosa, 1982).

No campo especializado do ensino da música surgiu, no Rio de Janeiro, o Conservatório Brasileiro de Música (1845); em São Paulo, foi fundado o Conservatório Dramático e Musical, na mesma rota dos então recentes conservatórios europeus e americanos, e que tinha em seu corpo docente muitos professores de formação humanística europeia, perfeitamente alinhados com o que lá se produzia e pensava; a esse respeito, consulte-se Candido (1929, v.2) os cursos de música do Conservatório nitidamente privilegiavam o ensino de instrumento, conforme o costume da época, pois durante muito tempo entendeu-se que *ensino de música* e *ensino de instrumento* eram sinônimos. Ao que parece, ainda dessa vez, os procedimentos praticamente não variavam: exercícios técnicos progressivos, repetição, memorização e formação de repertório. Somente mais tarde as ideias nacionalistas passaram a influenciar o Conservatório, principalmente em razão da atuação de um de seus professores, Mário de Andrade, que se revelou uma das principais cabeças pensantes do seu tempo. Até hoje, seus textos e o resgate do folclore brasileiro empreendido por Mário estão entre as mais importantes contribuições em favor da música brasileira.

No Instituto de Educação Caetano de Campos, considerado, à época, como modelo educacional brasileiro, as aulas de música tinham um teor bem diferente do que ocorria nas escolas especializadas, pois não era seu objetivo formar instrumentistas, mas permitir o acesso da população escolar à prática musical. Aplicava-se um método inspirado nas mais recentes descobertas científicas de então, como pode ser lido no livro *O ensino da música pelo método analítico*, de João Gomes Júnior e do maestro Gomes Cardim, publicado em São Paulo em 1926. Os autores baseavam sua proposta nas pesquisas de eminentes cientistas europeus, como Charcot, Brouillard, Broca, Boyer e Fourrier, para fundamentar seus estudos do desenvolvimento da linguagem musical, ligando-o ao desenvolvimento cerebral (Cardim & Gomes Jr., 1926, p.14). O cientificismo dominava a educação e os autores expunham com grande minúcia o papel do cérebro no aprendizado de uma língua, traçando paralelos com o aprendizado da música. No entanto, os exercícios práticos da segunda parte do livro demonstram a dicotomia entre a busca de pressupostos de natureza científica para o desenvolvimento da linguagem musical e a prática da música que, mais uma vez, se caracterizava por exercícios de solfejo sequenciais e repetitivos, não diferentes de tantos outros já muitas vezes mencionados, mostrando que as práticas de educação musical que se iniciavam no continente europeu àquela época não haviam ainda aqui chegado.

Um sopro novo chegara na década de 1920, com Mário de Andrade, que defendia, no bojo do movimento modernista, a função social da música e a importância e o valor do folclore e da música popular. A identidade brasileira começava a ganhar espaço entre os educadores musicais. Na mesma época, surgia a figura de Villa-Lobos, companheiro de Mário e figura importante do movimento, junto a Oswald de Andrade, Tarsila do Amaral e tantos outros. Um nome pouco citado nas revisões históricas desse período e que, no entanto, contribuiu decisivamente para o ensino da música nas escolas é o do maestro Fabiano Lozano, que defendia e praticava o canto coral com seus alunos. Dizem os que com ele privaram que seu trabalho teria inspirado Villa-Lobos, quando este propôs para São Paulo seu projeto educacional de canto coral para as escolas, que, mais tarde, se ampliaria para todo o país. Villa-Lobos, em pouco tempo, tornou-se um dos mais importantes nomes da educação musical no Brasil, ao instituir o canto orfeônico em todas as escolas públicas brasileiras. É interessante apontar em Villa-Lobos o que dois de seus alunos, Orlando Leite e Homero Magalhães,[1] observam: Villa-Lobos, em suas viagens à Europa, tinha conhecido os métodos ativos de educação musical e se encantara com a proposta de Kodály, achando-a perfeitamente adequada às escolas brasileiras. As características do método que chamaram a atenção de Villa-Lobos foram: o uso de material folclórico e popular da própria terra;

1 Orlando Leite é músico e ex-docente da Universidade de Brasília. Homero Magalhães, professor e pianista no Rio e em São Paulo, foi professor do Instituto de Artes da UNESP.

a ênfase no ensino da música por meio do canto coral, o que democratizava o acesso a essa arte; o uso do manossolfa – conjunto de sinais manuais destinados a exercitar a capacidade de solfejar dos alunos. Alguns professores eram tão hábeis nessa técnica manual que montavam coros a duas e três vozes apenas com os sinais de suas mãos. Villa-Lobos, portanto, identificava-se com Kodály e seu método revolucionário de caráter nacionalista. O nacionalismo era um fenômeno das nações marginais que reafirmavam sua identidade e buscavam reconhecimento. Não é difícil compreender por que a proposta encontrava terreno fértil no pensamento de Villa-Lobos.

No Brasil, as ideias nacionalistas provocavam o fortalecimento da identidade nacional; como os pesquisadores húngaros, os brasileiros embrenhavam-se pelos sertões e restingas, cruzavam rios e abriam caminho na mata; iam aos mais distantes lugarejos, buscando deles arrancar a alma brasileira, expressa na música, na dança e nas outras formas de arte. Ganhava *status* o folclore nacional. No entanto, ao contrário do que ocorrera no país que lhe servira de inspiração, não houve como imitar, aqui, o rigor do método húngaro.

Embora durante o governo Vargas fosse obrigatória, em todo o país (Brasil, 1946), a frequência dos professores de música aos cursos de formação, implantados a princípio na cidade do Rio de Janeiro e logo depois também em São Paulo, essa exigência logo se mostrou difícil – se não impossível – de ser cumprida por vários fatores, entre os quais, as dimensões gigantescas do Brasil e a ausência ou má qualidade das estradas, que dificultavam ou mesmo impediam deslocamentos. O canto orfeônico, embora inspirado em Kodály, dele diferia em seus modos de implantação. Os procedimentos básicos eram os mesmos, mas não havia rigor em sua aplicação. Ao contrário, a ênfase era colocada no incentivo à experiência musical, levada a um número impressionante de estudantes, que lotavam os estádios de futebol para cantar, em conjunto, música brasileira (Villa-Lobos, 1940, 1941). Se encontramos, entre os jesuítas, as bases do rigor metodológico que acompanha o ensino de instrumentos musicais, especialmente nas escolas especializadas, com Villa-Lobos temos a valorização dos grandes agrupamentos corais, a serviço da identidade musical brasileira, conquistada pelas pesquisas de campo e transmitida com agilidade às escolas. A vivência musical e o carisma de Villa-Lobos substituíam o rigor do método. Critica-se, com frequência, o envolvimento político dessas ações musicais, em que se enaltecia a figura do ditador e a pátria. Getúlio Vargas soubera, sem dúvida, compreender o poder da música para arregimentar massas e uni-las numa só marcação de tempo, e tirava partido disso; Villa-Lobos, por sua vez, via aí a oportunidade de fazer o Brasil todo cantar... (Fonterrada, 1991, p.25-8).

Na década de 1960, o canto orfeônico foi substituído pela educação musical, que não diferia profundamente da proposta anterior. Os professores de música, nas escolas, eram ainda praticamente os mesmos, e não havia flagrante antagonismo entre a nova proposta e a anterior, de Villa-Lobos. No entanto, ao lado do que ocorria na escola pública, ampliava-se o interesse de músicos brasileiros pela educação musical, o que contribuiu para seu desenvolvimento: Anita Guarnieri, Isolda Bacci Bruch, em São Paulo, Liddy Chiafarelli Mignone, dividindo-se entre duas cidades, Rio de Janeiro e São Paulo, além de Sá Pereira, Gazy de Sá, Lorenzo Fernandes, no Rio, e o casal Ernst e Maria Aparecida Mahle, em Piracicaba, apenas para citar alguns desses nomes. Esses professores eram herdeiros diretos dos educadores musicais que revolucionavam, desde o início do século XX, a educação musical europeia: Edgar Willems, Jacques Dalcroze, Carl Orff e Zoltán Kodály que, não obstante as diferenças existentes entre as propostas, objetivos e procedimentos metodológicos de cada abordagem, tinham em comum a desvinculação da aula de música do ensino de instrumento, o incentivo à prática musical, o uso do corpo e a ênfase no desenvolvimento da percepção auditiva. Embora em ampla sintonia com o que ocorria na educação musical mundial, os educadores brasileiros citados trabalhavam em escolas especializadas de música, atingindo o ensino público apenas indiretamente. Este muito pouco mudara em relação à música, mesmo após a substituição do Canto Orfeônico pela Educação Musical em 1964.

Hans Joachim Koellreutter

Aproximadamente na mesma época em que Mário de Andrade defendia a prática da música brasileira e os princípios nacionalistas, e Villa-Lobos punha em prática o Canto Orfeônico, primeiro no Estado do Rio de Janeiro e, mais tarde, em âmbito federal, chegava ao Brasil, em 1937, o professor Hans Joachim Koellreutter, trazendo para cá, pela primeira vez na história da música brasileira, os procedimentos da música nova. Quanto à educação musical, Koellreutter trouxe ideias frescas, que refletiam a nova postura diante da arte contemporânea, e abriu um campo voltado à pesquisa e à experimentação.

> A ideia surgiu do desejo meu de servir o país que tão generosamente me acolheu, contribuindo para o desenvolvimento da cultura musical brasileira, trazendo um máximo de informação cultural e difundindo e divulgando obras aqui desconhecidas ou pouco conhecidas. (Koellreutter, 1981, p.8-10)

Ex-aluno de Paul Hindemith e diplomado pela Escola Estadual de Berlim e pelo Conservatório Musical de Genebra, desde que aqui chegou exerceu grande influência sobre várias gerações de músicos brasileiros. Sob sua orientação, as propostas para o ensino de música no Brasil ganharam nova dimensão, com ênfase no aprofundamento das questões musicais e no desenvolvimento de processos criativos. Era a cultura musical universal que chegava ao Brasil por suas mãos. Infelizmente, em âmbito restrito: na Pró-Arte do Rio de Janeiro, nos cursos internacionais de férias de Teresópolis, nos seminários de Música Pró-Arte, em São Paulo, em sua escola sucursal, em Piracicaba, na Escola de Música da Universidade Federal da Bahia, em Salvador, e, um pouco mais tarde, em Fortaleza. Dessas experiências pedagógicas saíram propostas de oficinas de música, ligadas à criação musical e estudos do som (em muito semelhantes aos procedimentos dos educadores/compositores), aliadas a uma formação profunda e tradicional do músico, que tinha que conhecer tanto os mestres do passado quanto os mais atuais, ampliando sua cultura musical.

Levando-se em conta as dimensões do país, ver-se-á que era pequeno o âmbito dessa atuação, tanto em escolas de música e conservatórios quanto na educação geral. Não se diminua, no entanto, a importância do mestre baseando-se na difusão de sua atuação, pois, se não quantitativamente, é incontestável sua importância em termos qualitativos, ainda hoje sentida e usufruída por alunos e ex-alunos. Na verdade, Koellreutter tinha uma capacidade enorme de enxergar e sentir as modificações pelas quais o mundo passava e, do mesmo modo que antecipou a importância da vanguarda, anteviu a era da informação, o advento das mídias e o papel da música popular na cultura brasileira, numa época em que dificilmente se encontrava um músico de formação clássica aderindo a essas questões. Por sua longa e profunda atuação em solo brasileiro, Koellreutter tornou-se um dos nomes mais importantes da educação musical no Brasil, não tendo apenas ensinado e congregado um grande número de alunos à sua volta, mas também captado as grandes mudanças paradigmáticas que influenciaram a maneira de encarar a educação musical e questionar seu valor.

Koellreutter sempre incentivou a capacidade criativa e ensinava seus alunos a duvidar de tudo, a ampliar seu leque de escuta, a improvisar e a criar. Essas aulas criativas, porém, não eram redutos em que se podia fazer o que se entendesse. Para Koellreutter, uma improvisação tem de ser muito preparada, discutida, estruturada, caso contrário, pode-se cair na experimentação desprovida de sentido.[2] Por sua postura, de proporcionar aos alunos pretextos para a exploração e criação sonoras, alinha-se

2 Leia-se, a respeito desse educador, três importantes publicações: a revista *Caderno de Estudos: Educação Musical*, em número especial que focaliza Koellreutter, organizado por Carlos Kater (1997), o livro do mesmo autor, *Música viva e H. J. Koellreutter* (2001), e *Koellreutter educador*, de Teca Alencar Brito (2001), que resgatam o papel de Koellreutter como educador, o que, sem dúvida, interessa de perto a este trabalho.

aos educadores musicais da chamada segunda geração, como Paynter, Schafer, Self e Porena, entre outros.

O curso de formação de professores de música

Na década de 1960 foi criado pela Comissão Estadual de Música, àquela época subordinada à Secretaria de Estado dos Negócios do Governo, o Curso de Formação de Professores de Música. Os alunos submeteram-se a uma prova de seleção para preencher as dez vagas da capital e vinte do interior do estado. Aos alunos do interior eram oferecidas bolsas de estudo, para poderem manter-se na capital. Investia-se na formação musical do professor de música e os alunos tinham oportunidade de estudar com significativos nomes da música que atuavam, àquela época, em São Paulo, como o maestro Roberto Schnorrenberg, Osvaldo Lacerda, Cyro José Monteiro Brisolla, Diogo Pacheco e Klaus Dieter Wolf. A ênfase do curso era na formação do músico, pois acreditava-se que, sem ser músico, seria impossível ser educador musical (Brisolla, 1960). No entanto, não se conseguiu a legalização do curso, o que o impediu de prosseguir; só houve uma turma que, após quase quatro anos, de 1960 a 1963, não conseguiu obter nem ao menos um diploma... O interessante a destacar é que muitos dos alunos desse grupo tornaram-se músicos atuantes no cenário musical paulistano e brasileiro: Alexandre Paschoal, Benito Juarez, Claudio de Brito, David Machado, Elizabeth Rangel Pinheiro, Norma e Filipe Silvestre, Maria Lúcia Machado Paschoal, Paulo Herculano, Samuel Kerr e, entre eles, a autora do presente trabalho.

Novos rumos: a educação musical sob suspeita

Em 1971 houve uma grande reviravolta no ensino da música nas escolas, com a promulgação da lei n.5692/71. Desde sua implantação, o ensino de música passou, e ainda vem passando, por inúmeras vicissitudes, perdendo seu espaço na escola, pois a citada lei extinguiu a disciplina educação musical do sistema educacional brasileiro, substituindo-a pela atividade da educação artística. Note-se a expressão utilizada: *a disciplina substituída pela atividade*. Ao negar-lhe a condição de disciplina e colocá-la com outras áreas de expressão, o governo estava contribuindo para o enfraquecimento e quase total aniquilamento do ensino de música; os cursos superiores de educação artística surgiram em 1974, um pouco depois da promulgação da lei, e tinham caráter polivalente. Hoje, passados tantos anos, ainda se sentem os efeitos dessa lei, não obstante os esforços de muitos educadores musicais para fortalecer a área. Os princípios da educação artística afastam-se do rigor da chamada *educação tradicional*, colocando ênfase no processo sobre o produto, valorizando a sensibilização e a improvisação, rejeitando o ensino de regras de conduta, memorizações, enfim, os usuais procedimentos de ensino da música. O professor de educação artística tinha formação polivalente, isto é, devia dominar quatro áreas de expressão artística – música, teatro, artes plásticas e desenho substituído mais tarde pela dança. No início, a duração do curso era de dois ou três anos, para obtenção, respectivamente, das licenciaturas curta e longa. O resultado era a colocação, no mercado, de professores de arte com grandes lacunas em sua formação, entre outras coisas, pelo fato de terem que dominar, em tão curto tempo, quatro diferentes áreas artísticas, o que, certamente, impedia o aprofundamento em qualquer uma delas.

O discurso da educação artística amparava-se no conceito modernista (ampliação do universo sonoro, expressão musical comprometida com a prática e a livre experimentação); além disso, pode-se creditar a esse tipo de experiência o incentivo à liberação de emoções, a valorização do folclore e da música popular brasileira, além da interpenetração das diferentes linguagens artísticas. Note-se que o discurso que ampara a proposta não está distante das iniciativas experimentais de educação musical (Self, Paynter, Schafer, Porena), porém, a aproximação se dá apenas como postura ideológica. Desconhece-se, aqui, o trabalho desses educadores, e o professor de música das escolas não sabe muito bem o que fazer para proporcionar experiências criativas em música. Via de regra, essa linha caracterizava-se pela ausência de planejamento das aulas, que se desenvolviam a partir da escolha de atividades pelos alunos, que transitavam aleatoriamente pelas diferentes áreas. O espontaneísmo da proposta substituía o cientificismo do início do século XX e o ufanismo da fase nacionalista. O improviso substituía o rigor do método. No entanto, não era uma técnica a ser desenvolvida e dominada, mas um procedimento comum a alunos e professores, que, confundindo espontaneidade com falta de planejamento e de perspectivas, aderiam ao fazer e à chamada expressão livre, num exercício de pseudoliberdade.

Nesse modelo, o interesse momentâneo determina os conteúdos a serem trabalhados. Não há ordenação ou sequências que rejam a escolha de procedimentos ou o repertório. Os professores operam com um mínimo de regras e têm, como preocupação maior, *não tolher a expressão de seus alunos*. Livre expressão é a palavra de ordem. Interessante observar que esse discurso libertário ocorria nas aulas de educação artística nas décadas de 1970 e 1980, justamente a época do governo militar. Parece que, nesse momento, a educação artística funcionava como válvula de escape, único espaço aberto, na escola, à liberdade de expressão, que, no entanto, não se constituía realmente – afinal, como fazê-lo? –, mas como simulacro.

E hoje, como é?

Ao contrário dos procedimentos vigentes nos cursos de educação artística nas décadas de 1970 e 1980, volta hoje a crença no método como meio de asseguramento de sucesso no ensino da música e, sem dúvida, a emergência dos cursos de pós-graduação em Artes e em Música contribuiu decisivamente para isso. Acredita-se que, tendo objetivos claros e precisos e uma metodologia adequada, serão alcançados bons resultados nas propostas. Para o leigo, a ciência é o reino das certezas, e os professores, com frequência, almejam a posse do conhecimento científico como maneira de superação de dúvidas e inseguranças. A bandeira brasileira ostenta o lema *Ordem e Progresso*, reafirmando a crença de Augusto Comte na organização e no método como maneira infalível de obter sucesso. Aparentemente, estamos de volta aos procedimentos de inspiração jesuítica da época do Descobrimento.

Algo mudou, porém. Sob a influência de técnicos em administração escolar, em educação e em psicologia da educação, as propostas pedagógicas governamentais são feitas, no fundo, mais por especialistas em gestão empresarial do que por educadores e, menos ainda, por especialistas em educação musical. Enquanto isso, na comunidade acadêmica, sofre-se a influência de diversas tendências educacionais e teorias de aprendizagem. O ensino não é mais pensado unilateralmente, como uma linha que vai do professor ao aluno. Ao contrário, busca-se uma relação de mão dupla entre professores e alunos, ou entre os membros de uma sala de aula. Não é mais *o professor ensina e o aluno aprende*. Há uma tendência em transformar a escola, ainda que idealmente, em uma *comunidade de aprendizes*. Busca-se, assim, por força de projetos de pesquisa e cursos de pós-graduação, condições para que a criança se envolva com seu próprio processo de aprendizado ou, em outras palavras, que *construa seu conhecimento*. Nesse sentido, se, por um lado, paga-se tributo ao método, pelo outro se é permeável às conquistas que, durante o século XX, apresentaram a outra face da educação: conhecimento do meio ambiente, relevância das condições sócio-econômico-culturais, importância dos processos de ensino e aprendizagem, e pesquisas a respeito das maneiras de estimular a criança na construção do conhecimento. Desse modo, nos círculos restritos dos educadores musicais, anseia-se por descoberta e experimentação; as ações criativas fascinam professores e alunos, mesmo que se sintam amedrontados diante delas, após o malogro de muitas das iniciativas da educação artística. Hoje, à medida que a educação musical conquista, embora ainda timidamente, algum espaço, outra maneira de compreender seu aprendizado começa a se configurar e, no delineamento dessa modalidade, é de grande importância reconhecer a influência das áreas da educação, das ciências sociais e da psicologia.

Contraditoriamente, nas escolas de ensino fundamental e médio, a situação é de ausência quase total da música, pois as questões que cercam sua presença vêm de muito tempo atrás, anteriores à nova legislação e, embora esta contemple o ensino de artes e compreenda cada linguagem artística como disciplina autônoma, ainda não se conquistou uma situação particularmente favorável à presença da música nas escolas. Apesar de um corpo de profissionais dedicar-se ao estudo e à pesquisa em educação musical, discutindo maneiras de implementá-la nas escolas do país, ainda não houve modificações profundas. A distância entre o que estudiosos e pesquisadores do tema recomendam e sua implantação efetiva é grande, porque a ação governamental é morosa. Basta citar, como exemplo, as propostas do próprio MEC, por meio do Sesu (Secretaria de Ensino Superior), para a reformulação dos cursos universitários de Artes, que ficaram anos aguardando aprovação. Essa morosidade dificulta a implantação de cursos de graduação mais ágeis e afinados com o que vem sendo pesquisado, prolongando-se, assim, além do devido, a existência de cursos criados em outra época, baseados em outras maneiras de entender a realidade, em que eram outras as condições sócio-econômico-político-culturais, o que causa uma defasagem considerável entre o que se conclui com as pesquisas e discussões e o que se ensina, impedindo ou dificultando sua atualização, e a consciência das profundas mudanças com as quais se convive a cada dia.

Muitos estabelecimentos de nível superior continuam a ter cursos de licenciatura em Educação Artística de caráter polivalente, em que a opção pela modalidade da habilitação só ocorre na metade do curso. Esse é, claramente, o modelo implantado em 1971, em que não se considerava importante propor o aprofundamento de conteúdos nos cursos de formação de professores de educação artística em uma das áreas específicas. O objetivo, nesse modelo, é formar pessoas com capacidade para incentivar a expressão dos alunos em várias áreas artísticas, desenvolvendo aulas e projetos de caráter polivalente e espontaneísta, que não exigem grande conhecimento técnico nem necessitam de aprofundamento. Embora muito tenha mudado, essa prevalência da expressão sobre a técnica contribui para o não desenvolvimento da educação musical.

A situação apontada começa a se modificar com a disposição do governo federal de dar novo impulso à educação, o que se reflete nos muitos documentos que imprimiu e distribuiu em todo o território nacional, mas o passo decisivo, de criação de cursos de Artes com habilitação específica, só recentemente foi dado, sendo poucas as escolas que se anteciparam criando cursos dentro desse modelo.

A legislação aprovada em dezembro de 1996 (LDBEN n.9394/96) aponta para uma nova maneira de encarar o ensino de artes, e é a respeito disso que é preciso refletir, pois, ao mesmo tempo que acena para novas possibilidades e reacende entre os músicos a esperança de poder contar, novamente, com o ensino musical nas escolas, é grande a distância que separa a lei e os documentos governamentais a respeito de educação da efetiva implantação da música na escola.

O ensino da música no atual sistema educacional brasileiro

A reforma educacional brasileira nos anos 90 já foi amplamente discutida por inúmeros educadores e teóricos da educação e de políticas públicas, os quais têm analisado documentos e ações referentes a essa temática, que o governo brasileiro, nos últimos anos, vem trazendo a público. Na verdade, durante a década de 1990, surgiu um complexo de decretos, recomendações e pareceres que apontavam para a disposição do governo federal de imprimir um novo modelo educacional às escolas brasileiras de todos os níveis, da educação infantil aos cursos de pós-graduação. Esse material tem cunho informativo e, até certo ponto, prescritivo e avaliativo do ensino no país.

Recente tese de João Palma Filho, *A política educacional brasileira*, como o título já diz,[3] faz uma criteriosa análise da política educacional brasileira, dentro da qual se encontra uma substancial revisão da literatura que cobre os principais pontos do discurso governamental, encontrado nos documentos (leis, decretos, RCN e PCN), além do exame da situação das escolas brasileiras em face da situação mundial. Como o tema tem merecido considerável atenção por parte da comunidade científica ligada à educação, não se considera necessário prolongar essa discussão além de alguns pontos específicos, remetendo-se o leitor interessado ao farto material bibliográfico existente. Destaquem-se, portanto, apenas alguns pontos levantados por Palma, como suporte à discussão específica focalizada aqui, de compreender o valor da música e da educação musical e sua inserção em diferentes segmentos da sociedade brasileira.

A sociedade dos anos 90 caracteriza-se pela globalização: "Estamos irremediavelmente ligados ao nacional e ao global, onde a própria sociedade nacional só tem sentido se vista no horizonte aberto pela existência da sociedade global" (Palma, 2001, p.28).

> ... até pouco tempo, um mundo dividido entre capitalismo e socialismo – agora, um mundo capitalista, multipolarizado, em que os conceitos há tanto tempo assentados envelheceram, por não conseguirem mais aderir à realidade, em contínua transformação. (ibidem)

Dentro desse quadro, fica claro que as políticas públicas estão a cada dia mais estreitamente dependentes das decisões políticas e econômicas. Para o autor, a reforma educacional dos anos 90 é necessária para fazer frente às transformações que ocorrem no mundo da economia e da política e na sociedade. Aqui também, como em outras instâncias da vida contemporânea, os limites se esvaem: já não existe uma distinção nítida entre o econômico e o cultural.

---

3 A tese mencionada foi defendida no Instituto de Artes da UNESP (2001) em concurso de livre-docência.

A contribuição de Violeta Gainza

O estudo da educação brasileira apresentado por Palma é corroborado pela educadora musical argentina Violeta Hemsy de Gainza, na análise que faz da educação musical latino-americana no contexto atual, em que aponta para o fato de a rede educativa de um país estar integrada ao sistema de educação pública, o qual, por sua vez, é sustentado pela plataforma política oficial, que abarca, entre muitas outras, a educativa, com suas leis, orientações para o planejamento escolar e infraestrutura administrativa das instituições de ensino, além de outras questões interligadas. A autora aponta, também, propostas independentes, situadas fora do sistema educacional, mas que exercem influência sobre ele. De fato, em meados do século XX, a educação musical independente detinha o conhecimento da área e ditava os procedimentos que, oportunamente, eram levados para a escola pública. No entanto,

> ao longo do período de transição para o século XXI, ... generaliza-se a tendência por parte do Estado de intervir nas políticas educacionais, com o propósito de adequar o contorno pedagógico às normas do projeto neoliberal; os países latino-americanos convocam especialistas nacionais e estrangeiros, que tomam para si a incumbência de redação de novas leis educativas e a reorganização pedagógica da grade curricular. (Gainza, 2000, p.1)

Violeta Hemsy de Gainza, uma das grandes líderes da educação musical na América Latina, tem vindo com frequência ao Brasil, onde é bastante conhecida e exerce inegável influência sobre os educadores musicais brasileiros; pioneira em seu país na aplicação de técnicas da eutonia de Gerda Alexander (1981; Gaiza, 2000) ao ensino do piano, tem sido grande incentivadora da musicoterapia, e organizadora de encontros nacionais e internacionais de educação musical, eutonia e musicoterapia em diversos países latino-americanos.

Por muitos anos Violeta foi presidente do Fladem – Foro Latinoamericano de Educación Musical –, que congrega educadores musicais dos países latino-americanos. A questão da educação musical na América Latina mereceria um estudo à parte, pois é tão ampla e apresenta-se de tantas maneiras diferentes que seria impossível abordá-la em profundidade neste estudo. O Fladem está empenhado em fazer isso, mapeando a situação e as atividades ligadas à educação musical, e incentivando o diálogo e a troca de experiências entre os países latino-americanos. Esse tipo de educação, por mais diversificada que se apresente, lida com uma questão especial, que se mostra em grande parte das palestras e comunicações apresentadas nos encontros daquela entidade: a busca de identidade. Por causa da necessidade de afirmação, quase todos os educadores que têm comparecido aos encontros consideram importante recuperar o folclore e as manifestações culturais de seus países como modo de revigoramento da própria identidade. Isso tem sentido, também, para o Brasil, onde a música popular, por mais massacrada que se encontre por sua ausência na escola e pelos procedimentos ditatoriais da indústria cultural, encontra-se em plena ascensão.

Paralelos com a América Latina

O histórico da educação musical no século XX, apresentado por Violeta Hemsy de Gainza[4] com felicidade e poder de síntese, em muitos pontos coincide com a história da disciplina em nosso país; também aqui, nas décadas de 1950 e 1960, a educação musical foi conduzida por especialistas, que contribuíram para seu fortalecimento. Ao tecer comentários a respeito do que sucedeu na década de 1970, Gainza relata que,

> nos anos 70, as lutas políticas que ocorreram nos países latino-americanos deram espaço a governos fortes, ditaduras e processos mili-

---

4 Trata-se de *Problemática actual y perspectivas de la educación musical para el siglo XXI*, apresentado durante o Primer Seminario y Taller de Educación Musical realizado em Lima, na Pontificia Universidad Católica de Peru, em janeiro de 2000.

> tares, cujas nefastas consequências todos conhecem. As vicissitudes sociais não conseguem, no entanto, deter os processos de transformação educativo-musical, iniciados nas décadas de 1950 e 1960, aos quais aderem alunos, pais, autores e editores. (2000, p.2)

No Brasil, como em outros países latino-americanos, estava-se sob as ordens do governo militar e, nesse sentido, suportava-se o mesmo que Gainza relata. No entanto, diferentemente deles, em que o movimento de educação musical, vigente desde duas décadas anteriores, continuava forte, aqui isso não ocorreu, porque a ditadura militar baniu a música da escola, adotando, em seu lugar, a educação artística de caráter polivalente. Naquele momento, portanto, o país distanciou-se dos irmãos latino-americanos e, enquanto estes continuavam a ministrar aulas de música nas escolas, os professores brasileiros eram impedidos de fazê-lo, a não ser como atividade conjunta às outras áreas de expressão artística.

Em seu artigo, Violeta Gainza analisa as consequências dos procedimentos da política neoliberal na América Latina, que apresenta pontos de convergência com a situação vivida no Brasil:

> Durante as últimas décadas do século XX, coincidentemente ao retorno das democracias à América Latina, assistimos a uma crescente complexificação do panorama educativo geral, particularmente da educação musical. Nas altas esferas políticas, coziam-se autoritárias reformas nos planos de ensino, que privilegiavam, uma vez mais, a instância tradicional da planificação educativa, a partir do anacrônico modelo curricular. (2000, p.3)

As profundas fissuras que se detectam no plano educacional estão presentes em diversas situações: entre a prática e a teoria pedagógica; entre os distintos níveis da educação; entre o filosófico/pedagógico e o administrativo; entre a arte e a tecnologia; entre os novos planos e programas e as oportunidades de capacitação – a possibilidade de trabalho que se oferece aos professores (2000, p.4).

À conclusão, Gainza aponta para a brecha existente entre as propostas curriculares governamentais de muitos países latino-americanos e projetos de educadores musicais pedagogicamente atualizados, não compatíveis, em razão das divergentes bases em que se apóiam. Para ela, o processo de globalização descarta nuances e sutilezas ao se dispor a capacitar o aluno para inseri-lo no mercado de trabalho.

Para Gainza, "o panorama da educação musical, até o momento, apresenta-se bastante confuso e desorientador" (p.6). Após a fase áurea da educação musical dos anos 70 e 80, em que a criação e experimentação figuraram como o mais importante a ser incentivado na prática da música nas escolas, nos anos 90, outra tendência se sobrepôs, influenciada pela orientação cognitivista e neocondutista, amparada no modelo norte-americano. Violeta lamenta que a educação musical em todos os países se aproxime de um modelo empresarial, cuja orientação é exercida por administradores não especialistas em arte ou pedagogia, um traço que afasta a "época atual dos anos 60/70, período essencialmente idealista e fundante da pedagogia musical do século XX, na América Latina" (p.6). Essa é a situação, pelas lentes de Violeta Gainza, e, como pode ser visto, aproxima-se bastante do que vivemos no Brasil atualmente.

A nova LDB e os rumos da educação musical no Brasil

A organização de currículos nacionais tem sido uma tendência forte nos países ocidentais e o Brasil acompanha essa tendência mundial. Na elaboração dos PCN foram convocados especialistas nacionais e estrangeiros, e o modelo escolhido pelo governo foi o então recente currículo nacional implantado na Espanha. Uma das críticas que se faz aos PCN é justamente esse fato, pois em sua elaboração não se partiu do conhecimento da realidade brasileira, mas de um modelo externo. É importante ter-se isso em mente ao avaliar a proposta e a conveniência ou não de sua implantação em nível nacional. É claro que, hoje, o mundo ficou menor, e é impossível ignorar o que ocorre em outros países, que cada vez mais se influenciam mutuamente. No entanto, ao adotar uma medida educacional criada para outro país, é preciso que as propostas sejam estudadas tendo em vista suas condições de aplicação local, o que significa que esses modelos têm que ser adaptados e transformados a partir da realidade brasileira.

Ditas essas palavras, após o resgate histórico da educação musical no Brasil e as considerações acerca da reforma educacional brasileira, discute-se, agora, a situação da música nas escolas, tema premente em face da modificação na legislação que rege o ensino no Brasil. De início, já se depara com uma questão crucial: Como falar em "ensino de música" quando há mais de trinta anos já não há música na escola, no sistema educacional brasileiro? Hoje, mesmo com a promulgação da nova LDB, o nome da disciplina continua sendo Artes, e a música, embora presente, é apenas um braço dela, entre outros. No entanto, a abrangência da discussão, bem como a polêmica, ainda presente entre os educadores, a respeito da necessidade ou não de separar-se as diferentes linguagens artísticas e, especificamente, em torno do ensino de artes nas escolas, apontam para a necessidade de aprofundamento no debate da questão da educação musical, levando em conta seu duplo aspecto de a) presença nas escolas, em todos os níveis de ensino e b) presença em espaços especiais ou não formais, como instituições especializadas em música (escolas livres ou conservatórios), centros culturais, entidades de caráter cultural e recreativo, ONGs, e outros. No entanto, trazer para a discussão uma tal temática, antes de compreender as especificidades do ensino de música, seria diminuir a importância do tema e deixar de tratá-lo da maneira que merece. Assim, é preciso analisar, ainda que rapidamente, o que a LDBEN n.9394/96 provoca no ensino de música.

De acordo com a lei, o país teria aproximadamente dez anos para adaptar-se à nova ordem e passar integralmente a atuar segundo sua orientação, o que, em termos de organização do ensino em todos os níveis, da educação infantil aos cursos superiores, incluindo os programas de pós-graduação, dá um tempo bastante curto de adaptação do sistema educacional às novas orientações, ainda mais se levando em conta a extensão territorial do Brasil, as diferenças culturais das regiões brasileiras e a problemática que envolve a educação em geral no país. No que se refere especificamente à área de música, a situação é extremamente delicada, pelos anos de sua quase total ausência no sistema educacional. Oportuna, portanto, a discussão a respeito do significado da mudança de legislação e das questões que cercam sua implantação nas escolas brasileiras, como contribuição ao estudo da questão da música na escola.

É sintomático que, em grande parte das escolas, a disciplina artes (ou educação artística, terminologia ainda vigente) não seja valorizada do mesmo modo que as outras; via de regra, o professor de artes é considerado *o festeiro* da escola, aquele que ajuda os alunos a *passarem seu tempo* enquanto se recuperam dos esforços empreendidos com as disciplinas consideradas "importantes". Ele é um professor que tem de abrir seu espaço na comunidade escolar *a cotoveladas*, pois seu trabalho não é reconhecido como de igual valor ao de seus colegas de outras áreas do conhecimento. A maneira como é encarada a disciplina artes na escola brasileira atual é reflexo de uma "visão de mundo" que valoriza o saber e as técnicas, e vê a arte como entretenimento ou passatempo. O que está em jogo, na adoção ou não de um modelo de educação musical na escola brasileira, é a questão da natureza e do valor da música e da educação musical. Relembre-se que, no corpo da antiga lei n.5692/71, a arte era considerada *atividade* e não *disciplina*, o que corrobora o que está sendo dito. E, talvez, um dos mais importantes ganhos decorrentes da promulgação da nova lei seja o fato de a arte ter passado a ser oficialmente considerada *campo de conhecimento*. Esse é um notável avanço, mas ainda não se chegou sequer a arranhar a outra questão, atrelada ao valor da música e da educação musical: o reconhecimento de uma real capacidade artística potencial presente em crianças, jovens e professores de música, que necessita de trabalho específico e competente para aflorar, sem o que não se atingirá o âmbito educativo, e muito menos o ultrapassará, para alcançar o artístico, fim último da área de artes.

O fato de o governo brasileiro explicitar, em seu documento Diretrizes Curriculares (Brasília, 1998), a necessidade de a educação desenvolver uma série de princípios norteadores, entre os quais os estéticos, prevendo para estes últimos o desenvolvimento da sensibilidade, da criatividade e o acolhimento da diversidade das manifestações artístico-culturais, não é suficiente para resgatar sua importância na educação brasileira. A maneira pela qual a arte tem sido tratada no contexto educacional do país é responsável pelos inúmeros desgastes e mal-entendidos sofridos pela área, devido à baixa qualidade do ensino artístico, e consequente desvalorização, no próprio âmbito da escola.[5] Foi em decorrência do entendimento da arte (da música) como atividade de lazer que ocorreu, no Brasil, sua desvalorização na escola, transformada que foi em pretexto para entretenimento ou passatempo, sem que fosse considerada capaz de contribuir para o crescimento individual e coletivo, tanto no que se refere ao conhecimento em si quanto ao fazer artístico, à capacidade de trabalhar em grupo e à valorização estética, o que se refletiria na melhoria da qualidade de vida. Alguns poucos professores desenvolvem atividades bem-sucedidas na área artística, mas essa atitude é, ainda, mais exceção do que regra, e deve-se mais a iniciativas individuais do que a políticas educacionais firmemente implantadas.

A LDBEN n.9394/96 representa um importante passo na questão do ensino da arte na escola e é a oportunidade do resgate de seu papel no desenvolvimento do aluno, pois, de acordo

---

5 A esse respeito, consultar a bibliografia deste livro, que traz inúmeras sugestões de leituras a respeito desse assunto. Além disso, enfatize-se que a publicação do *Referencial Curricular Nacional para a Educação Infantil* (MEC, 1998) e dos *Parâmetros Curriculares Nacionais* (MEC, 1998), em suas duas versões, que tratam do ensino fundamental – de 1ª a 4ª e de 5ª a 8ª séries –, nos volumes *Artes* e *Temas transversais*, trata extensamente dessa temática e reitera a necessidade de entender a arte como ramo do saber, posição, hoje, oficialmente defendida pelo Ministério de Educação, mas cuja extensão efetiva para o ambiente escolar não pode ser prevista.

com ela, a arte passa a ser um componente importante do currículo; ao contrário da legislação anterior, que não a reconhecia como disciplina curricular, não tendo, portanto, avaliação e *notas*, passa, agora, a merecer esse *status*, alinhada às outras disciplinas que compõem a grade curricular. Saliente-se, porém, que, ao lado desse fator positivo, o próprio texto da LDB – vago e amplo demais – tem dado margem às mais diversas interpretações quanto ao ensino de artes por parte das secretarias de Educação e delegacias de ensino, o que, sem dúvida, prejudica a ação das escolas na implantação de atividades artísticas, que, em muitos casos, podem ser bloqueadas pelas medidas decorrentes dessas interpretações. Questões como essa transcendem a competência da escola, pois emanam de maior autoridade e, enquanto não se estabelecerem condições para uma reflexão crítica e a pesquisa sistemática a respeito do papel da arte na escola, a disciplina corre o risco de continuar praticamente ausente ou, na melhor das hipóteses, tida pela própria comunidade escolar como desprovida de importância.

Atualmente, há um movimento em prol da volta da música na escola, o Grupo de Articulação Parlamentar Pró-Música, que colhe assinaturas para o manifesto em favor da implantação do ensino da música nas escolas. Esse movimento favoreceu a apresentação do projeto de lei n.330/2006, de autoria de Roseana Sarney, ao Senado da República, aprovado por unanimidade em 4 de dezembro de 2007, acatando parecer favorável da relatora Marisa Serrano. Em seguida, deverá ser votado na Câmara dos Deputados e, se aprovado, submetido à sanção do presidente da República. O manifesto em prol da implantação do ensino de música, em 2008, já contava com milhares de assinaturas.

A maneira de enfrentar a curto e médio prazo essa situação, no âmbito específico da escola, é implantar projetos que atendam, ao mesmo tempo:

- À disciplina artes como componente da grade curricular, tal como é possível ser feito presentemente, na esteira das recomendações das secretarias de Educação; no caso da música, esta ação só pode ser cumprida a médio e longo prazo, pois atualmente, há menos professores com essa habilitação no país do que escolas, o que inviabiliza sua inclusão no currículo a curto prazo.

- Ao favorecimento, dentro do universo escolar, de um ambiente propício às artes, sempre que possível baseado na interdisciplinaridade (e não na polivalência), pois a arte pode comparecer de modo bastante positivo com outras áreas de expressão artística e com as demais disciplinas do currículo; esta ação poderia ser implantada logo, merecendo, portanto, ser preparada e divulgada. Na verdade, serviria de preparação ao item anterior, pois se criaria na escola, com o auxílio dos professores de outras disciplinas, um ambiente propício à música. Se a música fizer parte da cultura local, o ambiente estará preparado para posteriores atividades de música.
- A atividades artísticas extracurriculares que permitam a alunos, professores, funcionários e comunidade o acesso ao fazer artístico em suas múltiplas formas, e à obra de arte, beneficiando-se dessa prática para a melhoria da qualidade de vida individual e comunitária; esta atividade, talvez, não possa ser implantada imediatamente em todas as escolas, mas algumas poderiam beneficiar-se da sugestão. Na verdade, um precioso auxiliar para esta ação seria recorrer a músicos da comunidade que pudessem, de algum modo, proporcionar momentos em que a música invadisse a escola, atingindo todos os seus integrantes. Muitas vezes, entre os pais dos alunos, há músicos que podem interessar-se por esta ideia, trazendo a música para a escola.
- À causa ecológica em geral, única maneira de enfrentar as consequências do uso indiscriminado e espoliativo dos recursos ambientais. No ensino de artes é possível uma contribuição direta, a partir de projetos de reciclagem de materiais e conscientização da questão ambiental. No que se refere à música, há um importante espaço a ser ocupado quanto a esse quesito, pela conscientização dos sons ambientais e de seus aspectos positivos ou negativos. É importante que a comunidade escolar perceba o aumento indiscriminado do ruído ambiental, com

trágicas consequências para a saúde e o bem-estar do ser humano, e dos meios de combater a poluição sonora. Essas práticas envolvem o trabalho de percepção auditiva e o estudo do papel do músico e do educador musical. A partir desse trabalho, podem decorrer sugestões criativas para a melhoria do ambiente sonoro da escola, o estudo dos sons ambientais e sua relação com a qualidade de vida.

A presença da questão ecológica num texto a respeito de artes é pertinente porque, em primeiro lugar, o espaço da arte é uma instância importantíssima na construção da cidadania e na relação entre o homem e o meio em que habita; em segundo, porque o aumento indiscriminado do ruído a partir do século XVIII provocou um desequilíbrio na relação entre o homem e o meio ambiente, que foi se intensificando no correr do tempo. Essa questão começou a ser trabalhada na década de 1960 por Murray Schafer, de cujo trabalho resultou um livro, *A afinação do mundo*, e conseguiu importantes adeptos em vários países, que se uniram para formar uma sociedade de proteção ao ambiente sonoro: *The World Forum for Acoustic Ecology* (Forum Internacional de Ecologia Acústica), criado em Banff, no Canadá, em 1993.

Os documentos governamentais

Após a promulgação da LDBEN n.9394/96, um dos passos tomados pelo Ministério da Educação foi a elaboração de documentos orientadores, destinados a servir de guia a escolas e profissionais envolvidos com educação. Dessa ação surgiram o Referencial Curricular Nacional para a Educação Infantil e os Parâmetros Curriculares Nacionais em duas coleções distintas: uma, que atende crianças de 1ª a 4ª séries, e outra, de 5ª a 8ª, documentos de abrangência nacional que pretendem servir de suporte à reflexão acerca do ensino brasileiro, fornecendo orientação aos professores de todas as áreas e em todos os níveis, além dos dirigidos ao ensino técnico.[6] O propósito desses documentos é atingir escolas de ensino fundamental e médio, de educação infantil e ensino superior (graduação), cobrindo, assim, todos os níveis de ensino até a profissionalização e aceitando suas peculiaridades, dificuldades específicas, valores, hábitos, expressões artísticas, que muito bem expressam a multiplicidade cultural que caracteriza o país. Embora muita coisa ainda tenha que ser pensada e feita, estamos vivendo um importante momento, em que a educação no Brasil está sendo repensada, de maneira orgânica e organizada, pelo próprio governo. No entanto, justamente por sua importância é que não se pode deixar de discuti-los criticamente. Somente assim eles cumprirão seu papel de auxiliar as escolas e os professores a se envolverem com as questões específicas com que se deparam em seu cotidiano, que vão desde os próprios conteúdos e objetivos de disciplinas, até questões amplas, como a exclusão, a necessidade de capacitação de professores e a ampliação do universo cultural da comunidade, entre tantas outras.

A ampla faixa atingida pelos Referenciais Curriculares e pelos Parâmetros Curriculares Nacionais – todas as escolas públicas e particulares e os segmentos que as formam: corpos administrativo, docente e discente – justifica a abrangência dos documentos e a opção de seus organizadores pelo estabelecimento de princípios gerais não normativos, em vez de programas rígidos e lineares. Tais documentos foram elaborados por equipes convidadas pelo

6 Na verdade, já foram apresentados pelo Governo os PCN para o ensino médio e o RCN para cursos técnicos, que não serão considerados neste trabalho, por entender-se que a questão crucial do ensino da música está no ensino fundamental. Somente após ter sido resolvido nessa instância é que se pode avançar para a próxima etapa, o ensino médio. No atual estágio, mesmo se houver aulas de música, ele não será muito diferente do que é proposto para o ensino fundamental, pois, sem haver passado por experiências específicas na área de música, não será possível avançar. O RCN para cursos técnicos de música não será analisado por tratar-se de orientação a cursos específicos, o que afeta diretamente os conservatórios, escolas de música e escolas técnicas, mas não a escola de educação geral, fugindo, portanto, do foco de interesse deste livro.

MEC, chamadas a manifestar-se acerca de questões educacionais e a propor novas maneiras de organização do ensino no Brasil. Depois da elaboração, submetidos a pareceristas de várias partes do país, foram alterados pela mesma equipe, a partir das sugestões apresentadas. Esses documentos têm sido discutidos nas escolas, tendo em vista sua utilização na elaboração do planejamento escolar e do currículo.

Com a publicação e distribuição dos Parâmetros Curriculares Nacionais para os professores de escolas públicas de primeiro grau e do Referencial Curricular para a Educação Infantil, para as creches e estabelecimentos de ensino que atendem crianças na faixa etária de zero a seis anos em todo o país, dá-se um passo importante na valorização e qualificação do professor, pois ele tem oportunidade de avaliar criticamente o documento e sua própria atuação e, ao mesmo tempo, de organizar seu próprio trabalho e o da equipe. Criados com o propósito de abrigar a multiplicidade e a heterogeneidade cultural do país, é a primeira vez que o governo se pronuncia a respeito da educação de crianças e adolescentes de maneira tão abrangente e detalhada, fruto das mudanças enfrentadas no Brasil todo, e que pedem a atenção de todos os segmentos da sociedade. No entanto, é grande a problemática que envolve a discussão desses documentos, bem como a preparação dos professores e a implantação de propostas pedagógicas neles amparadas.

Dentro dos PCN, embora a disciplina continue sendo chamada pelo nome genérico – Artes –, há uma clara tendência a tratar as diferentes linguagens artísticas em suas especificidades, apresentando-se, cada uma delas, como um corpo de conhecimento próprio e peculiar, como, aliás, pode ser confirmado nas Diretrizes Curriculares Nacionais para os cursos de graduação em música, aprovados pelo Resolução CNC/CES 2/2004.

A atitude de tratar o ensino da arte como mero espaço de sensibilização sensorial desacompanhado de reflexão, típica da tendência que predominou no Brasil na década de 1970 e que, até agora, subjaz em muitas das propostas de educação artística, é, pois, substituída por outra, em que a sensibilização continua a ser valorizada, mas na qual se enfatiza a importância da descoberta e do desenvolvimento de capacidades e habilidades específicas, bem como da reflexão acerca da arte em geral e de determinadas ações que permitam o fazer e o acesso ao acervo artístico da humanidade. No entanto, essa meta não pode ser facilmente alcançada, entre outros motivos, pela própria situação do quadro de professores brasileiros, uma classe que vem sofrendo de descrédito por parte do governo e da sociedade, além de ser mal paga, mal compreendida e, consequentemente, mal estimulada a crescer e a realizar trabalhos criativos e especiais. Isso sem falar na quantidade de professores não habilitados, como se pode ver no censo escolar promovido pelo Inep e divulgado pela imprensa em 2001. Chegou-se a tal ponto no que se refere à educação que é difícil reverter a situação. Mas é essa a meta a ser atingida, pois a escola, para a maior parte das crianças brasileiras, é a única esperança de constituição de conhecimento, desenvolvimento da expressão, ampliação cultural e adequada inserção na sociedade.

A educação infantil

Levando em consideração o contexto apresentado, e acompanhando a tendência mundial de priorização da educação infantil, contempla-se, neste segmento, o Referencial Curricular Nacional para a Educação Infantil, pois acredita-se que é na primeira infância que todas as bases sensoriais, afetivas, mentais, morais, sociais e estéticas são construídas. Ao se estabelecer princípios competentes que orientem a ação dos responsáveis pela educação de crianças dessa faixa etária, lançam-se os fundamentos para o que vem a seguir. A outra ponta importante nesse processo é a formação docente, pois, sem professores qualificados, a educação não se modificará, não importa quantos documentos o governo ponha à disposição da escola.

A ênfase atual em educação infantil não ocorre apenas no Brasil. Segundo informa o jornalista Leonardo Trevisan, em *O Estado de S.Paulo*, "o ensino pré-escolar, oferecido até os seis anos de idade, passará a ser prioritário nas Américas". A informação chega da República Dominicana, onde se deu a Reunião das Américas, entre 10 e 12 de fevereiro de 2000, em preparação à Conferência de Educação para Todos em Dakar, no Senegal, sob os auspícios da Unesco (Organização das Nações Unidas para a Educação, Ciência e Cultura) e do Banco Mundial.

O documento elaborado na reunião, denominado "Marco de ação regional", assinala o deslocamento da prioridade, em termos educacionais, da educação básica para a infantil (0 a 6 anos). O documento atribui as "altas taxas de repetência e evasão" na escola básica à "insuficiente atenção ao desenvolvimento integral da primeira infância". Essa mudança de prioridade é importante, porque define, para anos seguintes, o perfil de investimentos de órgãos internacionais a projetos de ajuda para as Américas. Além disso, ao definir a atenção para com a educação infantil como o "primeiro entre os doze compromissos da educação para todos", esse documento faz que os governos envolvidos assumam também o mesmo compromisso, "reconhecendo o direito universal a uma educação básica de qualidade desde o nascimento", assinando-o anteriormente à Conferência de Dakar. O compromisso assumido pelos governos diante da Unesco e do Banco Mundial é o de gradualmente aumentar os investimentos educacionais "até 6% do PIB (produto interno bruto) de cada país" (12.2.2000). Um ano depois, no entanto, constatava-se que, em todo o mundo, as metas delineadas nessa conferência para os países em desenvolvimento não foram atingidas, inclusive no Brasil.

A despeito desse resultado insuficiente a prioridade continuou, provocando, por parte de *O Estado de S.Paulo*, um editorial escrito logo após a divulgação do resultado do último Censo da Educação Infantil, realizado pelo INEP/MEC em 2000. Por ele, soube-se que 51% das crianças brasileiras entre 4 e 6 anos não estavam matriculadas em estabelecimentos de educação infantil, índice considerado baixo. A meta para os próximos anos seria chegar ao "atendimento universal", isto é, à possibilidade de atendimento a 100%

das crianças da mesma faixa etária. Outro dado divulgado pelo editorial era que somente 10% das crianças até 3 anos frequentavam creches, ou outro tipo de estabelecimento de educação infantil, quando a meta governamental é de 40%.

Em 2006, uma comissão da Unesco e OCDE (Organização para a Cooperação e o Desenvolvimento Econômico) liderou um estudo a respeito da Educação Infantil no Brasil e constatou que, não obstante as mudanças positivas observadas, permanece ainda uma série de problemas:

- a transição das creches dos setores de assistência social para a educação não se completou;
- os financiamentos mostraram-se insuficientes, menores do que os de vários países latino-americanos, como Uruguai, Argentina, Chile e México;
- o acompanhamento e a supervisão dos cursos mostraram-se falhos e os governos estaduais, omissos.[7]

Outra questão que merece amplo conhecimento é a da formação do profissional de educação infantil; pela LDB de 1996, exige-se que os professores de educação infantil tenham concluído o curso normal em instituto superior de educação (artigo 62). Além disso, para que a implantação dessas condições não fosse eternamente postergada, o artigo 89 da LDB dá às creches e pré-escolas existentes, ou que venham a ser criadas, um prazo máximo de três anos para "integrar-se ao sistema de ensino". O editorial conclui que as exigências expressas na lei "acabaram funcionando como fator inibidor da expansão da rede pública do ensino infantil".

Outros dados fornecidos pelo censo demonstraram quanto ainda se está distante da meta de priorização da educação infantil: além da precariedade de espaços, "a obrigatoriedade de diploma de nível superior para lecionar nessas escolas é cumprida apenas parcialmente: 41% dos docentes das pré-escolas públicas têm esse tipo de formação". A porcentagem cai para 32% na rede particular, o

---

7 Dados disponíveis em: <http://www.reescrevendoaeducacao.com.br/2006>. Acessado em: 26 mar. 2008.

que dá um total de 59% de "professores" sem curso superior na rede pública e de 68% na rede privada (*O Estado de S.Paulo*, 1.10.2001, p.3).

Essa questão é bastante séria, ainda mais que boa parte dos professores não portadores de diploma de nível superior é constituída por pessoal de baixa escolaridade. Apesar desse quadro complexo, há um grande empenho da sociedade em reverter esse estado de coisas, pois compreende-se que investir na educação infantil é investir nos próximos níveis de ensino. A sociedade mundial luta para que a defasagem dos investimentos necessários à implementação de uma educação de bom nível a essa faixa etária seja extinta.

Graças à compreensão da importância da educação infantil, e como parte importante de sua valorização e desenvolvimento, o Referencial Curricular Nacional, de adoção não obrigatória em todo o território nacional, constitui-se em importante marco na história da educação brasileira, pois é a primeira vez que uma lei referente à educação (LDBEN n.9394/96) considera a educação infantil "*primeira etapa da educação básica*" (MEC, 1998, 3v.).

O RCN esclarece as características das instituições que trabalham com essa faixa etária, a criança e suas fases de desenvolvimento, crescimento individual e social, e o estudo das relações que ela estabelece com o mundo, por meio das diferentes formas de saber. A publicação é apresentada em três volumes: *Introdução; Formação pessoal e social; Conhecimento do mundo*. Não se ocupará, neste trabalho, da análise dos três volumes do documento, mas de levantar alguns pontos que possam fomentar a discussão acerca do ensino de música.

Primeiro volume – Introdução

Em primeiro lugar, é apresentado o Referencial Curricular Nacional para a Educação Infantil, a filosofia que lhe dá suporte e sua importância no contexto educacional brasileiro, além de reafirmar seu caráter não obrigatório, mas sua contribuição às entidades ligadas, de algum modo, à educação infantil, focalizando a criança e suas necessidades físicas, afetivas, sociais e cognitivas, bem como a importância do trabalho educacional com a faixa etária de zero a seis anos. Em relação à faixa etária, o documento reconhece sua arbitrariedade, tendo em vista as teorias do desenvolvimento, mas, ainda assim, as adota, em virtude de ser esse o modo pelo qual está definida na lei. Na organização do documento, procura-se mostrar as características consideradas regulares no desenvolvimento físico, afetivo, cognitivo e social. Chama-se a atenção para a faixa de zero a um ano de idade, período em que ocorrem enormes mudanças no desenvolvimento da criança.

O documento trata especificamente da educação infantil em seus múltiplos aspectos: a problemática que a cerca e o caráter assistencialista que a caracterizou durante anos no Brasil, e que ainda se faz presente em grande parte das instituições, particularmente nas que se dirigem à população de baixa renda. Enfatiza-se, também, a necessidade de revisão das concepções de infância e de escola, embutidas nas propostas educacionais dos estabelecimentos de ensino, e de tornar explícitas as relações entre classes sociais, enfatizando a responsabilidade do Estado e da sociedade em relação à criança. Além disso, analisa as diferentes concepções que cercam a educação infantil, que não são unânimes na maneira de lidar com ela, priorizando ora o cuidado físico, ora as necessidades afetivas, ora, ainda, os aspectos cognitivos da criança.

Sem dúvida, o primeiro volume representa um notável avanço no que se refere aos estudos e à pesquisa a respeito da criança pequena em documentos oficiais. No entanto, expõe certa fragilidade ao recomendar, como modelo único, o construtivismo, deixando de lado outras concepções de educação que podem ser preferidas por algumas instituições e educadores. Além disso, dentro da própria matriz teórica adotada, ao fazer a apresentação de alguns autores considerados construtivistas, tais como Jean Piaget, Lev S. Vygotsky e Henry Wallon, causa estranheza constatar que esses educadores não são trabalhados no texto, mas apenas apresentados ao leitor, rapidamente, em nota de rodapé. Esse fato é preocupante, num documento de tal abrangência, assim como a falta de referências mais aprofundadas a respeito do termo e de seu significado, amplo o suficiente para abrigar uma grande diversidade. Os autores citados provêm de diferentes escolas e fundamentam suas pesquisas em diferentes epistemologias, não sendo suficiente agrupá-los sob uma única etiqueta, deixando de considerar a diversidade, como se todos pertencessem à mesma matriz teórica.

A opção pelo construtivismo, em detrimento de outras abordagens, foi criticada por vários educadores, antes e depois de o documento vir a público, como pode ser visto em Azanha:

> 1) Será que teorias psicológicas sobre aprendizagem e ensino devem constituir a matriz para a elaboração das diretrizes de um projeto curricular?
> 2) Por que devemos preferir a concepção construtivista de aprendizagem e ensino a outras? (Azanha apud Palma, 2001, p.88)

João Palma concorda com a posição do educador, argumentando:

> Quanto à adesão ao construtivismo, cremos residir nesse posicionamento uma das maiores dificuldades dos PCN. Há pelo menos duas objeções ... uma de natureza epistemológica; outra de natureza legal. Como assinala o autor que estamos comentando, o que não mais se admite por razões históricas e lógicas é a existência de teorias que possam ser consideradas como a "explicação definitiva" dos fatos disponíveis. Sabe-se hoje que os próprios fatos não são entidades independentes do observador, isto é, da teoria a partir da qual o mundo é percebido e descrito. (Palma, 2001, p.90-1)

A matriz que deveria orientar a escolha dos conteúdos curriculares é a própria cultura: "O problema das diretrizes nacionais de um currículo de ensino fundamental não é uma questão estritamente científica, mas sobretudo de acuidade cultural para os valores relevantes na formação da cidadania brasileira" (ibidem, p.88-9).

A crítica apresentada é pertinente e ecoa, de certa maneira, outras vozes provenientes do circuito educacional. Não se pode esquecer que o documento, para cumprir seu papel, tem de ser veículo de informação específica. A adoção de um modelo único sem que se considere outras matrizes teóricas pode ser observada no próprio texto, que indica o que julga necessário o professor saber, como se fossem únicas verdades; além disso, o texto raramente indica ao professor a bibliografia da área, o que enfraquece a proposta, e isso é ainda mais grave diante da abrangência do documento, distribuído em todo o Brasil, com suas enormes diferenças e contradições. Pergunta-se, então: Se o que está proposto não se adequar às necessidades de determinadas escolas, onde buscar subsídios para a discussão de alternativas?

O Referencial Curricular para a Educação Infantil aponta a grande penetração da proposta construtivista nas escolas, fato constatado pelas equipes governamentais durante visitas, em diferentes regiões do país. No entanto, diz a mesma fonte, ao se travar contato com professores dessas escolas, constatou-se que a adesão era superficial, constituindo-se, muitas vezes, meramente na adoção de jargões e palavras de ordem, sem conhecimento das matrizes teóricas e das implicações dessa abordagem.

A possibilidade de construção de uma escola ideal – "a escola que queremos" – no âmbito do documento não deixa clara a adesão às situações realmente vividas na escola; a proposta parece competente, bem construída, mas descontextualizada e asséptica. O documento governamental trabalha sobre uma dada concepção de escola, mas não dá condições aos que vivem outra realidade, diferente dessa, de caráter ideal, de sair da situação em que se encontram para chegar ao modelo apresentado.

A linguagem utilizada nos textos tampouco é adequada, considerando-se a realidade dos professores e atendentes das creches e escolas de educação infantil. Determinados conceitos são utilizados como se pertencessem a um universo comum e, por isso, empregados sem maiores explicações. No entanto, o Referencial Curricular para a Educação Infantil destina-se a orientar o pessoal lotado nas creches, que apresenta níveis de conhecimento heterogêneos, abrigando até mesmo pessoas não capacitadas, cuja falta de formação profissional é ocultada pela adoção do termo genérico "professor" para todos que trabalham na instituição, sejam eles portadores de diploma de curso superior, médio, ou apresentem escolaridade mínima.

Cabe, então, a pergunta: Quais são os profissionais lotados em escolas de educação infantil e creches que têm reais condições de compreender o que ali está dito? Os números colhidos pelo Censo da Educação em 2000 mostram dados que dispensam comentários. Na construção dos textos do RCN faltou, portanto, a caracterização do público a quem o documento se dirige. Se isso tivesse sido levado em consideração, a organização, os conteúdos, a maneira de apresentação e a linguagem seriam totalmente diferentes, pois a preocupação primeira a nortear o documento seria a clara comunicação com o professor. Isso não ocorreu, no entanto, e os documentos ficam a meio caminho entre o discurso acadêmico e o texto didático.

O MEC mostra que está ciente dessa problemática quando aponta: "Este Referencial utiliza a denominação professor de educação infantil para designar todos os/as profissionais responsáveis pela educação direta das crianças de zero a seis anos, tenham eles/elas uma formação especializada ou não" (Brasil, 1998, p.41). Essa extensão da designação *professor* a todos os profissionais que lidam com a faixa etária de zero a seis anos, *tenham ou não formação especializada*, tem como objetivo evitar discriminações, pois sabe-se que as creches e escolas brasileiras abrigam um grande número de profissionais sem formação escolar completa. No entanto, se, por um lado, essa atitude pode ter uma intenção positiva por parte do governo, ao pretender uma postura desprovida de preconceitos, por outro, escamoteia a real situação – heterogeneidade de formação –, o que impede que a questão seja resolvida. Além disso, paradoxalmente, essa atitude de colocar todos "sob o mesmo rótulo" mostra-se, ela mesma, preconceituosa, pois é como se as pessoas de baixa escolaridade, que trabalham na creche, já fossem pré-classificadas, e sua situação eternizada e estigmatizada, embora a aparência seja preservada pelo título "professor" sugerido pelo Referencial. Trata-se, pois, de um simulacro, e não de uma real disposição para resolver ou, ao menos, discutir a questão da qualidade dos estabelecimentos responsáveis pela educação infantil. Dentro desse contexto, é incompreensível a adoção de modelos e linguagem técnicos, dificilmente adequados à população a que se destina.

Embora tenha partido do próprio Ministério da Educação a sugestão de chamar de *professores* todos que trabalham na creche – professores e atendentes –, o texto reafirma sua posição de adesão à teoria construtivista, em virtude de, pelo diagnóstico realizado em 1996,[8] terem constatado que a maior parte das escolas de educação infantil do país apoiava-se em matriz construtivista, razão suficiente, segundo os autores, para sua adoção como base para o Referencial. Estranhamente, no entanto – continua o texto –, e diferentemente do que se poderia supor, os dados colhidos nesse diagnóstico mostram que as práticas, dentro das escolas, não condizem com a teoria mencionada, havendo "um grande desencontro entre os fundamentos teóricos adotados e as orientações metodológicas" (Brasil, 1998, p.43). Ora, esse tipo de situação não é incomum e causa admiração que profissionais acostumados a lidar com a escola e suas questões não saibam disso: teorias científicas "entram na moda" e, a partir daí, dissemina-se seu uso e o de palavras-chave que lhes são características. A partir de determinado momento, todos passam a citá-las e a adotá-las. No entanto, trata-se de uma adesão superficial que, por isso mesmo, não se faz acompanhar por ações condizentes com o discurso adotado, e não se caracteriza como transformadora. Evidentemente, o discurso dos educadores consultados pela equipe governamental limita-se

8 Os autores referem-se a um estudo realizado pelo Coedi/Departamento de Projetos Especiais, da Secretaria de Educação Fundamental do Ministério da Educação e do Desporto – Coedi/DPE/SEF/MEC –, a respeito de propostas pedagógicas e currículos realizados em escolas brasileiras em vários estados e municípios (Brasil, 1996, p.41).

ao uso de uma série de clichês e citações, não chegando a ser resultado de prática reflexiva. Recorde-se que, em grande parte das creches, quem se ocupa das crianças pequenas são pessoas de baixa escolaridade. Apesar de o Referencial Curricular apresentar, no volume introdutório, um tipo de informação muito bem cuidado e coerente, solidamente apoiado em pressupostos teóricos de qualidade inquestionável, corre-se o risco, mais uma vez, de que determinado termo ou determinada escola de pensamento virem um modismo, do qual todos falam durante todo o tempo, de maneira superficial e incompleta, sem chegar a atinar para a profundidade dos estudos originais nem das implicações resultantes da adoção daquele determinado modelo ou matriz teórica. Esse é um ponto importante a ser destacado, pois a existência de modismos e de adesão acrítica a palavras de ordem ou a determinados autores que *ficam na moda*, longe de promover a educação, presta um desserviço a ela.

É para combater esse tipo de conduta que não é demais insistir na necessidade de somar esforços para que as instituições e seus professores recebam orientação e assessoria por parte de profissionais competentes, de diferentes áreas do conhecimento.

No caso da música, o grande hiato provocado por sua ausência na escola, durante tanto tempo, criou uma situação quase impossível de ser transformada, pois, nos mais de trinta anos em que isso se deu, a tradição perdeu-se ou se esmaeceu. Assim, seguindo-se à publicação e distribuição do RCN, é preciso que se promovam cursos de capacitação e orientação para professores e funcionários, e que se enfatizem questões referentes à educação infantil, nos cursos de licenciatura em Educação Artística ou em Música, além de ampliar a oferta de cursos de pós-graduação *lato* e *stricto sensu*, com linhas de pesquisa voltadas para educação infantil, arte-educação e educação musical, para que os profissionais que lidam com a faixa etária abrangida possam ter uma boa formação, desenvolvendo condições de compreender a proposta e atuar de maneira adequada e transformadora.

A partir do reconhecimento da situação do professor, é preciso que as ações em prol da educação infantil levem em conta a heterogeneidade das escolas e creches, com todas as suas implicações; é preciso valorizar o professor, atitude que não pode estar presente apenas no discurso a respeito da educação, mas em todas as ações que possam contribuir para seu aperfeiçoamento pessoal e profissional, sob pena de se estar promovendo um simulacro de educação, e não educação de fato. A situação precária das escolas de educação infantil, no momento atual, pode ser consideravelmente melhorada, assumindo-se a fragilidade do campo e reconhecendo-se que o profissional que atua nessa área, seja ou não, de fato e de direito, professor, tem de ser informado, educado, capacitado, exposto a situações que o façam refletir acerca do universo em que atua e da importância de seu papel. Faz parte dessa conduta o esclarecimento acerca das propostas pedagógicas a serem adotadas e dos autores a serem estudados, e o investimento em ações que possam contribuir para seu aperfeiçoamento. Faz parte, também, a criação de material de apoio, com linguagem simples e direta, com sugestões de trabalho nas diferentes áreas, além de propostas de atividades e projetos. Caso contrário, o simulacro continuará a prevalecer, pouco contribuindo efetivamente para a solução dos problemas que a educação infantil enfrenta. Além disso, não se pode abordar apenas os aspectos cognitivos do aprendizado; muito embora tenha que se reconhecer que o RCN menciona a importância dos aspectos sensoriais, afetivos, éticos e sociais, além dos mentais, teme-se a priorização dos aspectos cognitivos sobre os demais na aplicação da proposta, o que constitui grande perda, caso seja essa a opção de algumas escolas.

Educar, aprender, cuidar e brincar

Um aspecto importante e positivo encontrado no volume que está sendo analisado é a ênfase colocada em *educar, aprender, cuidar e brincar*, enfatizando-se a importância desses atos para a criança e a maneira pela qual ela se apropria do mundo, por sua própria interpretação da realidade que a cerca, estabelecendo hipóteses explicativas para os fenômenos que vivencia ou presencia. Esses termos são cuidadosamente definidos, insistindo-se na necessidade de trabalhar de forma integrada, contribuindo para o desenvolvimento de capacidades e habilidades físicas, afetivas, cognitivas e sociais. Volta-se também, o documento, para dois outros pontos importantes: o de procurar aproximar-se das práticas sociais da criança, isto é, das situações vividas por ela em seu cotidiano, e o de operar dentro de critérios não excludentes, estendendo o alcance da ação a crianças portadoras de necessidades especiais, sejam estas mentais, auditivas, visuais, físicas, ou que atinja várias competências e habilidades, o que corresponderia a 10% da população brasileira, apresentando-se como uma prática educativa comprometida com a cidadania e com a formação de sociedade democrática, e, por isso mesmo, em convívio direto com a diversidade, marca da cultura brasileira.

Se for bem compreendido, esse item pode contribuir para a transformação das atitudes nas escolas de educação infantil e creches, pois destaca valores comprometidos com a cidadania, como a inclusão social, sem descartar os aspectos físicos, afetivos e cognitivos. A questão é entender de que modo o profissional que atua nesses espaços consegue traduzir isso em sua prática diária. Se esses "professores" não tiverem a escolaridade mínima exigida e não forem orientados a lidar nem com a criança chamada "normal", como, então, farão para atender as que têm dificuldades auditivas, visuais, físicas e desabilidades múltiplas? Parece que, aqui, mais uma vez, estamos diante de uma situação que muito dificilmente será resolvida, pois o simulacro, de novo, é preferido em vez da adesão à realidade encontrada. Cabem, então, outras perguntas: Por que não se fez um diagnóstico real e abrangente da situação brasileira em termos de atendimento escolar? Por que profissionais de várias partes do país, vivendo situações as mais diversas, não foram chamados para depor a respeito das reais circunstâncias de seu trabalho antes da execução do documento? Por que apenas uma pequena equipe se encarregou de ditar "referenciais" para toda a nação? São questões como essas que foram e continuam a ser feitas por aqueles que acreditam na real necessidade de transformação da escola. Essas são questões importantes, que deixaram de ser apresentadas e respondidas; diante delas, outras, corriqueiras em todo projeto educacional, como "conteúdos, objetivos, planos, metas", só podem ser resolvidas se a diagnose for feita de antemão, e em todos os recantos do país, tarefa que ainda está para ser cumprida.

O professor de educação infantil

As questões gerais acerca do RCN não param por aí. Em outro segmento, o documento aponta para a solução dessas questões, quando aborda a importância de formação profissional do professor de educação infantil. Na atual LDBEN, enfatiza-se a necessidade de essa formação ocorrer

> em nível superior, em cursos de licenciatura, de graduação plena, em universidades e institutos superiores de educação, admitida, como formação mínima para o magistério na educação infantil e nas quatro primeiras séries do ensino fundamental, a oferecida em nível médio, na modalidade "Normal". (LDB n.9394/96, título VI, art. 62)

O documento não menciona de que modo o governo pretende cumprir esse quesito, pois, dada a enormidade do país e os inumeráveis casos de mão de obra não capacitada, com cursos incompletos ou não adequados, torna-se difícil obedecer a essa determinação legal. Teme-se, também aqui, que se pretenda aderir ao simulacro, desta vez concedendo diplomas a milhares de professores em cursos rápidos, criados especificamente para dar conta de tudo, sem que os critérios de qualidade sejam prioritários. No que se refere à educação musical, só será possível crescer em qualidade se os cursos de formação técnicos e superiores chegarem rapidamente à excelência, pois são responsáveis pela formação do professor de música e, portanto, corresponsáveis pela recondução da música à escola.

A LDBEN (Brasil, 1996) dispõe a respeito do período de transição que se vive atualmente no Brasil, concedendo um prazo de cerca de dez anos para que o curso superior passasse a ser obrigatório. Deixando de lado as considerações a respeito da determinação legal e as reais condições do país em suas regiões mais carentes – um desafio para o governo –, observa-se a preocupação em sugerir às "diferentes redes de ensino" que se coloquem "a tarefa de investir ... na capacitação e atualização permanente e em serviço de seus professores (seja das creches ou pré-escolas), aproveitando as experiências acumuladas daqueles que já vêm trabalhando com crianças há mais tempo, com qualidade".

Nota-se, aqui, a presença de um certo romantismo, carregado de utopia (na acepção utilizada por Löwy & Sayre (1995) para classificar do romantismo), ao esperar que as escolas arquem com a responsabilidade de formação e capacitação docente; não que as metas do documento não possam ser atingidas, mas não será com exortações desse tipo que se dará a transformação, mas com políticas públicas firmes, com projetos e programas sólidos, com investimentos consistentes em capacitação profissional e melhoria de condições de vida para a ampla faixa da população que vive marginalizada e sem condições de subsistência. Não é preciso procurar muito; a todo momento, nas notícias e reportagens apresentadas pela mídia, deparamo-nos com situações de extrema penúria nas escolas e creches do país: professores e alunos que têm de caminhar a pé por quilômetros, escolas sem mobiliário básico, sem segurança, sem materiais, com goteiras ou dominadas por gangues. É preciso estar consciente de que esses são, apenas, os primeiros passos, importantes, sim, mas que precisam ser acompanhados por muitos outros. Caso contrário, pode-se não conseguir superar a carência hoje vivida e atingir o que é previsto na LDB: "Até o fim da década da Educação, somente serão admitidos professores habilitados em nível superior ou formados por treinamento em serviço" (LDBEN n.9394/96, título IX, art.87, § 4º).

A instituição e o projeto educativo

O documento trata, também, da instituição e do projeto educativo. Examinam-se as condições internas e externas dos estabelecimentos, o ambiente e a formação do coletivo institucional. Reforça-se a importância de cada proposta estar solidamente vinculada às características socioculturais da comunidade à qual pertence a escola ou a creche, de modo a poder atender às suas necessidades e expectativas. Em *condições internas*, examinam-se a diversidade encontrada nas creches e escolas de educação infantil, bem como as fontes de suporte do estabelecimento. É reforçada a importância do projeto pedagógico em cada instituição, fruto do envolvimento de toda a equipe, e os resultados positivos dependerão da relação de respeito e cooperação da equipe, além do sadio relacionamento escola/família, em que se destacam o respeito à diferença, a sadia explicitação de conflitos e a busca de soluções por meio da cooperação entre as duas instâncias. Reafirma-se, também, a importância de criar um ambiente positivo e de forte conotação afetiva.

No entanto, não se avança na análise das situações, o que dificulta e até mesmo impede atingir-se as metas previstas; não se discute a questão das creches em si, tal como se encontram hoje, nem se apontam meios e sugestões para que cada instituição, não obstante as dificuldades que enfrenta, encontre seu caminho para esse ideal. Não são abordadas, no documento, nem a questão da formação do professor de creche nem propostas para encontrar soluções para as questões cruciais vividas no dia a dia. Ora, é publicamente conhecido o estado precário das creches, com muitas dificuldades para enfrentar as situações desafiadoras que lhes são colocadas. Questões sociais, escolares, organizacionais e de violência tornam o trabalho extremamente difícil. Além disso, a proposta do RCN não dá conta da diversidade existente no país, que torna praticamente impossível a implantação de um modelo de educação nacional. Embora teoricamente a equipe que elaborou o documento preocupe-se em frisar o caráter não obrigatório do documento e o não estabelecimento de um currículo único, e incentive a discussão e a descoberta de soluções para cada caso, examinando-se os exemplos dados e as sugestões apresentadas, não se pode deixar de pensar que eles foram escolhidos "a dedo", isto é, colhidos dentre muitas experiências, realizadas com crianças que gozam de situação privilegiada, isto é, que procedem de lares organizados e frequentam escolas ou creches bem aparelhadas, dispondo de espaços em que podem trabalhar com materiais interessantes, brincar e se desenvolver; as fotos mostram essas condições. Além disso, contam com professores habilitados, o que se reflete diretamente na maneira de condução da aula e da escola, e nos resultados obtidos com as crianças. Mas essa é uma pequena face da realidade maior, perversa, em que muitas escolas estão mergulhadas. É para essas escolas que o governo tem de falar e, a partir delas, buscar soluções.

Formação pessoal e social e *Conhecimento do mundo*

Nos dois volumes seguintes pretende-se que as orientações de caráter geral, apresentadas no volume I, ganhem expressão e suscitem transformações por meio de ações concretas. Nesses volumes, a primeira dificuldade é que as discussões específicas: *Formação pessoal e social* (identidade e autonomia) e *Conhecimento do mundo* (movimento, música, artes visuais, linguagem oral e escrita, natureza e sociedade e matemática) não mantêm a mesma clareza de propósitos encontrada no documento introdutório. Na leitura desses textos, o que primeiro aflora é a falta de um ponto de vista comum. Cada um, embora siga aproximadamente o mesmo roteiro e mostre as peculiaridades próprias da área, apresenta redundâncias, oposições e lacunas, que um exame apurado logo é capaz de detectar. Constata-se que não se trata de um grupo que compartilha ideias e ações, mas de profissionais convocados a contribuir com a proposta governamental, cada qual realizando, solitariamente, a "mágica" de apresentar um projeto abrangente, coerente e interessante. Missão impossível, mesmo considerando-se a competência da equipe. Isso porque ninguém é capaz de dar conta da heterogeneidade de condições e peculiaridades culturais encontradas em cada pedaço do Brasil, malgrado os esforços da cultura global para homogeneizá-la.

A educação infantil, por sua própria natureza, se dá de forma interativa, com uma ênfase muito grande na inter-relação temática, ou melhor, na interdisciplinaridade, pois a faixa etária é caracteristicamente transdisciplinar e opera de modo não linear, o que favorece a adoção de atividades interativas. O professor das creches e escolas de educação infantil é, via de regra, polivalente, e deve estar preparado para exercer a relação entre as diferentes áreas do conhecimento no contexto da própria aula, o que exige investimento profundo do professor na preparação da aula e, também, investimento do governo na qualidade de sua formação profissional; ele precisa ter repertório cultural, desenvoltura corporal e habilidades plásticas e expressivas, ser afetivo e ter um contato positivo com as crianças, para lhes inspirar confiança e estímulo. É claro que, sozinho, não poderá dar o salto de qualidade que dele se espera, e o governo, se realmente deseja a melhoria da educação infantil, tem de investir pesadamente nos aspectos estruturais da creche, na formação específica, no aperfeiçoamento do professor e no conhecimento da criança e de suas necessidades; caso contrário, será mais uma reforma "de fachada", sem a real transformação qualitativa que dela se espera.

Segundo volume – Formação pessoal e social

Ao tratar da formação pessoal e social da criança, o foco do interesse está na construção da identidade e da autonomia. A *identidade* estabelece em cada ser aquilo que o destaca e diferencia das demais pessoas. São marcas dessa diferença: nome, características físicas, movimentos próprios, atos peculiares, formas de pensar, história pessoal, enfim, tudo aquilo que reafirma a personalidade de cada um como distinta de qualquer outra. A identidade, porém, não vem pronta; ela se constitui paulatinamente, à medida que as interações sociais, o meio ambiente e os modos próprios de ser criam condições para o reconhecimento, por parte do indivíduo, entre o que é intrínseco à sua personalidade e o que provém do meio.

Desde os primeiros meses de vida, é extremamente importante o círculo de relações que a criança cria com quem tem contato e interage com ela. Via de regra, é na família que se constituem as primeiras interações, pois, desde o início, a criança aprende a distinguir os traços próprios de cada um de seus membros, o papel que ocupam na estrutura familiar, bem como suas características físicas, temperamento e peculiaridades. Ao experimentar os primeiros contatos com o meio, o bebê começa a estabelecer as primeiras relações e a viver situações que lhe darão elementos importantes para a construção de sua identidade. No caso deste trabalho, indaga-se de que modo a instituição pode contribuir para a formação da identidade de crianças que não possuem esse tipo de referencial a partir da própria família. Refere-se a crianças que nasceram e vivem em condições sociais adversas e que, muitas vezes, não privilegiam a família: crianças abandonadas, órfãs, moradoras de rua, entre outras. Nesses casos, cabe à instituição a responsabilidade pela formação da identidade da criança, pois atua como substituta da família. O pessoal que trabalha com elas precisa ser conscientizado a respeito do papel que desempenha nesse processo, para poder exercê-lo da melhor forma possível, auxiliando a criança a relacionar-se de forma positiva consigo própria, com seus companheiros e com o meio ambiente, valorizando-se e valorizando-os.

A *autonomia,* outro princípio que se desenvolve no decorrer da experiência de escolarização da criança, define-se como a capacidade de se conduzir e tomar decisões próprias, sem descartar as regras e valores que orientam determinada sociedade. O fato de o Referencial adotar como meta a construção da *identidade* e da *autonomia* o faz entrar em um universo de valores em que a criança é o centro de atenções da organização, reconhecida como um ser de vontade própria, capaz de tomar em suas mãos a construção do próprio conhecimento e, assim, de interferir no próprio meio, a princípio com ações pessoais e imediatas (concretas) e, depois, do ponto de vista da cognição e dos princípios éticos e estéticos.

Toda essa exposição acerca da criança, suas necessidades, características e modos de agir encontrados no RCN denota um bom conhecimento, por parte dos autores, da área e da faixa etária abrangidas. Mas, embora seja um discurso bem urdido, ainda assim escapam algumas imperfeições textuais que é preciso destacar. Em primeiro lugar, o uso frequente da expressão "nessa faixa etária", para indicar alguma característica, modo de ação ou sugestão de jogos que, devido ao amplo espectro das idades atendidas, torna-se imprecisa, pois o que é considerado próprio a uma criança de um ou dois anos de idade não o será para outra de quatro ou seis anos. Sempre que se adota esse tipo de denominação ampla para determinada atividade ou competência, o leque de possibilidades que se apresenta acarreta imprecisão na informação. Embora, em alguns trechos, os autores tenham tido o cuidado de tratar separadamente de crianças de zero a um e de dois e três anos de idade, o Referencial assume frequentemente tal risco de generalização, recomendando certos jogos e ações a uma faixa etária ampla; ademais, ao tratar da formação da moral autônoma da criança, não diz, em nenhum momento, *qual é a faixa etária aproximada em que a criança adquire essa competência* (Brasil, 1998, v.2, p.14).

Abordam-se, também, as etapas do desenvolvimento infantil e as maneiras como cada uma delas se constrói. Questões como fusão e diferenciação, formação de vínculos, expressão de sexualidade e maneiras de se chegar ao ensino e à aprendizagem são explicitadas, buscando fornecer orientação para o corpo docente e para as instituições que lidam com crianças em idade pré-escolar. Essa é uma informação importante e elucidativa e, certamente, auxiliará os professores das creches e escolas em suas tarefas. No entanto, essa criança é descontextualizada, desterritorializada e anistórica; não se leva em conta a origem nem as condições sociais em que vive, que competências desenvolve espontaneamente em seu próprio meio e quais são aquelas em que precisa da ajuda da escola para poder se desenvolver. Quem é a criança brasileira? Será possível responder a essa questão? Onde mora? Numa aldeia escondida no meio do mato? Na periferia de uma grande cidade? Como se comporta a criança que passa metade de seu dia numa mina de carvão? Ou catando lixo nas ruas? Ou, ainda, a que tem algumas facilidades, por ser proveniente de família de classe média? Até que ponto a desnutrição afeta os padrões cognitivos descritos no RCN? E a violência? Essas condições interferem no aprendizado? Essas questões estão longe de se esgotar, mas não parecem ter sido consideradas em profundidade quando da feitura do material. Nesse sentido, essa postura é ainda mais grave do que a combatida fórmula da educação compensatória, pois, no material apresentado pelo governo brasileiro, o mundo é dado, e só é preciso organizar ações para que tudo "corra bem, no melhor dos mundos".

Quanto à organização, o material apresenta três grandes eixos de ação, encontrados igualmente no terceiro volume: objetivos, conteúdos e orientações didáticas em cada disciplina, proposta ou projeto. Também aqui nota-se a amplidão da faixa etária; a idade atendida pelas instituições – zero a seis anos – leva a generalizações, pois é difícil agrupar, numa só listagem, as particularidades, capacidades, hábitos e características de crianças pertencentes a tão amplo espectro. Isso sem se falar na heterogeneidade de condições das crianças, em que se salientam diferenças de comportamento, habilidades, expressões de afeto e modos de cognição. O documento divide as crianças em dois grandes blocos: de zero a três e de quatro a seis anos, acreditando, com isso, estar considerando faixas etárias distintas; no entanto, mesmo assim, o espectro continua amplo demais.

O contrário também ocorre, quando se atribui a crianças de determinada idade a aquisição de uma determinada capacidade, não levando em conta sua prévia manifestação em etapas anteriores. Veja-se um exemplo da maneira pela qual isso se dá: de acordo com os *objetivos*, entre outras coisas, espera-se que "crianças a partir dos quatro anos de idade sejam capazes de ter uma imagem positiva de si, ampliando sua autoconfiança, identificando cada vez mais suas limitações e possibilidades e agindo de acordo com elas" (Brasil, 1998, v.2, p.27). Fica a pergunta: E antes disso? Não está a criança, antes dos quatro anos, formando a própria imagem, exercitando a autoconfiança, percebendo possibilidades e limites, e agindo? Isso, porém, só ocorrerá se ela tiver condições mínimas de segurança, saúde, alimentação, higiene, afeto. E as crianças que vivem em condições degradantes, malvestidas, mal alimentadas, mal-amadas? E as abandonadas? Terão elas oportunidade de exercitar a autoconfiança? São afirmações como essas apresentadas no RCN que dão margem a dúvidas e hesitações quanto à adoção do documento, de modo tão amplo, isto é, nas escolas de educação infantil de todo o país, sem que se prepare uma longa e pormenorizada rede de capacitação docente, que se invista maciçamente na experimentação, discussão, reflexão e, sobretudo, na ação.

Quanto aos conteúdos, a imprecisão é ainda maior, pois as competências são arroladas sem qualquer alusão à idade da criança, a não ser nos grandes blocos: zero a três e quatro a seis, estando as capacidades expressas num só local, não importando se as crianças precisarão de três anos ou de apenas alguns dias para adquirir determinada habilidade. Exemplos disso colhidos no próprio Referencial:

Crianças de zero a três anos de idade:

> Iniciativa para pedir ajuda nas situações em que isso se fizer necessário. [Quando isso se dá? Aos seis meses? Aos dois anos?]
> Respeito às regras simples de convívio social, higiene das mãos com ajuda, interesse em desprender-se das fraldas e utilizar o penico e o vaso sanitário, interesse em experimentar novos alimentos, a comer sem ajuda, identificação de risco no seu ambiente mais próximo. [Quando?] (Brasil, 1998, v.2, p.29)

Na verdade, as ações relacionadas referem-se a crianças mais velhas, com mais de dois anos de idade. Ora, a fase inicial de vida é a mais importante, pois é aí que se iniciam as relações que a criança estabelece com o mundo e consigo própria. No entanto, talvez devido à pouca familiaridade da equipe com crianças dessa faixa etária mais baixa, o texto faz que as crianças menores sejam "carregadas" para o mesmo espaço das mais velhas, quando mereceriam um amplo esclarecimento acerca de suas aquisições cognitivas, afetivas, sociais e de movimento. Mas pouco se trata dos primeiros doze meses, tão cheios de especificidades, que se poderia relacionar as habilidades adquiridas mês a mês.

Assim, o período de zero a um ano, no qual a criança apresenta maior desenvolvimento, é o menos contemplado pelo documento; omite-se o que é específico do recém-nascido e de bebês de até um ano de idade. O educador que deseje se orientar pelos textos não encontra amparo quando tenta estabelecer "o que fazer", no dia a dia, com crianças dessa idade. É surpreendente que um documento de tal envergadura e abrangência seja constituído pela equipe convidada sem preocupação com pesquisa e consultorias específicas, como seria o caso da psicologia, na questão que se está discutindo.

A psicoteraupeuta Marina T. de Oliveira, entrevistada a respeito das principais características do bebê, esclarece:

> Desde o final da gravidez e o parto, tem início uma relação intensa entre a mãe e o bebê. Nesse período, um ambiente facilitador e protetor permite que a mãe atenda plenamente a essa necessidade, ficando o tempo todo com o bebê. Trata-se de uma regressão normal, esperada, de caráter animal. É como qualquer mamífero, que aleita e lambe a cria. Essa atitude é denominada, pela psicanálise, "preocupação materna primária". Graças a essa necessidade, estabelecem-se os primeiros vínculos intensos entre o bebê e sua mãe. O recém-nascido não tem, porém, a memória da mãe, se esta não estiver presente. Quando a mãe se afasta, ele se sente totalmente desamparado. Se o bebê não estiver com alguém com quem estabeleça vínculos, perde a própria noção de existir, o que pode desenvolver, posteriormente, quadros psicóticos. Com alguns dias de vida, o jeito da mãe ou da pessoa que

> cuida do bebê, o modo como o carrega, seu cheiro, sua voz, e outras características passam a ser reconhecidos por ele. Assim, quando ouve a voz da "mãe", mesmo que de longe, para de chorar e sente aliviar a própria angústia; o mesmo ocorre quando reconhece as músicas que a mãe canta para ele. Se os pais cantam e falam com o feto durante a gravidez, depois do nascimento, o bebê será capaz de reconhecer os sons que havia ouvido antes de nascer, e isso o acalma. Estimular o bebê é brincar e relacionar-se com ele, niná-lo e acarinhá-lo, cantar para ele e com ele. O "brincar" que promove o desenvolvimento é o que dá significado à experiência que o bebê ou a criança estão vivendo. Nesse sentido, pode-se dizer que é *play* e não *game*. O jogo como *game* é treino e desenvolve determinadas capacidades, mas isso não fica integrado ao desenvolvimento global da criança. (Comunicação pessoal, 1999)

Esse tipo de informação poderia ser de grande utilidade se constasse do Referencial Curricular; crianças bem pequenas são atendidas em creches e escolas de educação infantil em todo o país, mas quantos dos professores dessas escolas sentem-se à vontade para lidar com elas? E, no entanto, é necessário que a "professora" responsável compreenda muito bem o processo pelo qual a criança passa em seu desenvolvimento inicial; como substituta – ainda que temporária – da mãe, ela precisa "agir em seu lugar" no atendimento ao bebê, dando conta não apenas dos cuidados pessoais, higiene e alimentação, mas também do estabelecimento de vínculos afetivos e da relação do bebê/criança com o meio e com as demais pessoas da instituição. Mas todo esse precioso volume de informações está ausente do documento oficial.

Outra questão a ser considerada é que, em razão da própria situação socioeconômica e das condições típicas do momento atual, cada vez mais e mais cedo pais e mães que trabalham veem-se obrigados a deixar os filhos em creches, às vezes, durante todo o dia. Isso para não falar nas crianças órfãs e abandonadas, cujo número cresce assustadoramente. Por esse motivo seria necessário que o Referencial desse ênfase à faixa etária de zero a um ano, pois, assim, as pessoas que se ocupam de crianças pequenas nas creches teriam melhores condições do que atualmente de contribuir para o seu desenvolvimento saudável e harmonioso.

Crianças de quatro a seis anos

O segmento que trata da faixa etária de quatro a seis anos segue aproximadamente o mesmo modelo descrito: características das crianças na faixa etária (mais uma vez, prejudicado pela amplitude da abrangência) e orientação didática. No item "Características", enfatiza-se a manifestação, expressão e o controle progressivo de necessidades, desejos e sentimentos em situações do cotidiano. Os itens todos apontam para a independência que a criança adquire paulatinamente, a aquisição de hábitos pessoais e sociais, noções de higiene, cuidados pessoais e progressiva sociabilização, evidenciada pelo respeito a regras de convívio social, uso de materiais e espaço. Os subitens são: imagem, independência e autonomia, respeito à diversidade, identidade de gênero, interação, jogos e brincadeiras, além de cuidados pessoais. Cada um deles fornece informações pertinentes, constituindo precioso auxílio aos professores.

O item "Orientações gerais para o professor" aborda, mais uma vez, a questão dos jogos e brincadeiras – agora, dirigido ao "faz de conta" e enfatizando a importância da imaginação, as maneiras de o professor interferir de vez em quando, com a intenção de enriquecer as propostas e apresentando uma série de sugestões para auxiliá-lo a organizar o espaço de maneira a privilegiar as brincadeiras. Esse e os itens seguintes são tratados de maneira feliz, utilizando linguagem simples e acessível, sem que isso resulte em superficialidade. Sempre que o documento adota esse tom claro e direto atinge seus objetivos, por dar proximidade ao leitor. Quando, porém, faz generalizações e trabalha em abstrato, o resultado fica comprometido.

Terceiro volume: Conhecimento do mundo

Nesse volume estão os documentos referentes aos "seis eixos de trabalho orientados para a construção das diferentes linguagens pelas crianças e para as relações que estabelecem com os objetos do conhecimento" (Brasil, 1998): movimento, música, artes visuais, linguagem oral e escrita, natureza e sociedade, matemática.

É clara a intenção de fornecer informação e orientação aos professores. Pretende-se que, pelo estudo e discussão do material com a equipe escolar, em cada instituição, seja possível produzir-se conhecimento "de maneira integrada e global". Sugere-se, também, que o professor trabalhe de modo interativo com as diferentes áreas. Mais uma vez, enfatiza-se a necessidade de cada escola, cada equipe, elaborar seu próprio plano de atuação a partir da situação real enfrentada cotidianamente quanto ao espaço físico, filosofia de trabalho, perfil dos alunos, interesses, enfim, tudo o que, de algum modo, influencie a ação da escola e dirija o estabelecimento de sua estrutura curricular. Os textos a respeito dos seis eixos contemplados possuem estrutura bastante semelhante, com introdução, presença da área específica na educação infantil, a relação da criança com a área de conhecimento, objetivos, conteúdos, observações gerais aos professores e avaliação formativa, variando ligeiramente, algumas vezes, de um para outro campo do conhecimento.

No entanto, se, por um lado, o texto demonstra o conhecimento dos autores de cada área, por outro, mostra a falta de integração entre eles. Cada autor apresenta seu elenco próprio de considerações, objetivos, conteúdos, orientações didáticas e outros itens, sem atentar para o que está sendo dito nas outras áreas – conduta inadequada porque, em geral, na creche ou nas escolas de educação infantil, há um único educador (polivalente) para todas as áreas, que transita por elas de forma integrada. A presença de especialistas nessas instituições é uma exceção, mas, mesmo quando existem, é o professor de classe que se responsabiliza pela integração, reavivando, no dia a dia da escola, os conceitos e habilidades trabalhados pelo especialista. Por esse motivo, a principal tarefa do professor da creche ou da escola de educação infantil é lidar, de modo vivo e integrado, com todas as atividades, conteúdos e ações. Isso, porém, está ausente no documento, e a integração tem de ser feita pelo próprio professor. É bom que o professor imagine, ele mesmo, maneiras de fazer a integração, pois isso o leva a refletir acerca da própria experiência. No entanto, nas condições atuais em que as escolas e creches vivem, esse tipo de conduta é inadequada, pois não há garantia de que a reflexão seja feita por cada professor ou mesmo pela instituição. A capacidade de refletir acerca da própria prática é um ideal a ser perseguido, mas, no momento, difícil de ser realizado. Sendo assim, para que os objetivos sejam atingidos, é preciso que haja suporte, supervisão e cursos de capacitação e aperfeiçoamento docente.

Uma possível integração

Para concluir a análise do Referencial Curricular Nacional, indicam-se algumas maneiras de estimular a interação entre as áreas. Há, nos eixos movimento e música, propostas que muitas vezes se completam. Mas não é só aí que se podem desenvolver propostas interativas, pois o mesmo ocorre em outras áreas, como a matemática e a música. Um grande leque de possibilidades de interação entre diferentes áreas pode ser encontrado a partir do material apresentado no RCN, sem que seja necessário alterar nada da proposta original, bastando cruzar dados para perceber a riqueza que se mostra a partir desse exercício.

Exemplo 1

Movimento

- Utilização expressiva intencional do movimento nas situações cotidianas e em suas brincadeiras. (Brasil, 1998, p.32)

Música

- Participação em jogos e brincadeiras que envolvam a dança e/ou a improvisação musical. (p.59)

Se coladas, como aqui, lado a lado, fica claro ao "professor" que uma atividade leva à outra, e a ênfase pode mudar de lugar, privilegiando ora o movimento, ora o som, o que se confirma com outra citação:

> O gesto e o movimento corporal estão ligados e conectados ao trabalho musical. (RCN, v.3, p.61)

Exemplo 2

Artes Plásticas

- Exploração e aprofundamento das possibilidades oferecidas pelos diversos materiais, instrumentos e suportes necessários para o fazer artístico. (p.99)

Música

- Para visualizar o projeto de construção de instrumentos com as crianças, o material a ser utilizado pode ser organizado de forma a facilitar uma produção criativa e interessante. (p.69)

Neste caso, o instrumento a ser construído poderia ser suporte para as artes plásticas.

Exemplo 3

Linguagem oral

- Conhecimento e reprodução oral de jogos verbais, como trava-línguas, parlendas, adivinhas, quadrinhas, poemas e canções. (p.137)

Música

- Os jogos e brinquedos musicais da cultura infantil incluem os acalantos ..., as parlendas ..., as adivinhas, os contos, os romances ... (p.71)

Matemática

- Brincadeiras e cantigas que incluem diferentes formas de contagem. (p.221)

O exame do material permitirá ao professor encontrar muitos outros exemplos, e ele pode exercitar-se no jogo de descobrimento de pontos semelhantes ou inter-relacionados nas propostas, pois a interdisciplinaridade é constantemente buscada na educação infantil.

Os Parâmetros Curriculares Nacionais – PCN

Na análise a ser apresentada, serão tomados apenas os PCN 1 e 2, e não os dos demais níveis de educação (cursos médio e técnico). Serão feitos comentários de ordem geral que passam pelos textos introdutórios e temas transversais; no entanto, o foco do trabalho incide sobre a música. Os textos de cada área específica refletem o estado em que ela se encontra; sendo assim, é interessante constatar que a maneira com que o texto é apresentado no documento aponte, também, para a maturidade da área. Logo no primeiro exame percebe-se uma nítida diferença entre os textos teóricos a respeito de educação e os específicos a cada setor; os textos introdutórios são bem organizados e o autor consegue defender seus pontos de vista com clareza e pertinência. Observe-se a ênfase na posição ocupada pelo Brasil em comparação à de outros países, com o reconhecimento explícito da desvantagem ora ocupada por ele sem, porém, adotar linguagem derrotista ou negativa, mas ressaltando os avanços conquistados. Importante, também, como se revela no texto, a disposição do governo em emparelhar-se a conquistas da educação mundial, endossando as proposições priorizadas em conferências e encontros internacionais. No entanto, não se pode deixar de notar um anseio em "ser como os outros", isto é, em poder participar de encontros, congressos e pesquisas "em igualdade de condições". Este é um ponto a ser considerado: Será que o Brasil tem de se pautar pelos países desenvolvidos? Será que, para ser considerado "bom" em termos de educação, temos de trilhar os mesmos caminhos já percorridos por eles?

Nos últimos anos, paradoxalmente, nos encontros internacionais de educação musical,[9] o que se evidencia – em vez da hegemonia dos países desenvolvidos – é a constatação de interesse e respeito cada vez maiores pelas manifestações artísticas multiculturais. As mudanças políticas do final do século XX fizeram aumentar grandemente o contato entre os povos: a Europa e a América do Norte viram-se subitamente povoadas por refugiados vindos da Ásia, da África ou da Europa oriental e, malgrado todos os problemas sociais e de adaptação ao novo mundo, o que se viu, em termos culturais, foi a aproximação de culturas diferentes e o conhecimento de novas formas de expressão. Os educadores do Primeiro Mundo estão descobrindo a "mesmice" que subjaz a muitas de suas formas de expressão artística e anseiam pela diversidade e multiplicidade de ritmos, cores e formas com que travam contato mais próximo agora. O mundo diminuiu e quase não há mais sociedades distantes e lendárias. Tudo está perto, ao alcance da mão. Sem mencionar as facilidades da internet, dos *sites* informativos, dos videoteipes e *CD-ROMs*.

Diante dessa nova condição, o Brasil se apresenta com grande vantagem em relação aos outros países, que apenas neste século estão travando contato com a diversidade, pois aqui nosso dia a dia está inserido na multiplicidade; diferentes culturas, diferentes etnias compõem este país em mosaicos inter-relacionados, em que conviver com o diferente faz parte do cotidiano. No entanto, há uma força que leva a se querer adotar padrões homogêneos, em vez de aceitar o que é típico de cada região ou segmento cultural,

---

9 Refere-se, especificamente, aos congressos bianuais promovidos pela ISME (International Society for Music Education), mas o que está sendo apontado pode ser observado em outros encontros, e em outras áreas artísticas, dentro ou fora do circuito acadêmico.

e isso gera um conflito entre o anseio pela homogeneização e a força heterogênea que caracteriza o multiculturalismo brasileiro.

Nos Parâmetros Curriculares Nacionais nota-se o mesmo antagonismo, pois, embora seu texto reconheça a diversidade cultural do país e recuse determinar e impor padrões, de modo que cada região, cada escola, cada segmento descubra suas maneiras próprias de ação, deixa-se, ao mesmo tempo, entrever um anseio em "sermos iguais aos países desenvolvidos". Talvez, o anseio em buscar qualidades "lá fora" possa prejudicar o reconhecimento dos potenciais "daqui de dentro".

Outro ponto a destacar é o diagnóstico da escola brasileira apresentado nos documentos introdutórios. Ao trazer estados e municípios à comparticipação no processo educativo da população em geral, mostram-se as vantagens de ações conjuntas para a recuperação do sistema educativo do país. No entanto, a par do discurso otimista, deve-se ter em mente a enormidade da tarefa e a distância entre a proposta e sua aplicação prática, pois anos e anos de ações inadequadas, má preparação de professores, número insuficiente de profissionais habilitados, falta de verba crônica, má remuneração, apenas para citar alguns dos problemas enfrentados, deixaram a educação em um estado que somente um plano muito bem urdido, a colaboração de muitos profissionais, a montagem de cursos e atividades de formação continuada, muita vontade política e verbas adequadas poderão mudar a situação hoje vivida.

O terceiro ponto refere-se às concepções pedagógicas dominantes no sistema educacional do país. Não são apenas os aspectos pedagógicos que devem ser discutidos – é isso que ocorre no documento (aliás, nem mesmo isso, pois, como já foi apontado ao se tratar do Referencial Curricular, há uma clara opção pela concepção construtivista, ignorando-se qualquer outra matriz teórica e não se enfatizando princípios filosóficos, éticos, estéticos e, portanto, valorativos). É de extrema importância que esses aspectos sejam claramente expostos, pois são eles que determinam as condutas, a escolha de currículos e as possíveis epistemologias orientadoras do ensino, que não deveriam ser conduzidas, como ocorre no documento, mas deixadas a critério de cada escola, evidentemente depois de amplo esclarecimento. Se isso não ocorrer de forma clara, pode-se cair em soluções fáceis, em que procedimentos adotados acriticamente acabem por perder sentido dentro do contexto escolar.

Destaque-se, ainda, a pertinência da elaboração do perfil de escola ideal, chamada, no documento, "a escola de oito anos que queremos" – uma escola não excludente e acolhedora; interativa e engajada na comunidade; ativa e capaz de valorizar quem dela faz parte, socializadora, inserida e envolvida com as questões do mundo contemporâneo; multicultural e estimuladora da aprendizagem constante. Essas posições, se efetivamente mantidas, poderão, com atos e reflexões, diminuir a distância apontada anteriormente entre "os lá de fora" e os "aqui de dentro", pois, caso se assuma realmente esse perfil, fazendo que os educadores aprendam a se conhecer melhor e, portanto, a enfrentar as próprias fraquezas e a valorizar seus aspectos fortes, podem-se descobrir qualidades intrínsecas peculiares que conduzirão a uma escola bem-sucedida, mas não necessariamente igual à dos países que hoje nos servem de modelo e que, paradoxalmente, ao menos em termos de arte e cultura, nos olham com admiração e – por que não dizer? – com um pouquinho de inveja...

Os temas transversais – um olhar para questões urgentes

Não se pode deixar de citar, ainda que ligeiramente, os chamados *temas transversais*, que acompanham a grade curricular e perpassam todas as áreas. Não há como ampliar demasiadamente essa discussão e análise, apesar de sua atualidade e pertinência, mas há dois destaques a fazer: pela importância da proposta, faz-se necessário que ela seja amplamente trabalhada em todas as instâncias, desde os escalões mais altos da equipe governamental até a escola; aí, deverá ser plenamente entendida por todos os integrantes dos mais distintos segmentos, da direção ao corpo discente, pois, se isso não ocorrer, dificilmente a proposta atingirá seus objetivos. No item meio ambiente, é importante que se destaque a extensão das atitudes recomendadas: gestos de solidariedade, hábitos de higiene pessoal e outros similares, que transcendem a escola e se inserem em um âmbito maior. Está-se referindo a questões de cunho ecológico de importância mundial, como o aproveitamento de materiais, o não desperdício, a preservação da vida e da biodiversidade, os riscos do desmatamento e da poluição ambiental, os danos à saúde provocados por ambientes desequilibrados, o aquecimento global e outros temas. Esses pontos estão presentes no dia a dia da escola e, se destacados, servirão de eixo para ações transformadoras. Trata-se do estímulo a uma mentalidade de respeito a si mesmo, ao próximo e ao ambiente, em que se resgate, no contexto escolar, as questões ligadas à cidadania, à ecologia e à própria cultura. Não se trata de conteúdos específicos a serem tratados como se pertencessem a outras disciplinas, mas de ações motivadas por causas abraçadas por toda a comunidade, com o coração aberto e muita vontade, no cotidiano de cada um, da escola e de toda a sociedade. Trata-se, também, de não deixar fora da discussão os valores éticos e estéticos, pois os aspectos sensíveis e valorativos, bem como a autonomia do corpo e do movimento, contribuem para a formação total do ser humano. Se não for assim, não haverá uma real transformação, e a questão será tratada, mais uma vez, como tantos modismos que chegaram, se desgastaram e passaram.

Ecologia acústica

Não se pode deixar de citar, nesse conjunto de atitudes, a prática da ecologia acústica, considerada área emergente. Efetivamente, é urgente a presença em sala de aula da discussão dos efeitos do som ambiental na vida humana. No entanto, ainda não está clara, a um professor que se acerque do termo pela primeira vez, a importância de sua presença na escola. É preciso, portanto, que se explicite a relação entre ambiente e qualidade de vida; a poluição sonora e os danos causados à saúde pela exposição a ambiente sonoramente poluído, a importância do resgate da qualidade auditiva, utilizando-se exercícios específicos, a melhoria da percepção auditiva e propostas positivas de planejamento do ambiente sonoro e outros temas relacionados, para que a questão possa ser devidamente apreendida e valorizada. Também quanto a este aspecto, o trabalho inicial é com o próprio professor e com a escola, pois eles mesmos, talvez por desconhecimento, muitas vezes atuam como agentes poluidores. Nesse sentido, incentive-se na escola o conhecimento do livro de Murray Schafer a respeito desse problema, *A afinação do mundo* (2001), bem como da cartilha *Escuta!* A paisagem sonora da cidade (1998), publicada pela Secretaria do Meio Ambiente do Rio de Janeiro, pela pertinência e facilidade de aplicação no contexto da escola pública.

Música e tecnologia

Outro destaque a ser feito é a questão das tecnologias de comunicação na sociedade contemporânea e a importância dos recursos tecnológicos para a educação. Assim como os anteriores, é um texto bem desenvolvido e pertinente. Os autores “varreram” o campo e apresentam explicações claras e seguras a respeito de cada um dos itens levantados. No entanto, é preciso que se tenha cuidado com a implantação da proposta; é necessário que, à informação a respeito dos meios, se acrescente a reflexão acerca dos perigos de seu uso inadequado, excessivo ou desacompanhado de ações positivas que preservem o pleno desenvolvimento das capacidades individuais e coletivas. Nunca, como agora, houve tanta facilidade de acesso à informação e à comunicação. Em contrapartida, não se avançou muito quanto a relações pessoais e coletivas, que necessitam de maior aprofundamento e cuidado. Acessa-se rápida e superficialmente tudo o que se quer; as bibliotecas do mundo inteiro estão à disposição de cada um via internet, e as produções culturais internacionais são acessíveis por meio de CDs, rádio, TV, vídeos, DVDs ou CD-ROMs; no entanto, continua-se tendo dificuldade de organização, diálogo, capacidade de compreender pontos de vista divergentes ou em participar de ações comunitárias. Nesta época, a informação é instantânea, mas falta discussão ética e estética. Valores são deixados de lado, como se fossem questões de foro íntimo, não pertinentes ao grupo social. Há uma tendência, em vários setores ligados à educação, de confundir *modernização de recursos* com *aperfeiçoamento da prática educativa*. São muitas as escolas que, por um lado, recebem computadores para os alunos, enquanto, por outro, lutam com as mesmas questões de sempre: falta de professores, desmotivação, escassez de recursos, falta de segurança, evasão, repetência. As soluções que surgem a cada vez são paliativas e nunca chegam ao âmago do problema. Os computadores, muitas vezes, são colocados em salas vazias ou cheias de goteiras. Em outras, permanecem guardados em suas embalagens originais, esperando que se arrume um local adequado para sua instalação e assim permanecem por anos, deteriorando, à espera de um milagre que não ocorre. É preciso avaliar qual é a verdadeira contribuição da tecnologia sem, porém, esquecer-se das condições básicas de vida e das relações humanas. Ao assumir as técnicas de última geração, não se pode deixar de dar atenção a determinadas carências, desenvolvidas, entre outras causas, pelo comportamento solitário a que se tende hoje, que pode ser resumido no viver entre duas telas, a da TV e a do computador. É isso que se está presenciando, principalmente na cidade grande. À escola, atenta a essa disparidade, caberá propor estratégias e ações que diminuam as carências apontadas.

É importante que a reflexão a respeito de tais questões surja na escola; o uso das tecnologias disponíveis é desejável e, sem dúvida, facilita a vida do usuário; além disso, é irreversível: o mundo mudou e continua a mudar, em ritmo acelerado. A cada dia, o cotidiano se povoa mais um pouco com artefatos tecnológicos destinados a "facilitar a vida". Diariamente, leem-se nos jornais notícias a respeito das novidades tecnológicas esperadas para um futuro próximo e que já estão compondo o que se convencionou chamar "a revolução dentro da revolução".[10] Mais uma razão, portanto, para que sua utilização e disseminação não se deem de forma acrítica. E nunca foi tão necessário como hoje criar programas que resgatem atividades – hoje não mais tão "naturais" como um dia foram consideradas – como: andar ao ar livre, tomar contato com a diversidade, reconhecer similaridades, apurar a sensibilidade, conhecer, ver e escutar diferentes ambientes; incentivar práticas artísticas e culturais; a oportunidade de expressão individual e coletiva servirá de contraponto às atividades de caráter tecnológico, contribuindo para o reequilíbrio de pessoas e grupos.

A música na proposta dos PCN

Após as observações de caráter geral traz-se, agora, à discussão, questões específicas da área de música, ou melhor, da educação musical na escola, que talvez seja o ramo mais frágil da "árvore educativa". É uma área que caminha cautelosamente, tateando, à procura de seus próprios passos; ela não se conhece ainda o suficiente nem consegue perceber sua importância e alcance; mal sabendo o que quer e o que pode fazer. E não poderia ser de outro modo, pois, há mais de trinta anos, sua presença na escola vem sendo prejudicada; ao perder sua autonomia e passar a ser considerada um dos ramos das linguagens expressivas, confundiu-se "interdisciplinaridade" com "polivalência". Os alunos dos cursos de educação artística que não tenham tido formação musical anterior não conseguem, durante o curso, dominar estratégias, habilidades e conteúdos específicos da área; o resultado disso logo se fez notar: a música praticamente desapareceu das escolas, tanto no curso fundamental quanto no curso médio, e os exemplos em

10 A esse respeito, ler o editorial de *O Estado de S.Paulo*, 25.1.2000, p.3.

contrário podem ser vistos como exceções à regra. O discurso da área de música não está pronto, mas em processo, e o caminho, por fazer. Mas se houver vontade da instituição e do corpo docente, e se aumentar o número de professores especialistas, é importante que ele seja trilhado, mesmo que seu contorno não seja ainda claro, pois, como lembra Antonio Machado: "Caminante, no hay camino; se hace camino al andar".

Ao examinar os Parâmetros Curriculares, essa indefinição da área de música torna-se evidente. Não se quer dizer que sejam inconsistentes. Pelo contrário, são benfeitos e levantam questões pertinentes. No entanto, é importante enfatizar que a ênfase do documento está na formação de conceitos e não na prática musical, talvez pela pouca tradição do ensino de música nas escolas brasileiras, principalmente a partir de 1971. A ausência, por tanto tempo, da música na prática da educação artística tem levado, com frequência, escolas, professores, pais e alunos a verem a disciplina como "diversão" e "entretenimento", e não como possibilidade do fazer artístico e forma de conhecimento.

A divisão dos conteúdos em três partes: expressão e comunicação, apreciação significativa e compreensão faz temer uma ênfase muito grande no verbal, em detrimento da prática artística. Sabe-se que o temor em "fazer" leva à "verbalização". Embora seja de grande importância a discussão e o "falar a respeito de", o mais significativo, no contexto dos Parâmetros, como um precioso guia que oferece suporte, dá sugestões e apresenta recursos para aplicação em sala de aula, é a prática musical. No entanto, essa prática não é enfatizada no texto, que se caracteriza por ser verbal: assim, das três partes, somente a primeira lida com a experiência musical e, assim mesmo, de forma muito geral e nem sempre totalmente apropriada, o que faz pensar na sequela deixada por todo esse tempo de "jejum" musical na escola, desde a lei n.5692/71. Os outros itens privilegiam processos de pensamento e verbalização, em detrimento de intuições, sensibilidade ou percepção, como se pode ver com as expressões "manifestações pessoais", "identificação", "comparação", "discussões", "conhecimento", "pesquisa", "reflexão", para citar alguns termos colhidos ao acaso. Fala-se, é claro, em "percepção" e "participação em apresentações ao vivo", estas últimas com a ressalva: "sempre que possível". Ora, acredita-se que, numa aula de música, *sempre seja possível* fazer música! No entanto, nos PCN, os termos que sugerem prática musical, via de regra, são utilizados de maneira ocasional, vaga e imprecisa.

Na aplicação em larga escala, isto é, no momento em que os PCN estiverem, efetivamente, orientando o trabalho de *todas as escolas do país*, teme-se o desvirtuamento da proposta, e antevê-se o perigo de as aulas de arte se transformarem em plataforma de discussões infindáveis, que priorizem a *expressão verbal* em detrimento da *não verbal*. Seria importante enfatizar, no próprio documento, que essas discussões não *substituem* a prática artística, mas dão-lhe subsídios e servem-lhe de complemento.

Esse engano básico de postura está presente nas artes, de maneira geral, e, em especial, na área de música, caracterizando-se pela falta de ênfase no fazer musical em suas múltiplas formas, ou seja, canto, aprendizado de instrumentos, criação a partir de materiais sonoros diversos e trabalho corporal. É como se os especialistas tivessem esquecido as preciosas lições dos educadores musicais do século XX, cujas propostas se caracterizaram, antes de tudo, por serem ativas. A escola é um espaço ideal para o fazer musical. Os alunos estão juntos e disponíveis, e não é difícil motivá-los a participar de atividades musicais, se o professor tiver competência para isso. Não se descarta, é claro, a discussão, a análise ou a comparação, mas essas atividades devem permear a prática, reforçando-a e de modo algum substituindo-a ou impedindo que ocorra.

Mais uma questão importante refere-se à preparação do aluno para a escuta e a apreciação musical. Nesse âmbito, há aspectos básicos que sequer foram mencionados nos PCN, apesar de serem imprescindíveis num trabalho de educação musical (usa-se aqui o termo propositadamente, em substituição à expressão "educação artística", para enfatizar a necessidade de apropriação da linguagem musical pelos alunos, que se dá a partir da escuta e do fazer musical). De fato, aspectos como escuta musical, formação de habilidades específicas, domínio de conteúdos musicais, capacidade de fazer e criar música, bem como a de atuar em conjunto (fazer música coletivamente, isto é, praticar atividades de canto coral, banda, fanfarra, orquestra, e participar de oficinas de criação musical) são condições essenciais para a instalação do fazer musical. A escuta de qualidade está ligada ao desenvolvimento da percepção auditiva (sonoro/musical) e prende-se diretamente aos parâmetros do som (altura, duração, intensidade e timbre) e às diferentes formas de organização musical (horizontal e vertical). Não se limita a isso, porém, abrigando a expressão, a sensibilidade artística e a execução. O ato da escuta não é passivo nem se limita ao ouvido; o homem "ouve" com o corpo todo. Sendo assim, o trabalho corporal levará ao discernimento do espaço, do tempo e de diferentes formas de organização sonora. A presença da atividade de cantar é importante e deveria estar presente em toda atividade musical por ser básico. Pelo canto, a criança percebe a música dentro de si, e aprender a reconhecer o estado da própria voz aguça suas faculdades proprioceptivas, contribuindo para a consolidação de sua identidade. Ouvido e voz pertencem ao mesmo sistema neurológico; portanto, a interferência em um deles causa transformações no outro. Dito de outro modo, o aperfeiçoamento da escuta leva ao melhor desempenho do canto, enquanto o aperfeiçoamento da capacidade de cantar propicia o desenvolvimento da escuta. Por conseguinte, o investimento em habilidades musicais específicas levará ao domínio de conteúdos e vice-versa. Essas coisas todas constituem um corpo de conhecimento específico, orientado e firmado pelo fazer, que envolve o corpo, a expressão e o pensamento, integrados num fluxo. O conhecimento musical, embora não prescinda da capacidade analítica do indivíduo, constitui-se na própria experiência e, por isso, o fazer musical tem de ser privilegiado na implantação da música na escola.

Outra questão a ser examinada é a ausência, na proposta, de desenvolvimento da leitura musical, quando se sabe que esta, quando adequadamente realizada, organiza e facilita a capacidade perceptiva e a compreensão da música, o que, neste caso, se refere à sua apropriação. Perceber os modos de organização da música é apropriar-se de sua estrutura, o que, por sua vez, contribui para a apreensão do artístico. Essa questão passa pela competência do professor de educação musical: Quem deve dar aulas de música? O professor de classe? O professor de artes? O músico que é também professor de educação musical? Se a resposta a esta última questão for positiva, a prática da música na escola se encerra aqui, pois, após o hiato da música nos anos que se seguiram à LDB n.5692/71, diminuiu tanto o número de professores de música que, se hoje, por decreto, fosse reimplantado o ensino de música nas escolas, já não seria possível cumpri-lo. Sendo assim, é preciso resgatar o professor que, mesmo não sendo músico, goste de música e a traga para dentro da escola. Esse é um bom começo e pode servir de preparação a um tempo posterior, em que haverá professores habilitados em música em todas as escolas. Com a implantação de licenciaturas específicas em música, essa possibilidade não é utópica.

A bibliografia recomendada pelos PCN

A bibliografia recomendada é adequada e apresenta títulos significativos. Na área de música, porém, ela reflete a problemática do país, pois, além de poucos títulos, há uma grande preponderância de artigos publicados em revistas e anais especializados, de cunho marcadamente teórico, e poucas ofertas de livros práticos, para o professor ou para os alunos, mostrando a pobreza editorial brasileira no que se refere à música e à educação musical. Essa ausência de títulos é reveladora do pouco valor atribuído a essas áreas. Não existem publicações especializadas dos autores clássicos em educação musical. Os pedagogos mundialmente reconhecidos não estão traduzidos no Brasil. Há alguns poucos títulos em Portugal, mas dificilmente chegam até aqui. Poucos livros abordam questões ligadas à criação e à percepção musicais. Há uma grande ênfase em "música popular", que, embora extremamente importante, não pode ser colocada como única opção, pois tal proposta seria excludente. Não se leva sequer em consideração práticas de idiomas musicais outros que não os tonais, e desconhece-se a já grande produção de compositores contemporâneos, em vários países, que relacionam estreitamente composição e educação musical, com muito bons resultados pedagógicos e artísticos. Resta esperar que essas lacunas sejam cobertas no futuro, à medida que as necessidades da área despontarem.

As áreas artísticas no ensino fundamental

Há, ainda, outra questão a ser abordada na organização da área de artes nas escolas: embora não se possam apresentar soluções imediatas, prevê-se que a multiplicação de áreas artísticas ao longo das séries favoreça a repetição das inconsistências que tão tristemente se viveu (e se vive) nas propostas de educação artística, após a vigência da lei n.5692/71: as propostas desenvolvidas em determinadas áreas – por exemplo, movimento (expressão corporal) ou música –, que ocorram em duas séries e que, depois, sejam substituídas por outras de, diga-se, artes visuais e teatro, estarão, mais uma vez, mantendo-se na superfície e impedindo o aprofundamento da experiência. Nesse modelo, quando o aluno começa a dominar uma área, ela é substituída por outra.

A sugestão a seguir é meramente instigadora: talvez os alunos possam ser agrupados por área de interesse, e não por classe. Para isso, o horário da aula de artes deveria ser o mesmo para muitas classes, de modo que alunos de diferentes turmas pudessem escolher a área para a qual demonstrassem maior interesse. Para facilitar a escolha, passariam por todas as áreas, numa organização em forma de rodízio, antes de escolher a área de preferência a partir de interesses e aptidões pessoais. Mas essa é uma questão aberta, que necessita ser discutida. Outra sugestão possível seria que, no segundo semestre letivo, a cada ano, professores e alunos trabalhassem em projetos integrados, nos quais se privilegiasse a confluência das áreas artísticas, de caráter interdisciplinar e não polivalente.

A partir da avaliação do documento fica a impressão de que as escolas subestimam a capacidade do aluno, o que dificulta o aprofundamento em uma das linguagens artísticas. É claro que, se a escola tem condições de oferecer aulas em diferentes linguagens, os projetos interdisciplinares podem e devem ser incentivados, mas eles só terão qualidade se duas coisas se conjugarem: a competência do professor e o aprofundamento na área; só assim se chegará a resultados significativos. Para que isso ocorra, é preciso que a escola estude possibilidades e aponte soluções criativas.

Música e interdisciplinaridade

Apoiando-se no que foi exposto acima, passa-se, a seguir, a refletir acerca da importância da participação do professor de outras disciplinas para garantir a presença da música na escola. Sem dúvida, há muitas atividades que o professor não músico pode desenvolver com sua classe, com o objetivo de estimular o gosto pela música; sem dúvida, é possível cantar ou tocar, mesmo que o professor não saiba ler música; e ele poderá conduzir o interesse da classe na apreciação do ambiente sonoro escolar ou das imediações, ou mesmo criar em seus alunos hábitos de escuta e experimentação com sons. Para isso, o professor não necessita de formação específica, mas de musicalidade e interesse pela música e pelos sons, além do "instinto de um sabujo", para farejar bibliografia e materiais que possam auxiliá-lo nessa prática.

No entanto, embora o professor não músico possa dar conta de uma série de atividades ligadas à música, outras questões são específicas do professor especialista, e é ele quem, afinal, deverá tomar as rédeas do processo educativo; é o caso da leitura musical, da organização de grupos instrumentais e vocais e da exploração sonora seguida de atividades de criação. É sintomático que essas atividades, com exceção talvez da última, estejam ausentes da proposta de música dos PCN, deixando entrever que os próprios proponentes não definem com precisão o que é e o que não é competência da área. Ora, se os próprios especialistas de música encontram dificuldade em definir precisamente sua área de atuação, como se pode esperar que os limites entre essas e as outras áreas sejam definidos? Essa é uma tarefa urgente a ser feita, se não se quiser conviver com a ideia de que a música é terra de todos e, portanto, de ninguém.

Algumas considerações

No caso dos documentos governamentais RCN e PCN, o modelo de ensino trazido pelo governo, não obstante o cuidado com que foi feito, não é capaz de dar conta da diversidade nacional e regional. Os cursos de licenciatura em educação artística, organizados de acordo com o modelo multidisciplinar, em que a habilitação em música só ocorre na metade do percurso, têm dificuldade em formar professores eficientes na área específica. No entanto, o bom trânsito pelas outras áreas expressivas, bem como a formação pedagógica, faz que o aluno de licenciatura em Educação Artística esteja mais bem preparado para organizar uma aula eficiente do que os colegas provindos dos cursos de bacharelado em Música. Assim, se os futuros bacharéis têm melhor domínio musical que os licenciandos, estes, por sua vez, dominam melhor a prática pedagógica do que os bacharelandos. É importante valorizar o músico educador no aspecto pedagógico e multidisciplinar, mas, ao mesmo tempo, espera-se que ele seja tão competente musicalmente quanto o instrumentista, cantor, regente ou compositor, o que, nos antigos cursos de Educação Artística, de cunho polivalente, pelas razões apontadas, dificilmente ocorria.

Lembre-se, no entanto, que outro modelo de curso com formação em áreas específicas começa a ganhar corpo – as licenciaturas em Artes Visuais, Dança, Música e Teatro – e esses profissionais poderão lidar melhor com as questões apresentadas do que os licenciados em Educação Artística de caráter polivalente.

Após estudar o valor da educação musical no decorrer da história, arrolar os principais "métodos ativos de educação musical" e examinar a situação da educação musical no Brasil, ainda fica uma questão a ser respondida: Como resolver o vácuo de décadas causado pela ausência quase total da música na escola brasileira? O RCN e os PCN lançados pelo governo entre 1998 e 2000 certamente contribuem para que se reflita a respeito da inserção da área na escola. No entanto, esse tempo de ausência deixou marcas profundas no sistema escolar e na cultura do país; os documentos governamentais não conseguem anular essas marcas e só preenchem parcialmente as lacunas decorrentes de tantos anos de exclusão.

Os mais de trinta anos sem música na escola produziram fissuras no sistema educacional que só podem ser reparadas com ajuda especial, de projetos externos à comunidade, com apoio de agências de pesquisa ou ONGs interessadas em promover esse tipo de ação. Procedimentos de ensino de música pautados em currículos lineares também não dão conta de atender à demanda das escolas, pois enfrenta-se, nesse caso, mais uma vez, a questão do vale aberto entre a prática da música e o cotidiano da escola. Enquanto isso, novas situações, que não se enquadram no padrão escolar, se multiplicam e pedem soluções. Diante delas, é importante que se tome consciência de que as próprias questões da contemporaneidade apontam para espaços alternativos fora da escola, ao mesmo tempo que, dentro dela, há um anseio pela presença da música, mesmo que se baseie muito mais no imaginário das pessoas e da comunidade do que em possibilidades realísticas. As soluções para essa demanda não são adequadas a um modelo linear, mas inserem num modelo analógico de comunicação. É o que se verá a seguir.

4
Alternativas educacionais: urdindo as tramas da rede

Existe a ordem dos colegiais infantes que saem das escolas de mãos dadas, dois a dois. Existe uma ordem dos estudantes das escolas superiores que descem a escada de quatro em quatro degraus, chocando-se lindamente ...

Existe uma ordem mais alta,
na fúria desencadeada dos elementos ...

Quem canta seu subconsciente seguirá a ordem imprevista das emoções, das associações de imagens, dos acontecimentos exteriores. Acontece que o tema às vezes descaminha.

Mário de Andrade

Até aqui, a construção linear da narrativa foi adotada porque, para o resgate histórico do valor atribuído à educação musical em diferentes épocas, escolheu-se articular o texto seguindo uma linha de tempo. Era preciso percorrer os registros possíveis da atuação do homem na área artística, temporalmente, para saber de que modo, em cada época e em cada lugar, ele envolveu-se com a música e com a educação musical. Deste ponto em diante, muda o enfoque do trabalho, pois pretende-se refletir acerca de alguns projetos recentes de música e educação, não por serem metodologias alternativas às já expostas anteriormente, mas porque são indícios das condições especiais em que vivemos hoje, que se impõem como realidade maior e pedem por soluções específicas.

Desde há algum tempo, a princípio de forma difusa e depois mais enfaticamente, profundas mudanças vêm se impondo, e obrigam a buscar outras matrizes de pensamento, capazes de dar conta dessas alterações. Esse conjunto de mudanças rápidas alcança o homem, a sociedade, e afeta as ações e o próprio modo de ser de cada um, pedindo por reajustes e soluções. A rapidez com que as coisas sucedem na época atual, a modificação de conceitos clássicos, como os de tempo e espaço, e a velocidade com que se entra em comunicação com qualquer ponto do planeta para obter informações tornam, ao mesmo tempo, as coisas obsoletas, atropelam o usuário com avalanches de dados e limitam o espaço da linearidade, embora se relute em admitir sobretudo esse último fato, porque abandonar procedimentos sequenciais é como perder o chão em que se pisa. Vive-se um momento de ruptura, em que conceitos, valores e crenças, até há pouco considerados inquestionáveis, encontram dificuldade em se manter, sendo rapidamente substituídos ou alterados.

Os campos da música e da educação musical são, também, afetados por esse estado de coisas, e as alterações que se apresentam a cada dia tornam difícil encontrar caminhos estáveis e adequados. Há evidentes sinais de fissuras que, rapidamente, tornam-se brechas e criam vales quase intransponíveis. Diante das novas condições, condutas costumeiramente adotadas para responder a determinadas questões já não conseguem dar conta delas. São as próprias situações e circunstâncias que se alteram, num pipocar de ações e reações, no meio das quais instituições e educadores perplexos tentam atuar.

Hoje, paradoxalmente, embora a música esteja em toda parte, quase onipresente, não se sabe mais como incluí-la no elenco de disciplinas na escola. Em contrapartida, talvez a necessidade da arte para o ser humano seja tão premente que, mesmo quando o sistema educacional fecha-lhe espaços, ela teima em aparecer. Assim, ao lado dos modelos homogêneos impostos pela indústria cultural à sociedade, não param de ocorrer exemplos de qualidade musical, não se sabe de onde surgidos. As recentes versões de um prêmio oferecido a compositores e intérpretes de música popular constatam esse fato; do mesmo modo, o surgimento de jovens talentos na área da chamada música erudita é palpável, embora se conjeture que, se a música tivesse mais espaço na escola, o número de músicos seria maior, não se limitando àqueles que reúnem condições especiais para andarem quase por si próprios, até a realização profissional. E não se pode deixar de mencionar os projetos sociais que incluem a música e atestam a viabilidade de se fazer música com diferentes segmentos da população.

Outro fato importante a mencionar é que a profissão de educador musical não existe no Código de Profissões do Ministério do Trabalho. De acordo com esse documento, fazer música significa tocar, cantar, reger e compor. E músico é aquele que compõe, faz arranjos, toca, canta ou rege corais, orquestras e bandas. Não se menciona o ensino de música. A educação musical não existe, também, como subárea das áreas de Artes ou de Educação, nas listas emitidas pelas agências de fomento, embora seja acolhida em alguns cursos de licenciatura (como habilitação em música) ou de pós-graduação (como linha de pesquisa). Não há código de área, então, não entra no sistema, portanto, não existe.

Isso significa que, não obstante as mudanças ocorridas na década de 1990, que motivaram a criação de uma associação (Associação Brasileira de Educação Musical – Abem), e a presença da música na LDBEN n. 9394/96 e nos documentos governamentais que se seguiram a ela, não há, oficialmente, educação musical no país.

Paradoxalmente, porém, os educadores musicais continuam a proliferar, não obstante sua não existência oficial, e lutam em favor da profissão e da classe. Na apresentação do livro *Educadores musicais de São Paulo*, foram considerados semelhantes à tiririca:

> Os educadores musicais do Brasil, às vezes, assemelham-se à tiririca, um matinho que faz desesperar qualquer pessoa que lide com

> hortas e jardins. Por mais que se faça, por mais que se arranque, ou se jogue água quente, a tiririca, teimosa, não desiste, está sempre lá, mais vigorosa do que a própria grama. (Fonterrada apud Lima, 1998, p.13)

É difícil manter a educação musical na escola, mas, mesmo que ela encontre espaço e se instale, mais pela iniciativa dos educadores/tiririca do que por políticas educacionais incentivadoras da prática musical, procedimentos lineares tornam-se cada vez mais difíceis de serem adotados. Não há ênfase em projetos culturais envolvendo a música na escola, o que faz que essa prática fique por conta do acaso, quando alunos interessados eventualmente se juntam para tocar e dançar.

Em face dessa situação apresentam-se, agora, argumentos a favor de soluções alternativas para o impasse criado, que diferem dos procedimentos usualmente adotados em educação, de caráter sequencial e linear, por serem em rede. Na verdade, ao adotar alternativas em rede, não se abandona a ideia de linha, pois os termos não são excludentes. Os caminhos, hoje, são tantos e tão imbricados que escolher apenas um é difícil e até mesmo não desejável, pois a exclusão de múltiplas rotas resultaria em empobrecimento e permanência na homogeneidade, as mesmas características discernidas na civilização global e que se pretendem evitar. Como muitos caminhos podem ser acessados simultaneamente, e muitos são os apelos e as possibilidades, o educador musical não pode deles se afastar. Não obstante ser uma forte característica da época atual, a ideia, em si, não é nova, mas, ao contrário, muito antiga, e o labirinto é sua metáfora.

A questão da adoção de procedimentos em linha ou em rede tem sido um tema recorrente nas reflexões da autora; as circunstâncias do mundo atual apontam para a necessidade de se buscarem alternativas aos padrões tradicionalmente empregados nos sistemas educacionais, que não mais respondem às necessidades atuais. E há, ainda, outra questão, aliada à primeira: a rede – que se constitui em resposta a situações da atualidade – nem sempre apresenta padrões internos claramente desenhados, nem limites delineados. A questão da indefinição de limites não surge, tampouco, apenas agora, tendo se mostrado em muitos momentos da história. A preocupação do homem em manter coisas e fenômenos organizados, classificados e ordenados dentro de limites estritos é uma ideia que o acompanha em sua trajetória, embora os contornos desses limites se modifiquem a cada época. Basta evocar as catedrais góticas, os arabescos dos tapetes persas, as partes da sinfonia clássica, o cordão carnavalesco ou os palácios da memória da Idade Média, para que se mostre o perene anseio humano de impor ordenação ao caos. Com a ordem estabelecem-se limites; coisas organizadas ocupam espaços definidos e, consequentemente, fazem surgir bordas estritas entre uma e outra coisa.

Quando os limites se esvaem – e há momentos em que isso acontece de maneira inequívoca –, têm-se indícios de que a ordem vigente já não responde às necessidades que se apresentam, pedindo renovação e busca por nova ordem. Nesses momentos de insatisfação em relação ao padrão estabelecido, dos quais decorre a busca por novos princípios capazes de restituir ordenação ao mundo e ao próprio ser humano, auxiliando-o a evitar o caos, os limites tornam-se vagos e imprecisos, pedindo outra configuração. Do mesmo modo que a multiplicidade de caminhos leva à ideia de labirinto, a ausência ou imprecisão de limites na trama da rede aponta para fênix, a ave lendária capaz de se reconstruir a partir das próprias cinzas; um símbolo de renovação.

De tudo que foi discutido até agora, decorre a necessidade de adoção de procedimentos em rede no exercício da educação musical. Esses procedimentos, porém, não foram intencionalmente buscados, mas, ao contrário, impuseram-se como situação de vida. Ao trazê-los a este espaço, a intenção é ilustrar o que está sendo discutido, com exemplos surgidos no cotidiano não por acaso, mas por serem inerentes às atuais condições de vida. Resta apenas acrescentar que o método de exposição escolhido não é linear, desdobrando-se em rede, apontando para uma multiplicidade de caminhos e direções.

A linha e a rede – o despertar para o tema

Em 1997, em uma mesa-redonda no 6º Simpósio Paranaense de Educação Musical e 1º Encontro Regional Sul da Abem, em Londrina, a autora deste livro apresentou um trabalho, denominado "A linha e a rede" (Fonterrada, 1997, p.7-17), em que discutia a oposição entre a necessidade de a educação pautar seus procedimentos em linha e a imposição de procedimentos em rede, pelas próprias condições de vida. Não obstante o interstício de vários anos, a ideia ainda se aplica.

O que se discutiu naquele artigo foi a substancial mudança na relação entre homem e mundo, desde o início da Idade Moderna, quando a busca da linearidade, que no século XIX é simbolizada pela estrada de ferro, foi substituída, no século XX, pela rede, isto é, por procedimentos não lineares, não sequenciais, que se seguiram ao surgimento de um novo conceito de tempo, inerente às descobertas científicas e manifestações da arte contemporânea. A ideia sugerida no trabalho citado é a adoção de procedimentos combinados, em linha e em rede, presentes na metáfora do ato de pescar, com linha e com rede.

A mesma ideia aparece na tradução brasileira de um dos capítulos de *Ser e tempo,* de Heidegger, por Dulce Mara Critelli, no livro *Todos nós... ninguém* (1981), apresentado por Solon Spanoudis, de quem se empresta a seguinte citação:

> Pescar é um agir do ser humano. Pescar é o ontológico, que possibilita as várias maneiras de se pescar. Podemos pescar com anzol, com rede, com equipamento submarino, entre outros. Porém, o que nos motiva a pescar, o que "dá fôlego" ao partir para pescar é a possibilidade que sempre nos acompanha de "não pescar nada". Se, por antecedência, estivéssemos certos e garantidos dos resultados positivos, provavelmente não haveria a nossa expectativa, o desafio de pescar. O pescar (o ontológico), a possibilidade de pescar com rede, anzol ou equipamento submarino (os fenômenos ônticos, existenciários), não é só a possibilidade do sim, mas a possibilidade do não. (Spanoudis apud Heidegger, 1981, p.14)

É inevitável a relação desse trecho com a ideia desenvolvida no artigo "A linha e a rede", à qual se acrescentam, às ideias de linha e de rede, duas outras, a de pesca submarina e a da possibilidade do não. A pesca submarina sugere aprofundamento, o buscar além do explícito, pois, ao contrário da linha ou da rede, cujo território é a superfície, a exploração submarina perscruta as profundezas. Embora neste trabalho atenha-se à questão da linha e da rede, é importante lembrar-se da possibilidade de pescar em regiões profundas. A outra ideia é a possibilidade do não: o homem é um ser aberto a múltiplas escolhas, capaz de explorar todos os possíveis. Como ser aberto ao sim e ao não, move-se por expectativas e aceita desafios, abrindo espaço ao ser criativo e, portanto, à arte.

Retornando à ideia de rede – os desafios de duas propostas

O que havia sido uma reflexão a respeito das mudanças nas condições de vida e uma possível correspondência no ensino da música, tornou-se, algum tempo depois, uma necessidade. Cinco anos após a apresentação do texto "A linha e a rede", as circunstâncias se encarregaram de corroborar a ideia que, em 1997, estava começando a se articular: a hipótese de que a presença dos procedimentos em rede em várias formas de comunicação e nos modos de vida da atualidade determinaria a assimilação desses procedimentos por outras instâncias da sociedade. Embora nas artes – textos literários, poesia, artes visuais, dança ou música – opere-se em rede há anos, a educação, com sua peculiar cautela, tem preferido a ideia de transmissão linear de conhecimento, procedimento também presente no ensino de música.

No entanto, circunstâncias de vida são mais fortes do que procedimentos metodológicos. As rápidas modificações por que passa o mundo apontam para novas formas de educação, tanto nos espaços em que normalmente ocorre, quanto em outros, alternativos, por força de novas demandas da sociedade. Foi isso que ocorreu neste caso, em que a autora, circunstancialmente, foi exposta a situações que se mostraram mais adequadas a propostas em rede do que em linha. Como se verá, diante delas, metodologias lineares não se aplicariam.

A oportunidade de pôr em prática a ideia de rede surgiu com um convite do Centro de Estudos e Pesquisas em Educação, Cultura e Ação Comunitária – Cenpec –, entidade comprometida com a educação pública e que opera em favor da melhoria do ensino em várias frentes, sendo amplamente reconhecida tanto por instituições de caráter público e privado ligadas à educação, quanto por educadores de várias partes do Brasil, comprometidos com a educação e o ensino público.

Tratava-se da participação em dois projetos, que servem de exemplo de procedimentos em rede. O primeiro foi elaborado por equipe multidisciplinar em 2000 e encontrava-se, em 2002, em pleno processo de implantação. O outro projeto era uma proposta de realização de uma coletânea a respeito de arte para ser distribuída nas escolas públicas. Essa coletânea faria parte de um projeto maior, denominado Amigos da Escola, que vem sendo desenvolvido pelo Cenpec em colaboração com as Organizações Globo e tem, como uma de suas principais metas, incentivar o trabalho voluntário nas escolas públicas. A coleção "A arte é de todos" (2004) reúne textos a respeito de várias formas de arte, com sugestões para envolver professores, alunos e a comunidade.

Projeto Cenpec/Febem – a proposta

Tratava-se de uma parceria entre a antiga Febem,[1] a Secretaria de Estado da Educação e o Cenpec para ser aplicada a crianças, adolescentes e jovens adultos em situação de conflito com a lei, que se encontravam detidos nas Unidades de Internação Provisó-

1 Fundação para o Bem-Estar do Menor, ligada à Secretaria de Estado de Segurança Pública. Hoje, Fundação Casa.

ria da Febem – as UIPs. Pelo Estatuto da Criança, menores em situação de privação de liberdade não podem ficar detidos por mais de 45 dias, à espera de julgamento. Via de regra, durante esse tempo de espera, não lhes era oferecida nenhuma atividade especial, pois o que a entidade propunha não se adequava ao curto tempo em que lá permaneciam. Não podendo ir à escola ou participar de qualquer atividade de média ou longa duração, ficavam ociosos, o que agravava sua situação irregular pela falta de perspectiva e motivação. A escola, para eles, era "mais um castigo", o que é admiravelmente ilustrado pelo comentário de um desses meninos a uma das pedagogas do Cenpec, que lhes falou da possibilidade de frequentar a escola: "Ô loco, não basta estar preso e ainda tenho que ir à escola!?".

Essa é a população visada pelo projeto. Nas reuniões preparatórias reafirmou-se que a situação, nos internatos da Febem, é, em geral, pouco estimulante para o interno; no caso dos jovens que enfrentam as circunstâncias acima descritas, o estímulo que recebem é ainda menor, em virtude do caráter transitório de sua permanência na instituição. Buscava-se, pois, uma maneira de ampará-los durante o período em que estivessem detidos. Algumas áreas do conhecimento – educação, saúde e direito – seriam apresentadas, tendo, como estratégia, duas formas de atuação: aulas e oficinas práticas, de artes plásticas, teatro, música e movimento, literatura, e confecção de jornal. O mais importante, porém, não eram os conteúdos oferecidos, mas o enfoque adotado, de valorização do ser humano, busca de identidade, estímulo à convivência com o outro e respeito pelo meio.

A situação peculiar é que essa programação não poderia ser linear, dado que a população era instável, pelo fato de a permanência ou não dos jovens na entidade depender de decisão judicial. Essa circunstância, num primeiro momento assustadora para a equipe encarregada de elaborar o material, tornou-se, logo depois, um desafio, além de preciosa oportunidade para avaliar a aplicação de procedimentos em rede na educação musical, a mesma ideia apresentada no Simpósio Paranaense de Educação Musical, em Londrina, cinco anos antes. Outra peculiaridade do projeto era que os responsáveis pelas aulas e oficinas não seriam professores especialistas, mas agentes de educação, funcionários da Febem especialmente contratados para desenvolvê-lo, que não tinham formação específica nas áreas de atuação e precisariam ser capacitados para a tarefa. Se a proposta tivesse sido apresentada alguns anos atrás – colocar não músicos à frente de projetos artísticos, com a incumbência de levar os alunos a fazer e fruir arte –, provavelmente seria considerada de realização impossível; hoje, porém, é um tipo de situação com a qual se começa a conviver. Na escola pública, por exemplo, tem sido comum que professores de diversas áreas completem sua carga horária com aulas de Educação Artística. Essa situação é frequente, uma vez que as vagas dessa disciplina nem sempre são preenchidas.

O espaço do especialista restringe-se, em muitas situações, a atividades de formação específica, cabendo ao não especialista a responsabilidade por áreas para as quais não está preparado. Esse quadro é encontrado em propostas de natureza artística, dentro e fora da escola, causando grande preocupação a licenciados provenientes dos cursos de Artes, bem como a docentes e alunos desses cursos nas universidades, pois o espaço profissional, já restrito, parece que tende a perder contornos definidos e a abrigar pessoal não habilitado para tarefas anteriormente destinadas ao profissional credenciado. No entanto, as circunstâncias se alteraram a tal ponto que hoje, no Brasil, caso uma lei federal recolocasse a Educação Musical no corpo de disciplinas obrigatórias do ensino fundamental, não seria possível cumprir o determinado, pois não há suficientes professores habilitados em música.

Assim, na presente circunstância, acredita-se que, ao se propor que pessoal não habilitado assuma algumas funções que deveriam pertencer ao educador musical, não se está prejudicando a profissão, mas, ao contrário, mostrando sua importância, o que, a médio prazo, poderá provocar seu revigoramento. O que se quer, atualmente, é conscientizar dirigentes, público e a própria escola, em todos os seus segmentos, da importância cultural da música e de sua presença na escola. Os professores de diversas áreas do saber podem exercer um papel diferenciado nessa tarefa, colaborando para abrir espaço à música. Todas essas questões serviam de pano de fundo ao projeto que se elaborava. Aqui, não se pretende discutir esse projeto, ao qual se pode ter acesso por intermédio do Cenpec, mas apresentar a proposta de Oficina Música e Movimento que o integra, por ser objeto de interesse neste livro.

A Oficina Música e Movimento

Deixadas à parte as considerações a respeito de atuação profissional e mercado de trabalho, circunstância com que não se poderia lidar naquele momento, dentro da situação apresentada pela Febem, a Oficina Música e Movimento apresentava um duplo desafio: a proposta de criar doze oficinas com duração de uma hora e meia cada, para serem ministradas por não especialistas a uma população de jovens indefinida, dentro de uma faixa etária bastante ampla, que abrangia crianças a partir de nove anos, adolescentes e jovens adultos de até 21. O segundo desafio era a indeterminação do tempo em que cada jovem ficaria na oficina ou, mesmo, na Febem, dado impossível de ser previsto, pois a decisão a esse respeito não estava nas mãos de ninguém ligado ao projeto, e nem nas dos dirigentes da Febem, mas seria tomada pelo juiz que assinaria a sentença de cada jovem. Culpado ou inocente, após ser lavrada a sentença, o jovem não retornaria, pois o projeto era destinado especificamente aos que aguardavam decisão judicial.

Em vista das circunstâncias apontadas, os procedimentos em linha foram, logo de início, descartados, em favor de formas de ação em rede. A tarefa parecia impossível. Muitas discussões interáreas ocorreram, além de outras, com os representantes, agentes e diretores da Febem. Um mútuo reconhecimento, necessário para o desenvolvimento do projeto. Aos poucos, a situação foi se esclarecendo e as propostas começaram a tomar corpo. As reuniões entre os dirigentes das duas instituições tinham o objetivo de trazer à equipe as peculiaridades e os hábitos vigentes na instituição para nortear a implantação do projeto. Seguiram-se encontros entre os coordenadores pedagógicos do Cenpec e os responsáveis pela educação das crianças da Febem, para discutir condutas, valores e temas afins. Houve, também, reuniões do pessoal da Febem com os autores dos textos de apoio às aulas e oficinas, para que as ideias fossem debatidas e enriquecidas com sugestões e esclarecimentos a respeito de algumas normas. Dois mundos diversos se cruzavam. Começavam as peculiaridades da Febem a interferir no planejamento das oficinas: "o pessoal da área de artes plásticas não pode usar tesoura: é arma". "Não se pode utilizar cordas nas oficinas de movimento; é perigoso." Ou: "Não é prudente colocar, nas aulas, questões a respeito do bairro em que moram, pois há problemas de segurança... Não se pode infringir a lei do silêncio, infração que pode apresentar risco de morte". Foi um não acabar de conversas, cada parte conhecendo a outra, adaptando-se à realidade que se impunha. Esse diálogo serviu de norteador para a elaboração das propostas em diferentes áreas do conhecimento.

Desde o início, nas Oficinas Música e Movimento, descartou-se a ideia de fazer da música uma fonte de conhecimento organizado, tal como é comum ocorrer em escolas especializadas. Além das circunstâncias apontadas, que, por si só, já impediriam o processo, havia um elenco de dificuldades consideráveis, no que se refere à adaptação do espaço da Febem para adequá-lo à proposta. O projeto seria aplicado a várias unidades da Febem, que são bastante diferenciadas entre si, algumas dispondo de mais espaço e recursos do que outras. Em vista disso, ficou claro que o importante era não depender muito de materiais e instrumentos, mas investir nas próprias pessoas, considerando-as instrumentos musicais e corpos dançantes. Desse modo, solicitou-se apenas os espaços e materiais suficientes para conseguir um mínimo de condições para a realização das oficinas: espaço amplo, cadeiras removíveis, algumas bolas e peças de tecido fino, para auxiliar na criação de momentos plásticos durante a exploração de movimentos, algum tipo de percussão pequena, aparelho de som.

A intenção da proposta era contribuir para que o jovem tivesse oportunidade, por meio da prática artística, de se conhecer melhor, aos seus companheiros de grupo e ao meio ambiente. O papel da música e do movimento, neste caso, era de estímulo ao autoconhecimento, à autoestima, à comunicação e expressão e à incorporação consciente da arte no modo de vida desses jovens. Mas havia, ainda, a esperança de que ao menos alguns deles passassem por uma experiência artística profunda, caso em que a arte poderia ser um agente de transformação.

Assentadas as bases gerais do projeto, o próximo desafio foi descobrir a maneira adequada de se dirigir aos agentes de educação, que num futuro próximo se responsabilizariam pelas oficinas. Os agentes vinham das áreas de educação e saúde, de nível superior ou médio. E, provavelmente, nenhum deles seria arte-educador. Não era requisito do concurso que os candidatos tivessem formação especializada em uma das áreas artísticas. Terra de ninguém. Diante desse público-alvo, os textos deveriam ser diretos, simples e suficientemente detalhados para orientar o agente, *que não conhecia a área*, e transmitir-lhe confiança para atuar. No caso específico da Oficina Música e Movimento, a primeira coisa era vencer a resistência do agente, para que se dispusesse a ministrá-la mesmo sem ser especialista. Previam-se cursos de capacitação, nos quais lhes seria apresentado o material e teriam a oportunidade de experimentar as propostas, auxiliando-os a se sentirem à vontade em seu papel de transmissores das ideias e atividades das oficinas.

Era claro que esse tipo de projeto não poderia ser conduzido nos moldes tradicionais, típicos de situações pedagógicas planejadas, previsíveis, claras e precisas. Não se sabia, de início, quem seriam os agentes de educação, suas competências, nem se estariam ou não motivados para atuar no projeto; no entanto, mesmo que não estivessem, iriam fazê-lo, porque seria sua atribuição ministrar as oficinas. A única condição favorável era a possibilidade de escolha, por parte do agente, das atividades para as quais se sentisse mais bem preparado ou mais bem motivado. Se isso realmente acontecesse, haveria chance de que, quem escolhesse a área de música e movimento, tivesse, ao menos, motivação interior. Mas naquele momento, não se podia avançar muito mais quanto à expectativa da aplicação.

Após um tempo de paralisação, o projeto foi apresentado às autoridades da Febem e aprovado. A capacitação teve início e, pelo interesse dos agentes, parece que se acertou no tom. Após a capacitação dos funcionários, a proposta vem sendo aplicada, e as primeiras respostas positivas têm surgido. O que se quer mostrar não é apenas a execução do projeto, mas a organização do texto que orienta a aplicação da oficina, a maneira adequada de utilização do CD que acompanha o texto e, principalmente, a oportunidade de vivenciar música e movimento.

Para que se compreendam os critérios utilizados na sua elaboração, um trecho do texto da Oficina Música e Movimento será, a seguir, apresentado. É preciso que ele seja conhecido, pois esclarece de que modo se deu o contato inicial entre os dois mundos, o da educação e o da justiça, e a direção tomada na proposta até se chegar à forma final. Ver-se-á que o estilo é direto e coloquial, amplo e informativo. Aponta-se, também, para a "normalidade" da situação de um não especialista dar aulas de música.

Oficina Música e Movimento

Introdução

Pode parecer assustador ao professor especialista ou ao agente de educação a atribuição de "maestro" e "coreógrafo" que o Projeto Cenpec/Febem está propondo. Como, provavelmente, este seja o maior foco de resistência, é o ponto que deve ser discutido em primeiro lugar. Antes de mais nada, uma palavra tranquilizadora: a Oficina Música e Movimento não foi planejada para ser executada por um especialista. Ao contrário, suas propostas podem ser desenvolvidas por pessoas sem conhecimento técnico a respeito de música e dança; a oficina é dirigida ao cidadão que gosta de dançar e fazer música, sozinho ou em grupo, que "arranha" um violão, ou que simplesmente "canta no banheiro", mas tem gosto e sensibilidade suficientes para querer fazer e, também, querer ajudar outras pessoas a fazer música.

O próximo ponto abordado é a importância da música nas sociedades tradicionais e a necessidade de resgatar o contato com essa arte, hoje quase perdido. O intuito é, ainda, conquistar a confiança do agente, pois um dos temores do indivíduo não músico é "não entender de música".

> Nas sociedades tribais, a música e a dança fazem parte do cotidiano das pessoas; não existe o conceito de "talento" ou "dom". Todas as pessoas participam das cerimônias, cantando e dançando e nunca lhes dizem que são desajeitadas ou desafinadas. Ao contrário, na sociedade em que vivemos, o incentivo ao consumo e o fortalecimento da indústria cultural têm deixado, por vezes, nas pessoas, a ideia de que somente os artistas podem tocar, cantar ou dançar. Desse modo, elas se retraem e se afastam e a possibilidade de se aproximarem da arte como participantes fica cada vez mais remota. Não se sentem mais no direito de "fazer arte", pois passaram a ser "consumidoras de produtos culturais".

É um início de discussão, que mostra a importância de resgatar o fazer arte como forma de conhecimento.

> A ideia, nesta proposta, é resgatar o "artista potencial" que habita o interior de cada um. Trata-se de um exercício de descoberta das próprias possibilidades e potencialidades, para que o indivíduo, seja ele o agente de educação ou o jovem atendido pela Febem, possa sentir prazer em fazer arte, não como profissional, mas como cidadão. Essa possibilidade atinge profundamente as pessoas em seu interior, auxiliando-as a fortalecer a própria identidade e a buscar melhor qualidade de vida.

Constatou-se a presença de expectativas quanto a resultados imediatos, como "ensinar um ofício, para que o jovem pudesse ganhar a vida", atitude não aceita pelo Cenpec, que investe em projetos educacionais de qualidade, não priorizando ações de caráter puramente utilitário. Portanto, deveria ficar claro no texto que, quem viesse à oficina, não o faria para "virar" músico, esperança acalentada por muitos internos, e incentivada por alguns profissionais, de dentro ou de fora da Febem, nutrindo a ilusão da possibilidade de sucesso na mídia. O propósito da equipe era mostrar a ingenuidade dessa ideia e colocar com clareza a intenção do projeto, de contribuir para o desenvolvimento daqueles jovens, mostrando-lhes uma dimensão existencial (o contato com a arte) que poderia auxiliá-los a melhorar sua qualidade de vida, além de aumentar suas possibilidades de relacionamento consigo próprios, com o outro e com o meio. Era preciso, portanto, desmistificar a intenção que aflorava nas conversas mantidas pela equipe do Cenpec com alguns funcionários da Febem, que acreditavam que "seria bom fazer oficina de música, porque se o jovem tivesse talento, poderia ganhar dinheiro com isso". No texto, é apresentada a perspectiva do Cenpec, de promover ações que contribuam para que cada um se aperfeiçoe como ser humano.

> A proposta ora apresentada, portanto, *não é feita com a intenção de profissionalização*. Não se pretende formar músicos e atingir o mercado de trabalho a partir das habilidades desenvolvidas nas oficinas. A preparação do músico profissional vai por outro caminho e envolve o aprendizado de muitas técnicas, precisa de muitas leituras especializadas e de práticas intensivas, que ultrapassam o âmbito deste projeto. Nossa pretensão não é essa, mas nem por isso é menos nobre: com as oficinas, temos a intenção de permitir aos jovens participantes a imersão no universo musical e a oportunidade de trabalhar em grupo. Nesse processo, de maneira lúdica e agradável, eles terão oportunidade de se conhecerem melhor, de aprofundarem suas experiências de escuta, de se reconhecerem como pessoas singulares, de conviverem com outros jovens, de se familiarizarem com seu ambiente e de terem acesso à produção cultural de seu meio, de seu país, e de outros lugares. Nosso intuito é proceder sistematicamente à valorização dessas pessoas – os jovens atendidos por este projeto; que cada atividade, cada espaço de reflexão contribuam para seu desenvolvimento e para a construção de uma autoimagem positiva. Estas questões precedem a profissionalização e são essenciais a futuras ações que pretendam contemplar a forma-

ção profissional desses jovens. Acreditamos que essa ampliação do universo cultural é essencial para o desenvolvimento do ser humano e uma sensível abertura para a melhoria da qualidade de vida. Essa é a nossa intenção e acreditamos que seja possível.

Após a apresentação inicial, passa-se à proposta. Parte-se do princípio de que o instrutor precisa estar bem esclarecido a respeito dela, caso contrário, não conseguirá ministrar as oficinas. Fica claro desde o início que o agente não precisa ter conhecimento técnico de música, mas ser musical, capaz de cantar ou participar de atividades musicais simples, além de demonstrar ter personalidade para liderar o grupo e incentivá-lo à ação.

Em seguida, faz-se a descrição geral das atividades. Isso porque não é comum saber o que pode ser feito numa oficina de música e movimento. Em geral, pensa-se que o ensino de música esteja acoplado ao instrumento, não se imaginando o corpo de atividades possíveis sem utilizar instrumentos musicais. Por esse motivo, era importante informar ao agente de educação em que consistia a proposta. Priorizaram-se os jogos de movimento individuais ou em grupo.

As atividades são: jogos de movimento individuais ou em grupo, atividades de escuta de sons ambientais, jogos cantados e audição de fitas, com músicas brasileira ou de outras culturas. Essas atividades têm como propósito incentivar a conscientização do fenômeno sonoro e seus modos de organização. Nesse processo, é fundamental o papel do educador, pois a ele cabe incentivar os participantes a ouvirem conscientemente, a pensarem, estabelecerem comparações, desenvolverem o pensamento crítico e apresentarem suas próprias criações.

O texto prossegue com orientações ao educador, entre as quais destacam-se as que parecem essenciais para a compreensão da proposta. Uma das maneiras de garantir que os jovens fossem expostos a música variada e de boa qualidade, não se restringindo ao gosto individual ou aos *hits* das paradas de sucesso, foi a utilização de uma fita cassete, especialmente preparada para acompanhar as oficinas.[2]

Outras informações aos agentes de educação seguem abaixo, agora, para explicar o caráter comunicativo da música e a ênfase que se esperava que eles imprimissem ao aspecto não verbal.

> *Comunicação não verbal* – na Oficina Música e Movimento privilegia-se o não verbal. Embora o texto apresentado sirva-se da palavra, você deve ter em mente que a ênfase está colocada no desenvolvimento de outras linguagens, enfatizando-se as corporais e sonoras. Assim, os principais elementos de comunicação e expressão desta oficina são o corpo e a voz. Há uma fita cassete que acompanha as oficinas, trazendo materiais difíceis de se obter na sala, tais como: exemplos musicais instrumentais, músicas de outras culturas, ou base musical para que os participantes trabalhem sobre ela. A orientação de uso da fita está colocada no texto da própria oficina.

O aquecimento é valorizado como momento de diminuição de tensões e predisposição para o trabalho. Insiste-se nos aspectos sociais que, no caso da população atendida pelo projeto, é ainda mais crucial do que em outros agrupamentos de jovens.

> *Aquecimento* – o aquecimento é um momento importante, pois propicia a integração das pessoas e o acolhimento dos novos participantes. Em cada oficina há uma proposta diferente de aquecimento, mas você deve sempre se lembrar de apresentar ao grupo os novos participantes, mesmo que os jovens já se conheçam de outros ambientes, pois esta apresentação enfatiza aspectos pessoais de cada um, como, por exemplo, as preferências, o gosto, a maneira de se comportar de cada um perante uma determinada proposta, dados importantes de serem compartilhados.

2 Essa fita, sem fins comerciais, foi realizada por Rael Gimenez e Luís Felipe Oliveira, músicos profissionais e ex-alunos do Instituto de Artes da Unesp e ilustram muitas das atividades da oficina.

De maneira geral, os professores (agentes de educação) não estão preparados para o tipo de atividade que se desenvolve numa oficina de música. O projeto prevê, por isso, além dos textos das oficinas, cursos de capacitação, em que esses agentes são levados a movimentar-se, cantar e agir com espontaneidade, como preparação ao momento posterior, de aplicação da oficina aos jovens. A proposta foi aplicada em algumas unidades da Febem – as UIPs – e logo trouxeram as primeiras respostas que, na avaliação realizada, foram bem positivas e mostraram resultados alentadores, principalmente porque apontavam para transformações significativas, não só entre os jovens, mas nos outros segmentos da comunidade da Febem.

> *Maneira de condução das atividades* – ao ministrar a oficina para o grupo, siga o roteiro elaborado previamente, não se esquecendo, porém, da necessidade de acatar possíveis interferências dos participantes, quando elas forem o resultado do entusiasmo e da motivação despertados pelo tema. Nesses momentos, a sua atitude deverá ser, a um só tempo, firme e solta, o que requer o domínio da proposta e entusiasmo pela própria tarefa de ensinar. Incentive os jovens a criar outras categorias e leve em conta o que sugerirem. Quando, por alguma razão, não for possível acatar a ideia, explique por que; tenha o cuidado de não desconsiderar a pessoa, em nenhuma hipótese, mesmo que, a seus olhos, a proposta pareça absurda.

Uma das constantes nos projetos Cenpec era estimular a reflexão, por parte tanto de quem passava pela atividade quanto de quem a aplicava; desse modo, um espaço no final de cada oficina era reservado para a expressão e troca, incentivando o participante a compartilhar experiências e opiniões. Assim, a oficina não funcionava como lazer, mas como espaço de aperfeiçoamento individual e coletivo.

O que se apresentou antes foram trechos da Introdução da Oficina Música e Movimento intercalados com comentários, destinados a dirigir a atenção do leitor para determinados aspectos que se julgou oportuno destacar. Das doze oficinas, selecionaram-se alguns trechos, com o intuito de esclarecer de que modo a proposta foi montada.

a) OFICINA 1 – Explorando diferenças

Texto introdutório:
Nesta oficina, o foco é a percepção de diferenças. Com isso, damos início a um processo que, pouco a pouco, vai nos conduzir à transformação. Para perceber as diferenças, temos que começar a explorar os sentimentos que temos em relação a nós mesmos, às outras pessoas e ao ambiente em que vivemos. Se não somos capazes de reconhecer o que sentimos, não conseguimos perceber diferenças. E se não conseguimos perceber diferenças, também não vamos conseguir distinguir uma ação de outra. Consequentemente, se não conseguimos distinguir uma ação de outra, vamos ter dificuldade em aprender. E é muito importante manter a vontade de aprender, pois esse é o único meio de transformação possível. (Texto inspirado nas ideias de Moshe Feldenkrais.)

1. Aquecimento e integração

Em roda, sentados lado a lado, um dos jovens inicia sua apresentação, dizendo aos demais, com voz clara e firme:

- seu nome;
- cidade de origem;
- uma coisa de que gosta e outra de que não gosta.

O próximo jovem, situado à esquerda do primeiro, prossegue, repetindo o que acabou de ouvir do companheiro do lado, acrescentando, a seguir, as mesmas informações a respeito de si. Cada um dos outros integrantes do grupo repete a corrente de identificação desde o início, antes de acrescentar sua própria informação. Ao final, os jovens saberão o nome e a origem de todos, além de alguns dados pessoais que possam ser compartilhados. Este procedimento contribui para a formação de laços entre eles e auxilia a conferir um senso de familiaridade e companheirismo.

Obs. Estas propostas são meramente sugestivas. O educador pode alterá-las ou propor outras. O importante é que as informações pessoais sejam simples, diretas e sempre na mesma ordem, para facilitar a memorização.

Nota: Se o número de participantes for muito numeroso, a atividade pode ser prejudicada; recomenda-se que o exercício seja feito, no máximo, com 15 pessoas. Se a quantidade de participantes ultrapassar esse número, sugere-se que o grupo seja dividido. Nesse caso, ao final, coletivamente, um subgrupo apresenta-se ao outro, dizendo em forma de jogral, em alto e bom som, o nome, a cidade de origem e o gosto pessoal de cada um dos participantes. O segundo subgrupo, em seguida, faz o mesmo, procurando variar a inflexão das vozes, isto é, diferenciando a sonoridade da voz de cada um, variando a velocidade, a maneira de falar ou cantar e a expressão.

2. Atividade exploratória do corpo e do espaço

Para esta atividade, é importante um espaço livre.

Andar à vontade pela sala, cada um escolhendo a direção a ser seguida e a velocidade do andar, sem formar filas e sem seguir ninguém. Cada um faz o percurso por si próprio. Há algumas normas: não dar trombadas nos companheiros e tentar sempre preencher os espaços vazios. O exercício deve ser feito em silêncio. Combine de antemão com os jovens um sinal para o início e outro para o encerramento da atividade (por exemplo, uma palma para iniciar e duas palmas para encerrar, ou um aviso do tipo: "Já", indicando o início ou o fim da atividade). Ao sinal de parar, os jovens observarão a maneira como ocuparam o espaço, para perceber se há lacunas ou conglomerados. Nas próximas paradas deverão corrigir isso, trabalhando para que o espaço seja ocupado de maneira mais uniforme, sem deixar "buracos" e sem se aproximarem demais uns dos outros. A cada vez, os jovens aguardam o sinal para reiniciar. Você deve estimular que eles busquem outras direções e velocidades e que explorem diferentes maneiras de caminhar, como: andar na ponta dos pés, de lado, como caranguejo, apoiando-se nos calcanhares, de gatinhas e outros. Algumas vezes, procure alterar o tempo de espera, antes do reinício da atividade, para obrigar os participantes a ficarem atentos aos sinais.

Não deixe de observar o trabalho durante todo o tempo, *dando* sugestões gerais que estimulem os participantes a procurar outras posições e a explorar os planos alto, médio e baixo;

plano alto: andar nas pontas dos pés, subir em algum objeto, erguer os braços e outros;

plano médio: andar, correr ou saltar normalmente;

plano baixo: arrastar-se, andar de cócoras ou engatinhar.

Variantes:

V. 1: Após algumas vezes, torne a atividade mais complexa: ao parar, faça que cada um adote uma postura fixa, como se fosse uma estátua. Ao ouvir o sinal, os jovens reiniciam a atividade, até o próximo sinal de parada; nesse momento, farão outra estátua, diferente da anterior.

V. 2: Acrescente mudanças de expressão: uma estátua que exprima raiva; uma estátua que exprima alegria, timidez, soberba, ou ainda que provoque risos, que convide ao sonho ou a aventuras malucas; invente outras e solicite aos jovens que também façam propostas.

V. 3: Agora, as estátuas passam a ser feitas em grupos de duas pessoas, com um ponto de contato: mãos, pés, ombros, costas, cotovelos, cabeças. Dado o sinal para o reinício, as estátuas se desmancham e, da próxima vez, buscam outros modos alternativos de composição, com outros companheiros. A cada vez que a atividade for recomeçar, anuncie o próximo ponto de contato.

V. 4: Caso persista o interesse e haja tempo, busque outros modos de composição da estátua, com maior número de pessoas e mais pontos de contato. Procure fazer com que os participantes contribuam com sugestões.

Outro exemplo:

Há ainda outras possibilidades de classificação:

- sons corporais internos (barulho do estômago, som de engolir saliva, pigarro, respiração) e sons corporais externos (palmas, ruídos de pés);

- sons produzidos pela pessoa, com o auxílio de objetos: cortar as unhas, deslocar-se com um chaveiro na mão e outros;
- sons procedentes de fonte fixa e de fonte móvel (relógios de parede, porta batendo, no primeiro caso, ou sons de carro, avião, ou de passos, no segundo).

4. Hora de cantar

Após o término da atividade anterior, pergunte ao grupo: “O que vocês gostariam de cantar agora?” “Há alguma música que todos conheçam?” Se não surgir nenhuma sugestão, você deve propor alguma coisa. Caso os jovens não conheçam a música proposta, ensine-lhes uma canção. Neste caso, não forneça ao grupo o texto escrito, para incentivar sua memória auditiva e corporal; cante a canção, frase por frase, fazendo que repitam, uma a uma. Verifique se todos compreenderam o texto. Cante com voz calma e firme, procurando entoar do modo mais preciso possível. Incentive o grupo a cantar junto, encorajando-o a vencer as barreiras e aderir ao canto. Às vezes, alguém pode hesitar em cantar, mas é importante estimular a participação de todos. Estimule os jovens para que consigam se expressar individualmente e em conjunto. Uma vez conseguida a participação, incentive-os para que se movimentem no espaço (dancem) ou façam uma batucada enquanto cantam. Caso você ache difícil encontrar uma canção, a sugestão é cantar uma ciranda, importante manifestação folclórica de origem pernambucana. A ciranda proposta está na fita cassete e você pode ouvi-la muitas vezes e mostrá-la para o grupo, para que os jovens se sintam seguros em cantar. Ela foi gravada por Antúlio Madureira, um cantor de Pernambuco.

Essa ciranda não é minha só,
É de todos nós, ela é de todos nós.
A melodia principal quem diz
É a primeira voz, é a primeira voz (bis)

Pra se dançar ciranda
Juntamos mão a mão
Formamos uma roda
Cantando esta canção

5. Espaço para reflexão

A última parte da oficina é um espaço para se falar do que ocorreu; é importante que o aluno reflita a respeito de suas descobertas e eventuais dificuldades. Seja flexível para seguir o encaminhamento dos alunos sem, porém, perder os pontos que ache importante destacar. Você pode sugerir alguns tópicos de discussão, como estímulo. Por exemplo:

- Vocês gostaram das atividades de hoje? Por quê?
- O que descobriram com elas? Tiveram dificuldades?
- Perceberam diferentes modos de fazer ações costumeiras? Quais?
- Do que vocês gostaram mais de fazer?

Após a discussão, incentive o registro, no *portfolio*, das impressões que cada um teve; ressalte a possibilidade de o registro ser verbal ou não verbal, por meio de desenhos, gráficos, tirinhas e outros. Lembre aos participantes que o tema desta oficina é "diferenças". Isso pode ajudar a direcionar o registro. Você pode, também, fazer um resumo das listas de sons ouvidos numa folha de papel *kraft*, o que tem a vantagem de manter presente o registro também nas outras reuniões.

Esses exemplos são suficientes para mostrar o espírito que norteou a produção do material apresentado e destacar a ideia de que os rumos do mundo determinam os das práticas educativas. É importante frisar que existem solicitações da sociedade para que propostas desse tipo ocorram, às quais é preciso responder.

O projeto Cenpec-Globo

Em 2001 surgiu o convite para participar de outro projeto, com o propósito de preparar material de arte para ser distribuído a escolas públicas em todo o país. A previsão de tiragem era de 30 mil exemplares.

O Cenpec já havia trabalhado com a Globo em outras ocasiões, como na última Olimpíada, preparando o mesmo tipo de material, dentro de um programa denominado Amigos da Escola. Dessa vez, a coleção constaria de vários cadernos, cada um abordando uma forma de arte. Os cadernos se chamariam "A arte é de todos", cabendo à autora a preparação do caderno *A arte dos sons*. O conceito do trabalho era fornecer às escolas públicas um tipo de material rico, informativo, escrito em linguagem simples, destinado tanto a professores das escolas públicas quanto a voluntários da comunidade, alvo principal do projeto, em comemoração ao Ano Nacional do Voluntário, ideia controversa, pois se, por um lado, a situação de quase indigência que vive a escola brasileira pode se beneficiar da ajuda externa, geralmente de pessoas da comunidade diretamente envolvidas (pais, avós, amigos) ou profissionais que desejem aplicar parte de seu tempo livre colaborando com ela, por outro, a transferência de competências ao não profissional diminui o já minguado mercado de trabalho, e pode banalizar a experiência, além de não se ter nenhuma garantia de sucesso nesse tipo de empreitada. Diante disso, acorrem as palavras de Spanoudis a respeito da "possibilidade do não". Talvez fosse justamente esse o fator capaz de acionar o projeto, pois torna-se instigante o desafio que não é "líquido e certo" e encerra em si as duas possibilidades – do sim e do não.

Examinando-se o grande quadro da educação nacional, é-se obrigado a reconhecer que talvez estejamos à frente de mais um sintoma das mudanças paradigmáticas que se apresentam atualmente. Pode ser que o profissional se sinta ameaçado, mas, na verdade, há grande concentração de habilitados em alguns pontos do país, em geral cidades de grande e médio porte, enquanto outros ficam entregues à própria sorte, com deficiências enormes em sua organização social, entre outros motivos, por falta de mão de obra habilitada. Nesse sentido, o trabalho voluntário pode ser um precioso auxiliar na diminuição ou eliminação de algumas carências endêmicas, que a escola não consegue resolver por si só. Fora do contexto escolar, a expressão artística tem espaço, pois a necessidade de criar do ser humano não cessa, mas é inibida na escola, pelo fato de esta se organizar em disciplinas autocontidas. Por esse motivo, muitas vezes cabe a artistas da comunidade a responsabilidade pelas atividades artísticas da escola.

O projeto contava com o suporte dos Correios, razão pela qual foi recomendado aos autores que utilizassem selos brasileiros como ilustração ao texto. Neste caso, a concepção visual do material é mediada pelo interesse do patrocinador em aparecer, mais um exem-

BREVE HISTÓRIA DA MÚSICA BRASILEIRA

A cada época, a música se transforma e assume uma forma peculiar, diferente da praticada no período anterior, espelhando as características da sociedade e determinada maneira de ver o mundo.

Hoje temos acesso a músicas de todas as épocas e de muitos lugares. Podemos escutar a música do Japão, da Islândia, do Mali. Podemos apreciar a música que era tocada na Idade Média, durante o Renascimento e a Idade Moderna. Compositores da chamada música erudita, como os alemães Beethoven, Bach ou o austríaco Mozart, graças às facilidades da tecnologia, continuam a encantar multidões até hoje.

Neste caderno, vamos focalizar mais a música brasileira. Mas você, Amigo(a) da Escola, poderá trabalhar com músicas produzidas em outros países da América e em outros continentes – Europa, Ásia, África e Oceania. Escutar músicas diferentes das que estamos acostumados é uma forma de viajar por outras culturas e aprender a apreciar o que é diverso.

Feita essa ressalva, vamos a um passeio pela história da música brasileira, destacando os nomes de compositores e intérpretes cujos discos, CDs ou fitas cassete podem enriquecer o acervo da escola.

Colônia e Império

No Brasil, costuma-se afirmar que a prática musical teve início logo após o Descobrimento. No entanto, que música faziam os índios que habitavam o Brasil antes de ser descoberto? Cantavam e dançavam, em grupo, músicas próprias, como membros de uma sociedade tribal. Essa música, porém, nem chegou a ser considerada pelos colonizadores, que deram início à catequese dos meninos índios, ensinando-lhes música européia e fazendo com que esquecessem a própria tradição.

Mas, em outros espaços, mais distantes dos colégios jesuítas, durante os dois primeiros séculos de colonização a prática dos cantos rituais indígenas permanece. Tornam-se também comuns os batuques dos negros, que se somam à música dos europeus.

O Período Colonial mostra grande riqueza na produção de música religiosa, destacando-se nomes como o do **Padre José Maurício, Emerico Lobo de Mesquita e André da Silva Gomes.**

Na época do Império, com a chegada da família real ao Brasil em 1808, a música torna-se predominantemente urbana, nas duas principais cidades coloniais – Rio de Janeiro e Salvador. Com a fusão de elementos indígenas, negros e portugueses, torna-se manifestação de caráter popular. As obras européias são tão tocadas quanto as modinhas e lundus. É o início de uma expressão musical brasileira, que se caracteriza, como nós, por ser mestiça.

No final do século, desponta a primeira mulher brasileira compositora: **Chiquinha Gonzaga.**

5

Figura 9 – Projeto Cenpec/Globo.

Mais Música na Vida e na Escola

Sugestões de Atividades

Você encontra, a seguir, sugestões de como conquistar as pessoas, os materiais e os espaços necessários para levar a música para a escola. Em seguida, sugerimos mais atividades a partir das quais você, com certeza, irá criar outras mais adequadas aos interesses das crianças, jovens e adultos com os quais estiver trabalhando.

Preparação 1

Sociedade dos amigos da música

Objetivos: Identificar, na escola e na comunidade, as pessoas que tocam instrumentos ou cantam; iniciar a organização de oficinas conduzidas por essas pessoas.

Execução:

- Forme um grupo de crianças e jovens que gostem de música, com a missão de encontrar, na escola e na comunidade, outras pessoas ligadas à música. Pode ser: alguém que canta ou toca bem qualquer instrumento; um grupo interessado em preservar as tradições locais ou determinado gênero musical; um coral de igreja; um conjunto folclórico ou regional; um cantor que faz sucesso na cidade; um professor de Música; alguém que sabe muito sobre determinado gênero musical e sobre seus autores e intérpretes; um DJ (pronuncia-se *di djei*: *disk jockey*, pessoa encarregada de fazer a seleção musical em rádios ou discotecas). Pode também ser alguém capaz de fazer batucada, tocar um pouquinho de violão, acompanhar um sambinha com um pandeiro.
- Identificadas as pessoas (alunos, professores, familiares dos alunos e conhecidos da comunidade), junte seu grupo de crianças e jovens e escrevam uma carta convidando-as para uma reunião na escola.
- A reunião, que deve ser muito bem organizada, num ambiente acolhedor, pode ter as seguintes etapas:
  - ✓ Explique o objetivo do encontro e peça aos "músicos da escola e da comunidade" para se apresentarem e dizerem o que fazem.
  - ✓ Convide-os a compartilhar o que sabem com outras pessoas. Observe que não se trata de chamar profissionais da música para atuar, mas de a escola se valer da ajuda da comunidade para crescer e se solidificar.
  - ✓ Junte os participantes por interesses comuns e proponha-lhes que organizem, com a sua ajuda e a de seu grupo de crianças e jovens, atividades como:
    - oficinas para formação e ensaio de grupos musicais: de *rock*, *rap*, pagode, choro, samba, bolero, valsa e outros;

8

plo de ausência ou pouca evidência de limites entre funções da escola, interesses internos e externos e público-alvo.

Outra situação peculiar, além da diluição de limites, caracterizada pela ausência do profissional e presença do voluntário é que o material é dirigido a um número enorme de escolas, não se destinando a nenhuma faixa etária específica, e não se caracterizando como livro didático, pois dificilmente as atividades propostas podem ser consideradas parte da estrutura curricular. O mais provável é que, se as ações sugeridas forem implantadas, enquadrem-se no modelo de atividade extracurricular. Nas circunstâncias da proposta, não existe nenhum controle a respeito da utilização do material pela escola e do desenvolvimento das propostas, nem mesmo garantias de êxito na aplicação, pois cada escola tem uma situação peculiar, que norteará suas decisões de uso ou não do material, e das condições desse uso, caso seja essa a opção, o que, aliás, está previsto no texto. Essas condições, portanto, também trazem em si mesmas, e de forma exacerbada, a "possibilidade do não".

Não obstante esse terreno movediço e os tantos "se" que rodeiam a proposta, considerando-se o tamanho do Brasil, a pouca ênfase que se dá às artes e, em especial, a ausência da música na escola desde 1971, por meio desse projeto haveria oportunidade de apresentar ideias e sugestões de atividades a comunidades que, de outro modo, talvez nunca tivessem acesso à informação na área artística, além de servir de motivação a quem sentisse impulso de realizar esse tipo de proposta de natureza artística dentro da escola pública.

Também aqui, os procedimentos em linha mostravam-se inadequados, pois as indeterminações do público, do tipo de voluntário que se apresentaria, da escola que implantaria o projeto, de suas condições físicas, pedagógicas, sociais, além do tipo de aluno a quem a proposta seria apresentada, impediam qualquer tentativa de estabelecimento de critérios para o ensino e a aprendizagem, dentro de moldes tradicionais. Novamente, neste caso, está presente um modo de operação em rede, como é possível verificar na versão final do projeto, acessível via internet, no site "amigos da escola".

Pelo exame do material, verifica-se a preocupação com estilo e forma, visando à fácil comunicação: texto editado em diferentes tamanhos, cores e tipos de letras, estilo rápido, de caráter jornalístico, economia de informação, preponderância de propostas de âmbito geral, possíveis de serem realizadas sem o concurso de especialistas, embora sugira que sua eventual presença possa ser bastante enriquecedora.

Considerações a respeito dos projetos

Os exemplos aqui apresentados, preparados para serem distribuídos em escolas e instituições públicas, elucidam a questão discutida de início, das necessidades do mundo atual, em que procedimentos usuais não são adequados para a situação. Nesses casos, as circunstâncias determinaram os procedimentos, isto é, os textos não resultaram de uma tomada de posição anterior, em favor desta ou daquela atuação, mas surgiram a partir de estímulos externos – a Febem no primeiro caso e as Organizações Globo no segundo – e confirmaram as reflexões apresentadas no artigo "A linha e a rede", anteriormente comentado. O procedimento em rede foi determinado pelas circunstâncias. Em ambos os casos, o fato de não se conhecer o destinatário da mensagem nem o tempo que ele ficaria exposto a ela comprometiam a manutenção dos códigos comunicativos usuais na prática educativa, em que esse tipo de previsão faz parte do projeto. A situação incomum, em termos pedagógicos, exigia uma transformação na maneira de encarar a educação, e lançava mão de procedimentos próprios à área de comunicação, embutidos na própria estrutura das propostas pela indeterminação que caracterizou a ambas.

Pela maneira e pelas circunstâncias de aplicação, pode-se afirmar que o modo de apreensão por parte do público-alvo não se dá de maneira linear. A informação chega ao indivíduo de modo desordenado e sua compreensão vai, aos poucos, se firmando. Essas características convergem para a opinião de Babin e Kouloumdjiam (1989), quando tratam dos novos modos de compreensão que detectam nos jovens.

Os textos caracterizaram-se como respostas a determinadas situações – o interesse da Febem em investir em jovens em situação de conflito com a lei, e o da Fundação Globo de contribuir com a escola pública, fornecendo material de incentivo à prática do voluntariado, dentro da área de Artes –, em que as tradicionais abordagens de ensino não poderiam ser aplicadas. Partiu-se da hipótese, diante da problemática trazida, de que, mesmo sem continuidade, os alunos submetidos a conexões em rede, em que pudessem viver e experimentar propostas criativas, poderiam beneficiar-se e adquirir algum conhecimento, mesmo que de maneira desordenada e em situações difíceis de serem acompanhadas e avaliadas. Na verdade, é possível que situações como as descritas, hoje consideradas atípicas, tornem-se comuns, uma vez que a época atual caracteriza-se por grandes mudanças paradigmáticas, que trazem profundas alterações nos mais diversos setores da sociedade organizada e em uma velocidade que não permite hesitações, exigindo decisões rápidas, firmes e atípicas.

Para essa ideia ser aceita no campo educacional, via de regra, pautado por métodos e procedimentos lineares, é preciso apoiar-se em bases nas quais o processo de compreensão possa fundar-se e que justifiquem a não linearidade. Afinal, a escola sempre trabalhou de modo linear, acreditando que o correto é estabelecer uma metodologia de ensino que caminha do simples ao complexo e que estabeleça conexão entre os temas abordados. Foi do desejo de buscar fundamentação para o tipo de trabalho que se apresentava que surgiu a ideia de se apoiar em algo que pudesse mostrar, metaforicamente, que o conhecimento se instala de modo diverso dos usuais procedimentos lineares.

Uma metáfora para o processo de conhecimento

Após haver apresentado os dois procedimentos educacionais em rede, dirigidos a não especialistas, para serem aplicados a jovens dentro de situações atípicas, e apresentado as circunstâncias que determinaram essa opção, pretende-se, agora, demonstrar que, embora difíceis de serem avaliados a curto prazo, eles não se apresentam apenas como peculiares aos jovens de hoje nem às circunstâncias presentes num determinado momento. A hipótese que se levanta é a de que, embora exacerbada pelas condições da atualidade, esse tipo de organização em rede é inerente ao próprio homem, caracterizando seu modo de apreensão do conhecimento. Tradicionalmente, tende-se a crer que o conhecimento é obtido por procedimentos em linha, pois essa é a forma usualmente empregada em propostas educativas, de modo que há relutância em acreditar em propostas alternativas, que não privilegiam a linearidade. No entanto, outros são os caminhos pelos quais o conhecimento se instala.

Para a exploração dessa hipótese, não se lança mão de dados experimentais ou históricos, o que indica que a própria metodologia é subvertida aqui, pois pretende-se justificar uma ideia a partir do exame de uma obra de ficção, tomada como metáfora do processo de compreensão. O que ocorre na obra pode ser facilmente transposto para a realidade atual, e o leitor será capaz de nela reconhecer muitos dos dilemas que enfrenta em seu dia a dia, identificando-se com o protagonista e com as questões que enfrenta.

A obra escolhida é a novela *Dicamus et labyrinthos*, de Murray Schafer (1984), e, no decurso de sua apresentação e análise, ver-se-á sua pertinência e importância na compreensão das circunstâncias que hoje vivemos, por alinhar-se a um modelo holístico de conhecimento do mundo que, talvez, em menor tempo do que se imagina, seja a última esperança para um planeta tão espoliado, que vive em seu cotidiano a escassez e o desequilíbrio, motivados pela desmesura e pelo desperdício, má distribuição de recursos naturais e extrema valorização do dinheiro, em detrimento de outros valores, morais, humanos e artísticos. Pertinente, também, para mostrar que a civilização chegou a extremos profundamente distorcidos, em que predominam as relações de poder e em que códigos de ética, sensibilidade, valores e a própria vida humana são considerados bens descartáveis. Vivemos hoje uma aceleração desmedida do tempo, num mundo virtual em que realidade e fantasia já não se encontram em campos opostos, mas convivem no mesmo espaço/tempo, pois as linhas divisórias entre um e outro apresentam-se esvanecidas e enfumaçadas. Aproxima-se o momento de uma grande mudança paradigmática nos procedimentos e valores do mundo ocidental. Seus indícios já se manifestam e, sendo as artes antenas do mundo, é pertinente solicitar à obra artística auxílio para a compreensão do que vem ocorrendo.

A pouca definição de limites entre ficção e realidade é um artifício de que se vale Schafer na própria construção da obra. Do mesmo modo, a tecnologia da comunicação coloca-nos diante de ficções tão "reais" que custa crer serem obras construídas pela imaginação humana. Nessa categoria podem ser arrolados os efeitos especiais utilizados no cinema e na TV, via computação digital, os passeios virtuais e os simulacros de realidade, que parecem tão ou mais nítidos e verdadeiros quanto o que se vive no cotidiano. Porém, a violência e a barbárie com que o homem convive atualmente é tão brutal e inusitada que poderiam ser classificadas como ficção. Nos tristes momentos que se seguiram aos acontecimentos de 11 de setembro de 2001, mais de uma vez se ouviu os comentaristas da televisão mencionarem que a ficção, por muito que se esforçasse, não conseguiria chegar aos pés do que estava ocorrendo, pelo inusitado, pela desmesura e brutalidade do atentado. Romperam-se os limites, naquela hora, entre ficção e realidade.

Essa foi uma situação extrema, mas, no dia a dia do cidadão comum, a vida está cheia de ocorrências brutais, inusitadas, cômicas, desvairadas, que não se afastam demais do modelo visto nesse acontecimento extremo. Não há limites entre "mocinhos" e "bandidos", tanto no cenário político quanto no policial. Juízes que se colocam acima da lei para enriquecer opõem-se a marginais que agem como Robin Hoods contemporâneos: por um lado, comandam o tráfico de drogas, e, por outro, beneficiam as favelas que abrigam seus quartéis-generais, ocupando o lugar das entidades públicas que deveriam, mas não assumem, seja lá por que razões, o atendimento às necessidades básicas daquela população. Prende-se um bandido e, imediatamente, surgem suspeitas a respeito dos policiais que com ele se confrontaram. Isso tudo é visto diariamente nos noticiários da imprensa falada e escrita, em que se esvanecem, a cada dia, os limites entre realidade e ficção.

No âmbito acadêmico, pode-se detectar o mesmo fenômeno de esfumaçamento de limites; a objetividade da ciência, cada vez mais requerida pelos critérios de uso da tecnologia, esbarra na subjetividade do pesquisador e dos pesquisados, assim como na instabilidade do meio sempre mutante, fazendo, também aqui, haver pouca definição de contornos e limites, gerando dúvidas e confrontos de opinião e incitando a ciência a rever seus paradigmas e a abrigar a subjetividade como parte constituinte da investigação, uma questão presente desde o século XIX, mas até agora não totalmente assimilada; confundindo-se limites, alteram-se critérios até há pouco consensualmente admitidos.

Não se pretende discutir as questões que se apresentam ao homem da atualidade, mas apenas utilizá-las como exemplo da profunda alteração de paradigmas que vivenciamos. As questões anteriormente arroladas permitem pensar que, também na educação, nas artes e, especificamente, na educação musical, tema de interesse maior neste livro, esses fatores precisam ser considerados na elaboração de propostas, projetos e no próprio modo de encarar a educação e a formação do profissional músico, seja ele compositor, intérprete ou educador. O conceito de método, como linha que se desenvolve de um a outro ponto, já não pode ser aplicado em qualquer circunstância, pois é difícil saber com segurança de onde se parte, a quem se destina, ou aonde se quer chegar.

É possível utilizar a novela *Dicamus et labyrinthos* como metáfora do que foi acima exposto, porque o processo de compreensão apresenta similaridades com essas ideias, ao mesmo tempo que se alinha a algumas teorias da linguagem e de seus usos, que questionam o próprio conceito e promovem sua alteração, abrindo portas para um tipo não linear de construção. Acreditou-se oportuno esse procedimento porque as aceleradas modificações por que tem passado o mundo alteram o entendimento da realidade e, por sua vez, afetam conceitos e valores éticos e estéticos, até há não muito tempo, claros e precisos, que pedem por redefinição. Além disso, porque, por se estar falando de música, parecia instigante utilizar como modelo uma obra artística. Por fim, acredita-se que a situação que vivemos, ainda recente e próxima demais, pode ser mais bem compreendida se apresentada em forma de metáfora.

Dicamus et labyrinthos – um exercício de imaginação

Na resenha da novela *Dicamus et labyrinthos*, exposta no material de divulgação da Arcana Editions, ela é considerada "uma das chaves para o entendimento de *Patria*".[3] Além dessa condição de "pista" a ser seguida para a compreensão de uma obra maior, a novela apresenta indícios importantes do que Schafer entende por uso da linguagem e processo de compreensão. Na verdade, não se trata de descobrir mais uma teoria da linguagem – Schafer não teorizou a respeito dessa questão –, mas mostrar de que modo estão presentes, em sua obra artística, conceitos próximos a algumas teorias contemporâneas da linguagem, que reconhecem o entrelaçamento de procedimentos subjetivos/intuitivos com objetivos/racionais ou, dizendo de outro modo, a estreita relação, em fluxo contínuo, entre sensações, percepções, emoções e pensamento lógico na instalação desse processo, que opera tanto em linha quanto em rede.

3 *Patria* é o monumental ciclo de obras de Murray Schafer, iniciado na década de 1960 e ainda inacabado. Consulte-se Fonterrada (2004).

Ficção e realidade

Uma característica que logo prende a atenção do leitor, tão logo inicie a leitura de *Dicamus et labyrinthos*, é a ausência de delimitação entre ficção e realidade. Esse tipo de imprecisão deliberada se mostra no próprio processo de construção da obra. Realmente, pode-se ler a novela durante páginas antes de perceber que se trata de uma obra ficcional, e não de um ensaio a respeito de questões reais. O tema é introduzido por uma autoridade – dr. Max Dorb, presidente da Associação Helenística Canadense –, que apresenta à comunidade científica mundial suas considerações a respeito de uma descoberta arqueológica. Imediatamente após seu texto, por páginas e páginas, são apresentadas fotocópias de tábuas de inscrições, em uma linguagem antiga desconhecida, descoberta em um sítio arqueológico denominado Magia Triba, alguns quilômetros ao norte de Pacino, ao sul da Sicília (Schafer, 1984, p.94).

Os arqueólogos que tiveram contato com o material acreditam que o texto recém-descoberto seja um provável exemplar da língua falada em Creta, na época miceniana – o ectocretense. Max Dorb explica em seu artigo, com pormenores, as mais recentes descobertas da arqueologia, a aparência das tábuas e algumas técnicas de decifração comumente utilizadas pelos cientistas, bem como as tentativas dos especialistas, até aquele momento frustradas, em quebrar o código daquela linguagem. Em seguida, revela ter em mãos o diário de um filólogo misteriosamente desaparecido que trata dessa escrita, e apresenta os motivos de sua decisão de colocá-lo à disposição da comunidade científica, para que outros pudessem conhecer e avaliar o trabalho. Não se esclarece de que modo e por que motivo o filólogo havia desaparecido.

TABLET EIGHTEEN

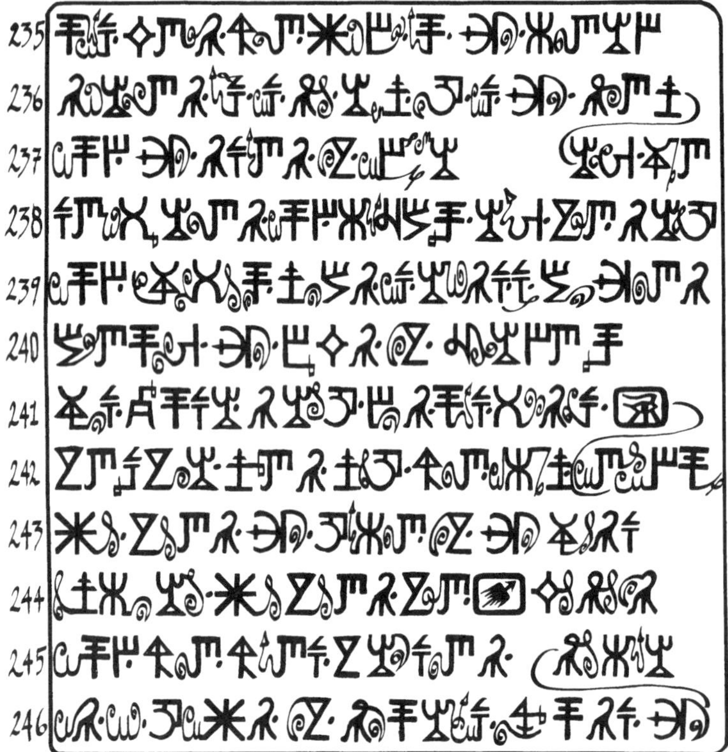

Figura 10 – Tablet Eighteen (Schafer, 1984, não pag.).

Fazendo uso dessa forma de modelar a novela, Schafer opera no limite entre ficção e realidade; misturando os dois fenômenos, mostra quão tênue é a linha que os separa. O filólogo é um cientista. Ele tem em suas mãos as tábuas antigas e decide trabalhar na decifração da linguagem desconhecida. Em cada página de seu diário pode-se acompanhar suas descobertas, desapontamentos, associações, suposições. À medida que o trabalho avança, o significado do texto vai se desvelando pouco a pouco, até o momento em que as tábuas se apresentam totalmente decifradas.

É importante que se examine seu modo de trabalho; para que se compreenda um texto, é preciso um contexto. O do filólogo é sua formação profissional. Ele conhece línguas arcaicas, história antiga, poesia, literatura de várias culturas. Conhece, também, técnicas de decifração de textos. Quando começa a trabalhar com as tábuas de Magia Triba, portanto, não se coloca diante delas "de cabeça vazia". Pelo contrário, seu conhecimento profundo de filologia e de outras áreas correlatas lhe dá amparo para completar a tarefa. Ele tem expectativas quanto a ela, expectativas que o excitam e o motivam para o trabalho. Além disso, porém, por estar diante de material tão precioso, é tomado por outra classe de emoções, que se apresentam de modo impreciso e contraditório, e são responsáveis pelo ir e vir de seu estado de ânimo, interferindo, em consequência, em seu ritmo de trabalho.

Para o leitor, o contexto é dado pelo dr. Max Dorb, quando, ao relatar à comunidade científica a descoberta das tábuas, insere-o no âmago da problemática com a qual lida. O leitor, portanto, é o interlocutor do dr. Dorb. Aqui, também, se está na presença da ambiguidade, entre a comunidade científica ficcional e o leitor real. Quando Dorb afirma que "a mensagem encontrada em um texto, usualmente é condicionada por aquilo que se espera encontrar" (Schafer, 1984, p.96), está transmitindo sua concepção de linguagem, diferente do conceito tradicional, que a vê como instrumento ou ferramenta destinada a nomear objetos e fenômenos. Não é assim que o dr. Max Dorb a concebe e, nesse sentido, não está só; pesquisas desenvolvidas no século XX a respeito da linguagem e de seus usos adotam a mesma concepção e, embora não pertençam todas à mesma matriz, nem tratem da temática da mesma maneira, reconhecem o papel do leitor na construção do significado de um texto. No caso da novela que se está examinando, o leitor é conduzido pela personagem – o filólogo –, o intérprete que o aproxima do leitor com o significado das tábuas. Ao mesmo tempo que mostra o significado do texto, ele insere o leitor no processo de decifração e do conhecimento.

Na citação do dr. Dorb, revela-se que, para ele, a linguagem é considerada o meio em que o sujeito vive imerso, com seu grupo social, e da qual não se pode afastar – tal como em Gadamer (1977) e Merleau-Ponty (1984). Nesse modo de entendimento, o sujeito se constrói na linguagem. Tanto a experiência individual quanto a coletiva somente podem ser constituídas se mediadas pela linguagem, que é adquirida no convívio social. Em vez de representar a realidade, a linguagem é entendida como um modo de organizá-la. Assim, decifrar um texto não é apenas uma questão de *descoberta*, mas, também, de *interpretação*.

Poder-se-ia pensar, então, que, pelo fato de ser objeto de interpretação de cada um, o significado seria aleatório, cabendo a cada leitor/fruidor da obra artística construir o significado de um texto/obra. Mas não é isso que se dá. Existe um balizamento para essa interpretação, isto é, existem critérios que dão margem à interpretação e não permitem que eles sejam ultrapassados. Quem determina essas balizas? A sociedade, a comunidade de conhecedores. E de que modo? Pelo entendimento consensual de alguns conceitos e fenômenos, mesmo que individuais e subjetivos.[4] No caso da ciência, essa aceitação dá suporte às descobertas que rompem com o aval da objetividade, sempre que os fenômenos com que lida puderem ser compartilhados e, por isso, compreendidos. No caso da arte, quem dá esse suporte é a comunidade de artistas. É ela que determina questões de estilo, época, critérios para a interpretação. Esse sistema que orienta a significação e a interpretação, no entanto, não é totalmente fechado, mas dotado de brechas que permitem interferências e rupturas, caracterizando-se como em permanente mutação. Tudo isso é posto metaforicamente ao leitor de *Dicamus et labyrinthos*, e acessar esse entendimento é como percorrer o próprio labirinto de Dédalo.

Essa maneira de ver a linguagem tem caráter bi ou multidirecional, em que transmissor e receptor compartilham experiências e interpretam o que está sendo dito a partir de seu próprio contexto, de seus pontos de vista perante determinada situação e de sua visão de mundo. É essa compreensão que permite afirmar que os

---

4 A esse respeito, consulte-se Coutinho (1986), que discorre a respeito da possibilidade de compartilhamento de experiências de caráter individual pela prática social.

textos não têm significados únicos, previamente dados, mas assumem diferentes sentidos, a depender das expectativas, experiências e história de vida de cada leitor. Nesse modelo, tão importantes quanto as ideias claras e o contexto do transmissor, são as experiências, contexto e expectativas do receptor e, nesse sentido, o uso da linguagem pode ser compreendido como similar à experiência em arte, que depende não apenas do artista que a cria (o transmissor), mas também de quem a recebe pelos órgãos dos sentidos, por seu complexo emocional e por seu aparato mental.

Em alguns casos, como em música, teatro, poesia ou dança, a arte é mediada pelo intérprete, que assume o papel de decifrador. Nesse caso, a comunicação da experiência também depende do contexto, história de vida, expectativas e experiência do terceiro sujeito, o intérprete. Assim, seja na linguagem verbal, seja na arte, seja em qualquer outra forma de comunicação, receptor, transmissor, meio e intérprete jogam um jogo não linear, multidirecional, em que cada sentido depende do outro e pode-se dizer que tantas são as mensagens quanto são as cabeças, de algum modo, com elas envolvidas.

A novela de Schafer, além do recurso que utiliza, de aproximar o leitor do texto, ao mesmo tempo que o burla, com a falta de definições entre realidade e ficção, faz que o entendimento de linguagem descrito anteriormente se mostre nas anotações do filólogo em seu diário, em que se evidencia a sutileza de limites entre objetividade e subjetividade.

Objetividade e subjetividade

Há, em *Dicamus et labyrinthos*, uma afirmação do dr. Max Dorb que conduz diretamente a essa questão, isto é, à presença simultânea de objetividade e subjetividade no processo de decifração da escrita recém-descoberta. Também nesse caso, pode-se estender o sentido literal da decifração da mensagem das tábuas em ectocretense da novela, para um campo mais amplo, de interpretação de texto. Diz o dr. Dorb:

> É um diário, e não uma dissertação, o que explica o frequente subjetivismo e a curiosa caligrafia; e ainda, embora ambos os elementos colaborem com a principal tarefa de decifração, parecem estar completamente emaranhados nela. (Schafer, 1984, p.10)

Há dois níveis de escrita na obra: um científico, objetivo, preciso, e outro íntimo, subjetivo e idiossincrático, que ilustram o processo de trabalho do filólogo e reafirmam a ideia segundo a qual somente mantendo-se juntos é possível atingir a completude. A presença concomitante dos dois processos é reafirmada pelo recurso do autor de utilizar dois estilos diferentes; enquanto a Introdução se apresenta num estilo formal, o diário é elaborado numa escrita pessoal e íntima. A forma de apresentação aponta para os dois caminhos: a Introdução reflete a ordenação do pensamento e é cuidadosamente datilografada, sem erros e rasuras; o diário, ao contrário, caracteriza-se pela diversidade de procedimentos, o que contribui para reforçar a ideia de depoimento pessoal; é um manuscrito e mostra, na própria maneira de registro, as mudanças de opinião, os erros, saltos, becos sem saída, as expectativas e os desânimos com que certamente o filólogo conviveu, durante o período de decifração daquela língua. Canetas com diferentes espessuras são utilizadas, para mostrar a unicidade de cada registro e a não subordinação de um ao outro, a não ser quanto à evolução do pensamento principal: a decifração da escrita. É como se o diário respondesse à necessidade de alteridade do filólogo, no caso, sendo o outro de si mesmo, com quem é levado a dialogar. Pode-se dizer que, também aqui, a Introdução segue princípios lineares, e o diário é construído no modelo das operações em rede; outra diferença, ainda, se faz notar e, embora sutil, reforça a distância entre o formal e o informal: a presença de numeração nas páginas da Introdução (o artigo de Max Dorb), mas não no diário, em que cada registro se separa do outro pela data inicial de cada assentamento e pelo tipo de escritura.

Mas mesmo deixando a introdução de lado e considerando-se unicamente o diário, pode-se constatar, aqui também, os dois procedimentos mencionados: o filólogo, como cientista, opera clara e metodicamente no processo de decifração. Quando assim faz, seu texto é sistemático e ordenado, e ele caminha de um procedimento ao outro, confirmando ou descartando cada hipótese levantada, de forma clara e precisa.

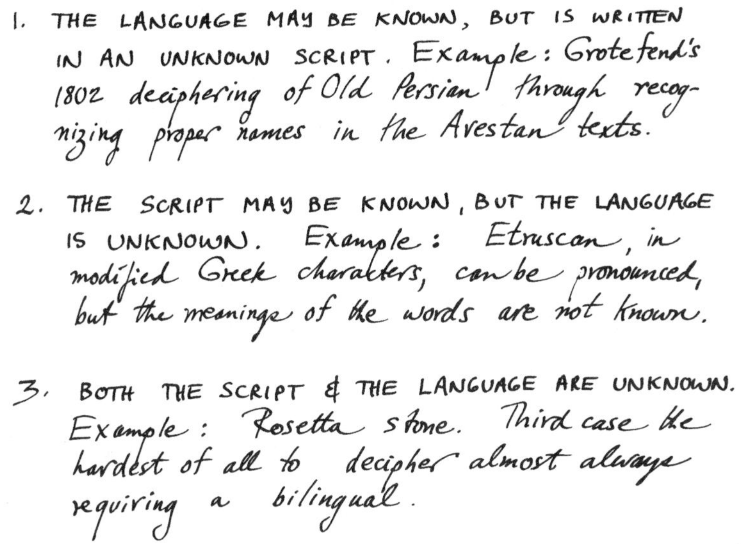

1. THE LANGUAGE MAY BE KNOWN, BUT IS WRITTEN IN AN UNKNOWN SCRIPT. Example: Grotefend's 1802 deciphering of Old Persian through recognizing proper names in the Avestan texts.

2. THE SCRIPT MAY BE KNOWN, BUT THE LANGUAGE IS UNKNOWN. Example: Etruscan, in modified Greek characters, can be pronounced, but the meanings of the words are not known.

3. BOTH THE SCRIPT & THE LANGUAGE ARE UNKNOWN. Example: Rosetta stone. Third case the hardest of all to decipher almost always requiring a bilingual.

Figura 11 – Exemplo do diário: técnicas de decifração (Schafer, 1984, não pag.).

Mas o diário também abriga suas inseguranças, inquietudes e hesitações e, por vezes, no mesmo registro, as duas formas – ordenada e informal – convivem:

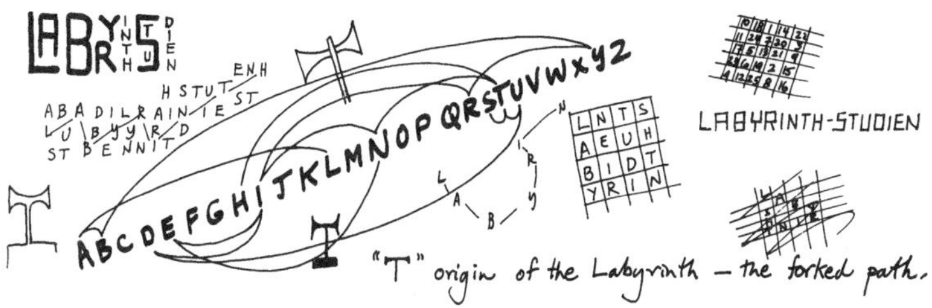

Figura 12 – Exemplo do diário: jogo da velha, rabiscos, garatujas (Schafer, 1984, não pag.).

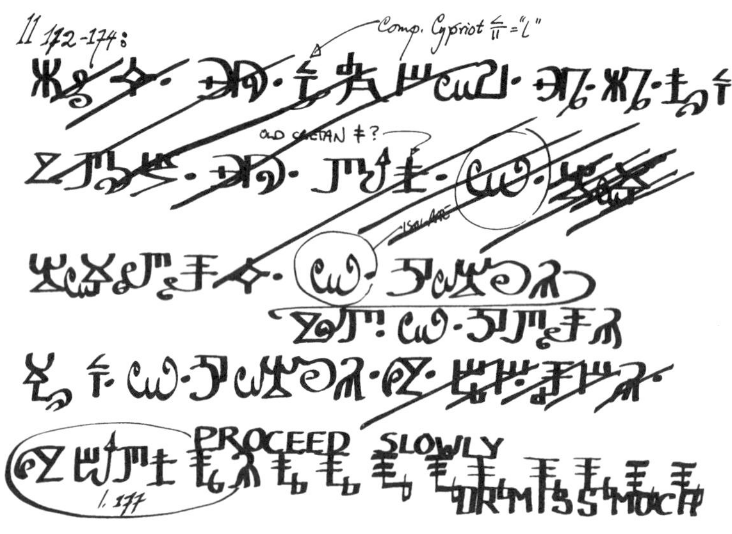

Figura 13 – Exemplo do diário: rasuras (Schafer, 1984, não pag.).

O principal protagonista da novela, o filólogo, é um cientista que trabalha segundo métodos claros e confiáveis. Mas apesar disso, é impossível a ele deixar de lado as próprias emoções. Convivem lado a lado procedimentos objetivos e impulsos subjetivos, dos quais não se pode afastar nem priorizar um em detrimento do outro, pois ambos compõem sua identidade e são concomitantes, havendo predomínio ora de um, ora de outro. Por ser cientista, não deixa de ser homem. Assim, convivendo com ambos os processos, trabalha em sua tarefa.

Quando, ao fim, após sucessivas tentativas, o texto é decifrado, é possível refazer e compreender o caminho tomado por ele durante o processo de decifração. Esse caminho é elucidativo de seu próprio processo de compreensão e confirma o que já foi afirmado: para que algo se desvele, é necessário um contexto e expectativas em relação ao que é examinado. São essas expectativas que geram hipóteses, as quais são confirmadas ou refutadas durante o processo de decifração.

Quando a compreensão começa a se instalar, percebe-se que o significado não chega ordenadamente, por um caminho direto, traçado do início ao fim, em linha reta. Pelo contrário, ele é percebido de um modo que pode ser comparado à imagem de "buracos na nuvem", em que algo, a princípio, não pode sequer ser divisado, pela densidade que o cobre, mas que, aos poucos, apresenta pequenas fendas, por onde passa alguma claridade. Esses buracos, pouco a pouco, se multiplicam e alargam, deixando, a cada vez, enxergar-se um pouco mais do céu, até que a nuvem se dissipe e este se mostre por inteiro. Na novela de Schafer, pode-se confirmar essa imagem de "buracos na nuvem" por duas maneiras: a primeira, pela simples observação do que o filólogo registra em seu diário. A outra, pelo exame da escrita do filólogo, em sua forma, e não no conteúdo, que contém os reflexos de seus procedimentos, tanto os objetivos quanto os determinados por suas emoções, enquanto prossegue na execução da tarefa de decifração. Temos aqui, como na arte, a volta à mesma questão de forma e conteúdo, em que ambos se completam e se revelam mutuamente.

Ele tem algumas hipóteses e tenta comprová-las, pela comparação dos sinais que aparecem nas tábuas. Nesse estágio, opera por tentativa e erro, e emprega diferentes métodos e técnicas de decodificação. Ao fazer isso, torna-se cada vez mais próximo do texto que tenta decifrar, de modo que, pouco a pouco, este se desvela e, com ele, parece compor uma unidade. Após a escuridão do primeiro momento, começam a aparecer fendas, por onde se mostra o entendimento, e essas fendas ampliam-se e se multiplicam, até o momento em que tudo se esclarece, nada mais havendo a ser revelado. Não há mais nuvens, então. Nesse instante, o código é quebrado e o texto pode ser lido. As hipóteses são confirmadas. Esse não é um processo linear; caminha-se em muitas direções, para a frente e para trás, para um lado e para o outro; não se mantém o mesmo ritmo: há momentos ágeis, mas, também, interrupções, hesitações, retomadas. Durante o período de decifração, o filólogo utiliza seu pensamento lógico e sua intuição. Seu caminho é cheio de subjetivismo e seus momentos de desencorajamento ou excitação determinam a velocidade e o ritmo do trabalho.

Um exemplo do que foi dito é tirado da própria novela: quando, no meio do percurso e após um longo período, ele percebe que há sete criptogramas circulados nas tábuas, formula a hipótese de que poderiam ser nomes de pessoas ou de lugares. Alguns dias depois, recebe uma carta de seu amigo Torkelson, pesquisador como ele, que lhe relata a recente descoberta de uma tumba pertencente à civilização miceniana: uma jarra com inscrição em grego, assinada por Dédalo, seguida de uma insígnia:

A mesma – ele logo percebeu – de um dos sete pictogramas circulados, constantes das tábuas. Enquanto lê a carta, percebe que sua hipótese acerca das insígnias circuladas estava confirmada: eram, de fato, nomes próprios e, a partir do primeiro, pôde deduzir quem eram os outros personagens e a que símbolos se relacionavam.

Foi a ponta do cordão, a partir do qual ele pôde desvendar o significado do texto, que trata da lenda de Teseu e Ariadne na corte miceniana. E, nesse momento, o filólogo diz: "Agora que eu compreendi o significado, a insígnia em forma de meandro parece perfeitamente adequada a Dédalo, o mestre artesão" (Schafer, 1984). De fato, é o que ocorre em situações como essa. Passa-se tanto tempo olhando para o óbvio sem vê-lo que, quando se dá a compreensão, parece impossível que se tenha estado com a solução diante dos olhos, sem que se a divisasse.

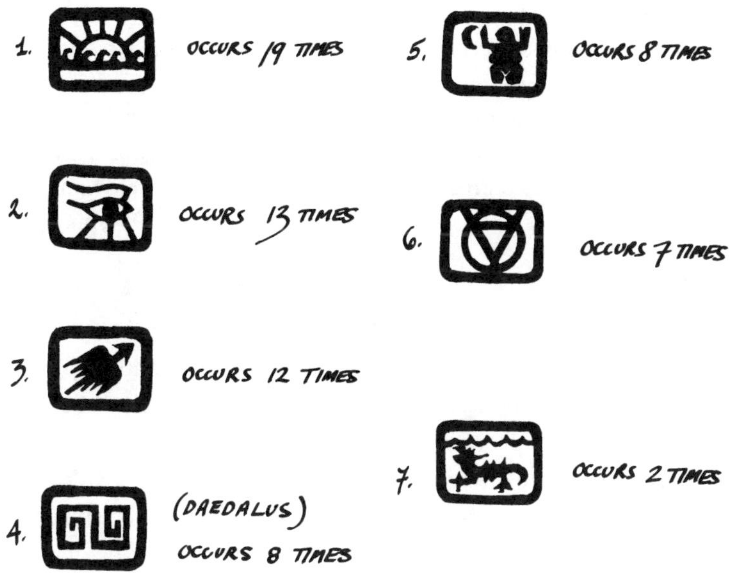

Figura 14 – Tábua de nomes próprios (Schafer, 1984, não pag.).

Mas a referência à carta que forneceu o indício para a confirmação da hipótese não é a única pista; outra citação do diário ilustra a ideia de "buracos na nuvem" como metáfora para o processo de compreensão:

> Lembro-me de ter visto, certa vez, um livro cujo texto era impresso como um código, sendo as letras deliberadamente misturadas pelo autor. Pouco a pouco foi-se tornando claro que o que eu tinha diante de mim era uma única frase repetida muitas vezes, desvelando-se pouco a pouco. Somente a primeira vez que aparecia era completamente ininteligível. Em cada uma das repetições subsequentes, as palavras foram sendo corrigidas, primeiro os dígrafos, ou palavras de duas letras, depois os trígrafos, e assim por diante, até que, na última vez, mesmo os polissílabos mais longos se tornaram inteligíveis.

> E eu me lembro do meu estado mental enquanto trabalhava nisso. Pedacinhos de informação eram seguidos por quebra-cabeças que intrigavam minha mente, antecipando mil possibilidades. Mais tarde, quando o significado real se revelou, foi um pouco desapontador. Não, não era, na verdade, um desapontamento, pois eu sabia que estava certo, mas como se tivesse havido uma traição do possível, vago, escondido ali. A perda: a mente livremente associativa do poeta tinha se rendido ante o método dedutivo do cientista. Eu sabia que tinha que acontecer, mas deu-me pena vê-la ir embora. (Schafer, 1984, anotação de 15.2.78)

Na passagem citada, Schafer faz uma citação de si mesmo: o livro que o filólogo comenta é *Ariadne* (1976), editado primeiramente com o título *Smoke, a novel*. Na introdução desse livro, Schafer usou exatamente o processo descrito.

Em outro de seus livros, *The Chaldean inscription* (1978), o processo é revertido e uma frase muito simples e conhecida vai sendo transformada pouco a pouco, cada letra tornando-se um arabesco, até o momento em que uma escrita desconhecida é instalada. Então, ambos os processos – codificação e decodificação – são reconhecidos, um como retrógrado do outro. O recurso literário de citação, acoplamento ou inserção de algo em outro não é novo e frequentemente encontrado; pode ser detectado nos filmes de Hitchcock, em que ele sempre se inseria na trama de algum modo, sendo a figura dele mesmo, sua assinatura; nas artes visuais, o procedimento se dá com a técnica de inserir um desenho dentro de outro, como num espelho; na literatura, é comum ocorrer o mesmo procedimento, como em algumas histórias do escritor argentino Jorge Luis Borges, em que um fato se mostra dentro de outro, em *Mil histórias sem fim*, de Malba Tahan, ou nas *Mil e uma noites*, em que cada história começa antes que a anterior acabe, unindo-se todas, interminavelmente, umas nas outras. Nesse caso, o que está difuso é o limite entre as histórias.

Tou fo meryom, tou fo teh lulsk, tou fo teh lehmet nad te chonc lekls, tou fo syad nad hisgnt, I heva noshiedaf sith tumcose fo sdwor rof oyu, nwustiting titell fo ti ta a mite. Eseth era royu losymbs, royu urte canfisigance, hohtug theiner fo su kwen ti neth. Theiner fo su kwen woh teh sulping larity fo ym elov dowul noe ayd mecobe a rentconai fo rembanremec, a save rof royu dafed mobol, a rackced raj fo urego a bomt, shuped up tou of meryom, tou of teh lulsk, tou of teh lehmet nad teh chonc lehls, tou of syad nad hisgnt, I heva noshiedaf sith tumcose of sdwor rof oyu, nwustiting titell of it at a mite. Eseth era royu losymbs, royu urte canfisigance, hohtug theiner of us kwen it neth. Theiner of us kwen woh teh sulping larity of my elov dowul noe ayd mecobe a rentconai of rembanremec, a save rof royu dafed mobol, a rackced raj of urego, a bomt, shuped up out of meryom, out of the lulsk, out of the lehmet and the chonc lehls, out of syad and hisgnt, I heva noshiedaf sith tumcose of sdwor for you, nwustiting titell of it at a mite. Eseth are royu

7

rembanremec, a vase for your faded bloom, a rackced jar of rouge, a tomb, pushed up out of memory, out of the skull, out of the helmet and the conch shell, out of days and nights, I have noshiedaf this costume of words for you, nwustiting little of it at a time. These are your symbols, your true canfisigance, though neither of us knew it then. Neither of us knew how the pulsing reality of my love would one day become a rentconai of rembanremec, a vase for your faded bloom, a cracked jar of rouge, a tomb, pushed up out of memory, out of the skull, out of the helmet and the conch shell, out of days and nights, I have fashioned this costume of words for you, untwisting little of it at a time. These are your symbols, your true significance, though neither of us knew it then. Neither of us knew how the pulsing reality of my love would one day become a container of remembrance, a vase for your faded bloom, a cracked jar of rouge, a tomb.

1976.

Figura 15 – *Ariadne* – Introdução (Schafer, 1976, p.7-9).

I AM ALL THAT IS
ALL THAT HAS BEEN
ALL THAT SHALL BE
AND NONE MAY LIFT
MY VEIL

Figura 16 – The Chaldean inscription (Schafer, 1978, não pag.).

Os textos de Schafer apontados – a citação no diário, a Introdução de *Ariadne* e trechos de *The Chaldean inscription* – ilustram o ponto de vista de Schafer em relação ao processo de compreensão, que considera circular e não retilíneo. A compreensão é alcançada não por um percurso em linha reta, que vai de uma direção a outra, ou do princípio ao final, mas por meio de múltiplas repetições, pela volta reiterada ao texto, à atividade, ao problema, o que acarreta transformações, num procedimento que se poderia chamar de "operação alquímica", por exigir muitas filtragens até o decantamento final, que revela o ouro. Esse tipo de procedimento tornar-se-á cada vez mais evidente na obra schaferiana. Nesse sentido, o próprio recurso por ele empregado aqui, isto é, citar a si mesmo, pode ser visto como uma forma de repetição, transformada pelo novo contexto, em que nada é descartável, mas reciclado e reaproveitado – um pensamento que se opõe, por sua vez, ao descarte sistemático, típico da sociedade de consumo.

Outra observação é que o pesar manifestado pelo filólogo perante a clareza do texto decifrado é um indício de que, uma vez conhecido, os dois que estavam unidos – texto e decifrador do texto – se separam. O momento imediatamente precedente à decifração é atemporal e a-espacial, sendo os dois um só ser. É um momento divino e o pesquisador, nessa hora, habita o mundo dos deuses. Após a quebra do código, instala-se a compreensão, e os dois tornam a se separar. Recuperam a identidade, voltam ao mundo dual, afasta-se a eternidade. Conjetura-se que, talvez, seja essa a explicação para o desaparecimento do filólogo: quando, a um passo da decifração, sentiu a tristeza de ter que se separar do seu objeto de interesse, num último impulso, teria se rebelado, mantendo a união: com isso passaria, magicamente, a fazer parte da lenda, a um só tempo engolindo e sendo engolido pelo Minotauro...

Palavra mágica

Outro aspecto a destacar nesta discussão é a função mágica da palavra. Nos mitos de origem, é comum que a criação do mundo se dê a partir da palavra, que se mostra, então, na força de sua função criadora: nesse entendimento, as palavras não são apenas um modo de designar coisas e comunicar ideias, mas criam e transformam o mundo, e é seu poder transformativo que lhes dá qualidade mágica.

> É mais fácil reconhecer o poder transformativo de um encantamento em uma linguagem estrangeira (buuuh!), do que em uma língua que entendemos e podemos racionalizar (e Deus disse) mas a intenção é a mesma. Em ambos os casos, a criação surge das palavras mágicas, proferidas com instintiva autoridade. (Schafer, 2001, p.19)

O uso de palavras desconhecidas ou de significado oculto é considerado mais poderoso do que o uso da linguagem comum, e a compreensão do significado pelo ouvinte não é essencial para o reconhecimento de sua força criativa e transformativa. Nos mitos, as coisas são criadas pelo poder da palavra, o que é o mesmo que dizer que as palavras precedem as coisas. Criando o mundo, a palavra (linguagem) não é ferramenta destinada a designar objetos preexistentes, antes conferindo-lhes existência, uma ideia também presente na Bíblia: "No princípio era o Verbo". Também aqui se vê que o conceito de linguagem, para Schafer, traz identificações com as teorias da linguagem de que se falou atrás, que partem de pressupostos semelhantes, isto é, conferem à palavra um poder criativo e transformador.

Como se viu em *Dicamus et labyrinthos,* para que se instale o processo de compreensão, são necessários contexto e conhecimento do código empregado. Essa é a via do entendimento (decifração). No caso da palavra mágica, no entanto, isso nem sempre é necessário, pois o poder da invocação está na própria palavra e na maneira como é proferida, independendo da compreensão de sentido. Assim, elas podem ser

> ásperas, imprevisíveis, podem ser sem sentido, pois somente mais tarde lhes é dado significado, quando as coisas que produzem assumem uma definição e podem ser apreendidas por outros sentidos. O poder mágico dessa fala nunca foi totalmente perdido; está presente nos recitais dos assim chamados "povos primitivos" e nos rituais de encantamento em todas as religiões; e está presente nas performances dos poetas sonoros contemporâneos. O significado das palavras mágicas é, frequentemente, desconhecido, ou foi esquecido. Elas são jaculatórias acústicas e nelas reside a origem, tanto da linguagem quanto da música. (Schafer, 2001, p.19)

Eis aqui uma preciosa informação, que pode ser estendida a outras formas de arte, dotadas da possibilidade de estender o poder dos deuses ao homem. Um de seus depoimentos mais explícitos a esse respeito é seu artigo "Qual o propósito da arte?", analisado em *O lobo no labirinto,*[5] em que defende a ideia de que "o mágico poder transformativo da arte" vivido pelas sociedades da Antiguidade e pelos povos de tradição oral, e perdido para nossa civilização, pode ser recuperado.

5 Ver Schafer (1991, p.87-8); Fonterrada (2004, p.321-2).

> Revelam-se, agora, dois lados opostos: em um deles, está o homem/razão, sujeito que analisa; do outro, a arte, objeto a ser analisado. Ao perder a divindade, perde a arte, também, a eternidade; como objeto, ela é finita e sua finitude é enfatizada ... quando Schafer utiliza a expressão "a gasta palavra arte". (Fonterrada, 2004, p.322, p.433)

Essa afirmação confirma a hipótese levantada atrás, de recusa do filólogo em se separar de seu objeto de decifração. Decifradas as tábuas, quebrado o código, porém, ele tem de se separar; com isso, perderia a divindade, a arte, a eternidade. Por esse motivo, o filólogo prefere fazer o que fez, tornando-se parte da lenda... Esse tipo de concepção não é de domínio exclusivo dos mágicos e xamãs, nem das culturas antigas e "primitivas", mas faz parte do processo de pensamento em todas as culturas, necessitando apenas ser acordado, estimulado, praticado. Esse modo mágico de compreensão do mundo está presente nas anotações do filólogo, esvanecendo mais um limite, desta vez, entre o pensamento científico e o pensamento mágico: "Há aqueles que acreditam que, alterando um traço de uma escrita desconhecida, pode-se mudar o mundo ou fazer que este se finde. Há tempos em que eu gostaria de fazer isto" (Schafer, 1984).

E, logo na página seguinte de seu diário, o filólogo, um cientista, realmente tenta magicamente fazer isso, por meio da retrogradação dos caracteres das frases escritas, em espelho...

Estaria ele, magicamente, tentando transformar o mundo? Eleanor Stubley, professora da Universidade McGill, em Montreal, lembra que o procedimento utilizado por Schafer relaciona-se com os limites entre ficção e realidade que ele próprio formula em *Patria 2 – Requiem to the party girl*, quando mostra as múltiplas formas da loucura de Ariadne e o modo pelo qual mantém o público permanentemente na incerteza, dependurado entre o imaginário e o real, procedimento que aponta para a mesma ausência de limites já detectada nos comentários feitos a *Dicamus et labyrinthos* (Stubley, 1993, anotações de aula; Schafer, s.d.).

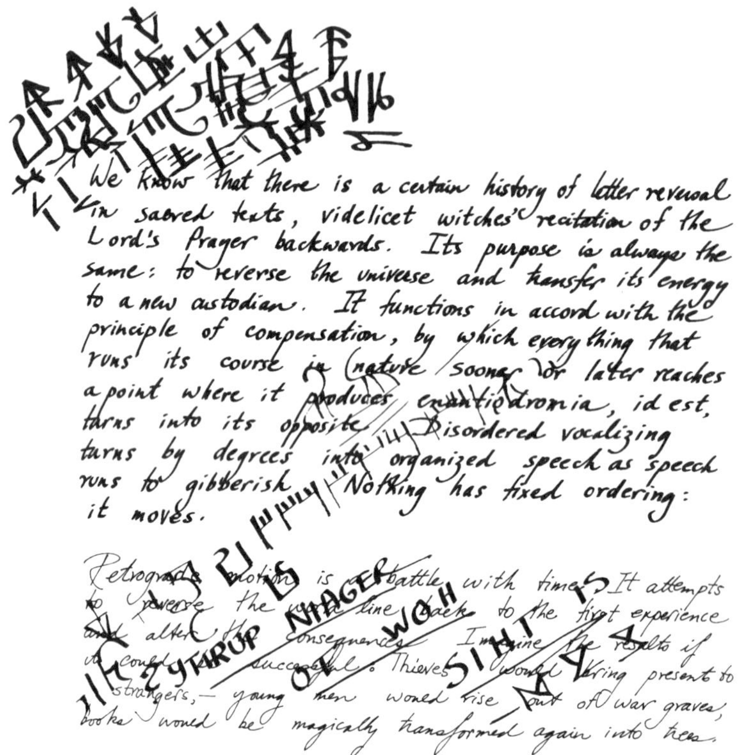
We know that there is a certain history of letter reversal in sacred texts, videlicet witches' recitation of the Lord's Prayer backwards. Its purpose is always the same: to reverse the universe and transfer its energy to a new custodian. It functions in accord with the principle of compensation, by which everything that runs its course in nature sooner or later reaches a point where it produces enantiodromia, id est, turns into its opposite. Disordered vocalizing turns by degrees into organized speech as speech runs to gibberish. Nothing has fixed ordering: it moves.

Retrograde motion is a battle with time. It attempts to reverse the time line back to the first experience and alter the consequences. Imagine the results if it could be successful. Thieves would bring presents to strangers, young men would rise out of war graves, books would be magically transformed again into trees.

Figura 17 – Caracteres retrogradados no diário (Schafer, 1984, não pag.).

Finalmente, assinale-se que o uso da palavra mágica por Schafer, tantas vezes inspirada nas civilizações antigas – nessa novela, a língua falada em Creta, até hoje não decifrada –, não é isolado. Em seu belo trabalho acerca da *Poesia sonora*, Philadelpho Menezes, por razões diversas daquele autor, chega aos mesmos caminhos, quando afirma:

> Não é fora de sentido nem de lugar ... aventar a hipótese de uma renovação ... da poesia sonora, física e intermídia ... pensar por sons, mesmo não verbais, assim como a poesia visual intersígnica propõe pensar por imagens, retomando, de certa maneira, a tradição esquecida da ideografia, dos hieróglifos e dos gestos – estágios históricos

> por que passaram todas as línguas – em que a associação metafórica se coloca como nova racionalidade, distanciando-se da irracionalidade sensorial da experimentação pós-moderna, esvaziada de significados, quanto da lógica racional e linear da escrita, cuja significação se assenta em convenções e intermediações anuladoras da sensibilidade e da percepção estética livres. (Menezes, 1992, p.16-7)

Buracos na nuvem

Para concluir, é preciso reforçar a ideia de que toda essa explanação, por interessante que possa ser, cairá no vazio se não servir para auxiliar a compreender a pertinência das propostas anteriores, da sugestão de utilizar procedimentos em rede,[6] ao que se acrescentou a questão do poder transformativo da palavra.

Examinando os procedimentos do filólogo e os modos de apropriação da linguagem oculta nas tábuas encontradas, ver-se-á que o conhecimento ali proposto é o mesmo que se pode viabilizar em procedimentos em rede: a pessoa se aproxima de algo que se propõe a conhecer por interesse, pois tem alguma expectativa acerca disso. Afinal, todos trazem consigo alguma referência a respeito das coisas que lhe interessam conhecer, por mais restrita que possa ser. De algum modo, esse indivíduo entra em contato com o objeto de seu interesse: uma atividade, um texto a ser comentado, um disco para ouvir, um grupo coral. Aos poucos, alguma coisa acontece: buracos na nuvem. À medida que as propostas se sucedem, ele começa a perceber que é capaz de compreender, escutar, imaginar, pensar e se expressar. Começa, então, a estabelecer relações com outras pessoas e aprende a compartilhar. Aos poucos, as fendas se alargam. E o conhecimento se instala, ampliando suas possibilidades de comunicação, enchendo sua alma, abrindo-se num sorriso.

---

6 Refere-se ao Capítulo 3 deste livro, quando se tratou dos projetos Cenpec/Febem e Cenpec/Globo.

Esse conhecimento não é apenas racional. Ver o conhecimento exclusivamente como razão é uma herança do pensamento iluminista. Mas a razão é apenas uma das dimensões do saber. Há outras, como nos ensina o Relatório Jacques Delors, no debate que determinou os quatro pilares da educação como meta para o século XXI: "Aprender a aprender, aprender a fazer, aprender a conviver e aprender a ser". Esse ideal, como ensina o educador Antonio Carlos Gomes da Costa,[7] revive o conceito encontrado nos antigos gregos – a *paideia* –, que acreditavam que o conhecimento se instalava por quatro vias: *logos* (razão), *pathos* (sentimento), *eros* (desejo, ação) e *mithos* (mistério), nenhuma delas sobrepujando as outras.

Dentre os que se aproximam do conhecimento, uns se contentarão com a razão, enquanto outros incorporarão a ela a ação e os sentimentos; alguns, ainda, avançarão a zona misteriosa; em música, esse indivíduo mergulhará na magia do som, do mesmo modo que o filólogo, na sua relação mágica com as tábuas. Esses poucos, além de aprenderem a andar no labirinto, viajarão nas asas da fênix, pois serão transformados. A arte detém esse poder transformativo e pode ser uma via em direção ao mistério. Isso é possível e viável e não está tão longe assim de nossas mãos, mesmo neste país de escolas sem música...

---

7 Antonio Carlos Gomes da Costa, educador mineiro, comunicação pessoal, 2002.

Conclusão
Costurando a rede: tramas e fios

Alguns dados.
Nem todos.
Sem conclusões.
Para quem aceita são inúteis ambos ...
para quem me rejeita, trabalho perdido explicar o que,
antes de ler,
já não aceitou.
...
E desculpe-me por estar
tão atrasado dos movimentos
artísticos atuais.
Sou passadista, confesso.
Ninguém pode se libertar de uma só vez das teorias-avós que bebeu
...
Esse Alcorão nada mais é que uma embrulhada de sonhos confusos e
incoerentes. ... nossos sentidos são frágeis.
A percepção das coisas exteriores é fraca, prejudicada por mil véus.

Mário de Andrade

Na conclusão de *O lobo no labirinto* (2004), que investiga a obra *Patria*, de Murray Schafer, constataram-se pontos comuns entre ela e a contramodernidade que questiona os modos racionais de entendimento do mundo, implantados e estabelecidos a partir dos séculos XVII e XVIII, e busca alternativas de vida, destinadas a resgatar valores há muito abandonados e esquecidos. Para estabelecer esse paralelo, focalizou-se a ação de alguns grupos de exceção que, pelo modo de vida e posturas contrários à ideologia do desenvolvimento e do progresso, vivenciavam o ressurgimento de certas práticas destinadas a incrementar as relações interpessoais e a integração ser/natureza, estimulando condutas sociais de caráter quase tribal. O que faltou enfatizar, naquele momento, é que essas comunidades alternativas, como a obra em estudo, eram mais do que idiossincráticas, pois prenunciavam, como arautos, transformações maiores e mais profundas. Uma dessas transformações é mostrada por Fritjof Capra, no Prefácio de seu livro *O ponto de mutação*, quando discorre a respeito da "drástica mudança de conceitos e ideias" ocorridos na Física no século XX, que alterou profundamente a visão de mundo do homem ocidental, trocando a concepção mecanicista pela holística e ecológica, intrigantemente semelhante às visões dos místicos de todas as épocas e tradições (Capra, 1995).

Neste ensaio, uma das questões preponderantes é a do valor da música e da educação musical em diferentes épocas, pois acredita-se que, a partir de seu exame, seja possível estabelecer correspondência entre os valores de determinada sociedade e seu modo de compreender as formas de expressão artística. Aplicando-se esse conceito à situação do país, tem-se nas mãos uma ferramenta confiável para entender as razões pelas quais a música e a educação musical não são suficientemente valorizadas na escola brasileira.

Na busca empreendida, foi constatada essa correspondência, e o que se encontrou pode servir de instrumento para a análise do tema. Na Grécia, a música e a educação musical eram utilizadas como elementos estruturadores da cidadania e, por esse motivo, fortemente valorizadas. Entre os pensadores gregos, a música era considerada comparável à matemática e, portanto, espelho do universo. Em Roma, embora, a princípio, tivesse sido influenciada pelos gregos, prevalecia a tendência ao cultivo do grandioso e espetacular, o que tem forte influência na maneira como é encarada a educação musical, motivando a criação de escolas de música que formavam músicos de qualidade, cuja grandiosidade em muito se assemelha à da contemporaneidade. Na época medieval, a identidade entre a música e a visão de mundo predominante foi, também, estabelecida, e mostrou-se em duas tendências distintas: a que equipara a música à matemática – herança grega – e a que a considera um instrumento de louvor a Deus.

Na grande virada que deu início à idade moderna, nos séculos XVI e XVII, a visão cartesiana/newtoniana exerce grande influência no pensamento ocidental. Nesse paradigma, o mundo é concebido como máquina, construída de peças variadas que se conectam como engrenagens. Essa concepção de mundo expressa-se também na música, que, a partir de então, é construída segundo esse modelo; valorizam-se as medidas exatas (o que coincide com o surgimento dos compassos), um sistema de afinação estável (a adoção do temperamento igual, em substituição a outros modos de afinação considerados "naturais") e a fabricação de instrumentos musicais com maiores possibilidades técnicas e de controle, tanto por parte do fabricante quanto do intérprete. Essa tendência reflete-se na educação, pois é nessa época que a criança, pela primeira vez, é reconhecida e valorizada como tal, merecendo a atenção de educadores, que começam a refletir e a produzir textos a respeito da transmissão de ensino e dos passos necessários à aprendizagem, nos quais ganha espaço o papel da música na educação. Convivem, então, duas tendências principais, a que privilegia a natureza e os dons inatos, e a que compreende o ser humano como produto do meio.

No século XIX, as duas grandes tendências já percebidas desde a Grécia, e sempre presentes, com maior ou menor ênfase, no decorrer da história, se manifestam mais uma vez; de início, predomina o entendimento da música como expressão, a mais importante das artes, pelo fato de sua imaterialidade a aproximar do absoluto, o que a faz ser considerada a expressão máxima do ideal romântico. Pela metade do século, ganha corpo o entendimento da música como ciência, o que abre espaço à musicologia, que se propõe ao estudo e à reconstrução do passado. A atitude de dar *status* de ciência ao conhecimento musicológico é fortemente influenciada pelo positivismo, que exalta o método científico e tem a pretensão de cobrir todas as atividades humanas, inclusive as éticas e artísticas. Essa concepção alterará radicalmente o rumo das investigações na área da música e tem como principais representantes Eduard Hanslick e a escola formalista.

Enrico Fubini, na apreciação que faz da música desse período, relata que grande parte das pesquisas em acústica e fisiopsicologia do som toma o fato musical em sua fisicidade, estuda a relação entre ele e a psique humana ou, ainda, os sistemas nervoso e auditivo, sem levar em consideração, no entanto, a organização do material sonoro ou o entendimento da música como fato artístico (Fubini, 1971, p.15). Na verdade, essa compreensão de música encontra-se cindida; por um lado, como expressão subjetiva, não comporta investigações de ordem científica; por outro, os elementos físicos da música e suas relações com o homem podem ser examinados como fatos científicos e, por essa razão, merecem ser investigados. Outra tendência que surge é a das pesquisas de inspiração sociológica e etnográfica a respeito da origem da música, fortemente influenciadas pela teoria evolucionista e subordinadas às leis do desenvolvimento e do progresso.

As escolas de música que começam a proliferar no século XIX são fruto da visão científica. O músico cuja formação ocorre nessas escolas detém o controle máximo das possibilidades técnicas do ser humano a serviço da expressão artística que, *grosso modo*, pode ser a síntese da virtuosidade.

São essas mesmas matrizes de pensamento que estão por trás das propostas dos principais educadores musicais do início do século XX. Embora conscientes da situação do mundo à sua volta, esses educadores carregam consigo as preocupações típicas do período romântico, com sua dialética convivência entre ciência e expressão. Embora a composição musical, desde o final do século anterior, já tivesse dado sinais de esgotamento do sistema tonal e da maneira linear de compor, chegando a interessantes propostas de caráter inovador, a educação musical, embora proponha métodos e posturas inusitados, pouco se deixa atingir pela revolução estética, o que se reflete no material musical que utiliza.

Fazendo um resumo de todo o quadro, pode-se dizer que Dalcroze tem raízes profundamente assentadas na psicofísica, mas percebe com agudeza as transformações sociais do mundo à sua volta, e essa dupla preocupação reflete-se em suas propostas educativas, centradas no trabalho corporal e em sua relevância social. Willems demonstra claramente seu anseio em fazer da educação musical uma ciência e apoia-se explicitamente nas descobertas científicas do físico Helmholtz. Isso afeta seus métodos de trabalho e o leva até a criar instrumentos especiais, que lidam com o desenvolvimento da escuta e com a percepção do espaço intratonal. Mas além dessa índole científica, transparecem na obra de Willems mais dois vieses de seu pensamento: as bases psicológicas em que se assenta a musicalidade, e sua adesão a uma cosmologia de inspiração platônica, que vê as proporções intervalares como correspondências às do corpo humano e do sistema planetário. Aqui também a mente científica convive com a expressão idealista. A investigação de Kodály é musicológica e se inspira em seu anseio de descobrir a identidade do povo húngaro, apoiando-se fortemente na sociologia e na etnografia, o que lhe é facilitado pelas condições históricas que vive seu país, que, após ter sido, por tanto tempo, parte do Império Austro-Húngaro, ao se integrar ao bloco socialista, mostra uma profunda necessidade de redescobrir a própria identidade. Orff, por sua vez, é claramente inspirado pela teoria da evolução, que transparece em sua música elemental e em sua crença de que cada ser humano, em seu desenvolvimento, repete o percurso empreendido pela espécie. O último dos educadores examinados, Shinichi Suzuki, representa a confluência de dois mundos. Ele é o músico japonês que estudou e viveu na Alemanha e soube sintetizar as posturas, os valores e o pensamento oriental e ocidental. Seu método de ensino de violino é o resultado dessa aproximação, em que alia um método rigoroso de inspiração positivista – que exerce um rígido controle sobre tudo, a ponto de construir até mesmo um meio ambiente artificial, de caráter laboratorial, no qual a criança é inserida – a uma compreensão do ser em sua totalidade e da união de todas as coisas, típicas do pensamento budista, que se reflete nos inúmeros relatos a respeito de sua vida, que constam de seu livro *Educação é amor*, cujo título é um indicativo dessa síntese. Dentre os educadores citados, por força da cultura japonesa, e a despeito do rigor de seu método, é nele que aparecem mais claramente certas posturas semelhantes àquelas identificadas por Fritjof Capra, como próprias do novo paradigma holístico.

Linha, rede e educação

As informações de que se dispõe a respeito de educação, até perto do século XVIII, são tão tênues que não se podem fazer afirmações consistentes a respeito dos procedimentos de ensino. No entanto, a partir dessa época, com o surgimento dos primeiros textos ligados à educação, já se pode afirmar que estes, em maior ou menor grau, seguem a matriz cartesiana, sendo, portanto, lineares, direcionais e causais. A partir de então, sempre que se tratar de educação, a ideia de linha estará presente: trilham-se caminhos, cumprem-se metas, alcançam-se objetivos, elegem-se estratégias. E isso pode ser visto, também, na música do período, que tem como metáfora, além do mecanismo do relógio, os trilhos do trem (Kramer, s.d., p.13).

A ruptura nessa maneira linear de compreender o mundo começa a aparecer na música no início do século XX, quando a necessidade de superação do sistema tonal e do tempo linear impele os compositores a explorar outras rotas, em busca de novos sons. Os recursos são: utilização de escalas e modos orientais, incorporação de ruídos e timbres novos ao repertório clássico dos sons musicais, novas organizações cordais, formais e estruturais, descontinuidade, multiplicidade de linhas, expansão temporal ou aglutinação de tempos e formas – "momentos" –, que se identificam, no plano visual, aos móbiles. Acrescem-se a isso os recursos tecnológicos que se refletem nas amplas possibilidades de novos instrumentos, na música concreta e na música eletrônica, sem falar na integração de linguagens e do teatro musical, também típicos da época. Mais uma vez, é interessante notar que essa atmosfera exploratória reflete-se na educação musical quanto a propósitos e metas, quanto ao pensamento inovador e à criação de procedimentos alternativos ao ensino tradicional, mas não quanto ao repertório, que, no novo século, somente incorpora a valorização do folclore e a utilização de escalas não tonais, modais ou pentatônicas (Kodály, Orff). Os outros procedimentos comuns à composição do século XX praticamente não aparecem nas propostas dos educadores examinados, só se firmando mais tarde, nas décadas de 1960 e 1970.

Os estudos relacionados à linguagem, a partir do século XX, contribuem para enfraquecer os rigorosos procedimentos lineares do método, dando espaço à criação e às propostas individuais, em vez das regularidades determinadas pelo pensamento cartesiano. Os pensadores musicais do século XX dão sua contribuição, refletindo a respeito de música, simbolismo, intuição e lógica no processo de conhecimento, como pode ser visto em Langer, Meyer, Reimer, Elliot e Swanwick. Mas há aqueles que continuam a construir seus modelos sobre a matriz de inspiração positivista, como os psicólogos da música citados neste trabalho: Seashore, Bentley e, mais recentemente, Edwin Gordon.

Nas décadas de 1960 e 1970, eclodem as propostas de John Paynter, George Self, Murray Schafer e Boris Porena, entre outros, que se caracterizam por abrigar, em suas concepções, múltiplas possibilidades, assentadas na estética contemporânea. Quebra-se a linearidade, nesse momento, e começam a aparecer procedimentos semelhantes aos das operações em rede. Enfraquece-se, também, a concepção mecanicista de mundo, passando-se a adotar outra, de caráter sistêmico, em que o mundo é visto como organismo vivo, em que as partes se relacionam, influenciam-se mutuamente e se caracterizam pela possibilidade de regeneração. Embora isso não ocorra repentinamente e permaneçam, ainda, posturas e procedimentos pertencentes à matriz anterior, é possível entrever sintomas de algo maior que se aproxima.

Abrindo um parêntese...

Antes de prosseguir nessa direção, é preciso, porém, abrir um parêntese, para que se situe, nesse contexto, a educação musical no Brasil. Lembre-se de que Koellreutter havia trazido para o país a música contemporânea, quase concomitantemente à sua ocorrência na Europa, provocando uma revolução entre os músicos que, imediatamente, se colocaram em dois grupos, pró e contra essa estética. No entanto, não se pode esquecer que o movimento vanguardeiro era restrito, localizando-se, de início, bastante pontualmente, em São Paulo e no Rio de Janeiro, e, mais tarde, em Salvador, ao ser Koellreutter convidado a criar a Escola de Música da UFBA. No entanto, se suas ideias causavam impacto – favorável ou contrário – entre os músicos brasileiros, não chegavam a atingir significativamente os educadores musicais, que continuavam a desenvolver seu trabalho no campo de ideias oposto, de inspiração nacionalista, e cujo ícone era Villa-Lobos. Além disso, a partir da década de 1970, a música fora retirada da escola, o que restringiu ainda mais seu espaço no sistema de ensino do país. Vivia-se, então, sob ditadura militar, e a promulgação da nova lei, n.5692/71, substituiu a música pela educação artística, ministrada por professores polivalentes.

É importante notar que isso se deu, no Brasil, no mesmo momento em que as propostas criativas de compositores voltados para a questão da educação musical estavam fazendo chegar às escolas europeias e norte-americanas a música do próprio tempo, pautada em procedimentos não lineares, acausais e multidirecionais. Na escola brasileira, no entanto, arrochada pelo regime militar, a arte, embora chamada de "espaço da liberdade", perdia seu lugar entre as disciplinas curriculares, caracterizando-se como "ornamento para festas" ou diversão. O discurso libertário que cercou a implantação da educação artística falava de criação, sensibilização e liberdade de escolha, em profundo contraste com o regime forte militar que governava o Brasil, que não poupava represálias à expressão de opiniões. Muitos ainda se lembram, apenas para citar um exemplo, das colunas e colunas de sonetos de Camões e receitas culinárias que recheavam os jornais da época. Essa falada liberdade artística nas escolas era, portanto, um simulacro que, talvez, tivesse apenas função de catarse ou "válvula de escape". Desse modo, no mesmo período em que os países desenvolvidos adotavam, ao lado da performance (banda, coro e orquestra) e das práticas de escuta, interessantes movimentos de criação musical e composição nas escolas, baseados na estética e nos procedimentos da música contemporânea, no Brasil perdia-se, nesse mesmo espaço, não apenas os procedimentos, mas a própria disciplina, escavando-se o vale que, desde então, abriu-se entre a música e a escola.

A máquina e o organismo

Em face dessa circunstância da educação brasileira, bastante localizada, como das transformações que se apresentaram no decorrer do século XX em todo o mundo ocidental, é preciso retornar à questão das matrizes teóricas subjacentes a tais procedimentos, para que se possa compreender, por extensão, a situação da música na escola brasileira. Em primeiro lugar, é preciso rever as principais características do paradigma de inspiração cartesiana, ainda vigente, embora, a cada dia, se mostre menos eficiente como resposta às situações que se apresentam. Para isso empresta-se de Capra a análise que se segue.

O método cartesiano, que reduz os fenômenos complexos a seus ingredientes básicos e busca mecanismos por meio dos quais os componentes interagem, está enraizado na cultura ocidental. Na aplicação desse modelo, o que não se ajusta aos pressupostos da ciência clássica é deixado de lado. A ênfase no método leva a uma cultura fragmentada, que cultiva especializações e perde de vista as relações da parte com o todo. Essa visão fragmentada gera um sistema de valores de base sensorial, que tem sido responsável pelo desequilíbrio cultural, e do qual as aberrações que se vive hoje, como doenças instaladas, são sintomas. O ar irritante, os congestionamentos, os poluentes, os riscos de radiação e outras fontes de estresse fazem parte do cotidiano. A essa lista, acrescentem-se, neste início de século, a falência econômica, a escassez de energia e combustíveis fósseis, a violência, o terror, as armas nucleares e bacteriológicas. É neste ponto que estamos, e é aí que se esgarçam os limites. Não há mais contornos definidos e as linhas explodiram, se desfizeram, ou tomaram múltiplas direções. Há *bits* desconectados e foi isso que se pôde observar na análise dos projetos Cenpec/Febem e Cenpec/Globo, no que se refere às populações-alvo e estratégias escolhidas.

Em oposição à maneira cartesiana/newtoniana de ver o mundo, Fritjof Capra apresenta a sugestão de uma visão sistêmica, que se instala na contemporaneidade e é caracterizada pela consciência da inter-relação e interdependência de todos os fenômenos, físicos, biológicos, psicológicos, sociais e culturais. Essa visão de mundo transcende as atuais fronteiras disciplinares e conceituais e será explorada no âmbito de novas instituições. Não existe ainda, diz ele, uma estrutura conceitual e institucional que acomode a formulação do novo paradigma, mas as linhas mestras já estão formuladas, levando indivíduos, comunidades e organizações a novas maneiras de pensar, condizentes com os novos princípios. Para Capra, é preciso criar um tipo de abordagem em que se dê a formulação gradual de uma rede de conceitos e modelos interligados e, ao mesmo tempo, o desenvolvimento das organizações sociais correspondentes, em que nenhuma delas seja mais importante ou superior às outras, operando segundo o princípio da colaboração mútua. É importante enfatizar que Capra dedicou-se a essas questões na década de 1980; a partir de então, muita coisa mudou, e há prenúncios de pensamento sistêmico em muitas áreas, que se estendem, inclusive, a projetos de alcance educativo e social, portadores das mesmas características, não obstante a permanência concomitante de outros projetos e instituições que se pautam pelos procedimentos em linha (Capra, 1995, p.259-98).

Na organização sistêmica, o mundo é visto em termos de relações e integração, em que as propriedades não são reduzidas a unidades menores, pois os organismos são concebidos como totalidades integradas e, portanto, sistemas vivos, um pouco como nos formigueiros, nas colmeias ou na família humana. Esses sistemas estabelecem relações internas, entre as partes que o compõem, e externas, com outros sistemas, tecendo uma teia complexa de relações, de caráter dinâmico, na qual as formas não se caracterizam como estruturas rígidas, mas como manifestações flexíveis de processos, em contínuo fluir.

No modelo mecânico, a analogia com a máquina se dá pelo reconhecimento de que ela é montada a partir de peças, que se conectam de um modo preciso e obedecem a um plano previamente estabelecido. Nesse modelo, elas são consideradas estáveis, pois resistem a modificações, por já estarem prontas. Na concepção sistêmica, a analogia é com o organismo vivo, em que as partes crescem sem perder um elevado grau de flexibilidade e plasticidade, tanto interna quanto externamente, que se configuram como respostas às situações que se mostram no meio; nesse modelo, as estruturas não são estáveis e o formato sempre se modifica, não havendo dois idênticos. Assim, a estrutura é determinada pelos processos e a ordem sistêmica é resultado de atividades coordenadoras, que não constrangem rigidamente as partes, mas deixam margem à variação e à flexibilidade, o que permite a analogia com o organismo vivo, pela capacidade de adaptação a novas circunstâncias. Nesse caso, as partes individuais podem comportar-se de maneira singular e irregular sem qualquer relevância na ordem e no funcionamento geral do sistema. Em vez da regularidade do sistema mecânico, o que se mostra importante é a peculiaridade. É por causa dessa característica, em especial, que se começa a compreender o valor das artes e das atividades criativas, que respondem exemplarmente a essa necessidade.

Prosseguindo na comparação entre os dois modelos, destaque-se, agora, seu próprio funcionamento. As máquinas atuam em cadeias lineares de causa e efeito e, em caso de avaria, pode-se identificar uma causa única para o defeito apresentado. No caso dos organismos, o funcionamento se dá por meio de modelos cíclicos de fluxo de informação. Quando ocorre alguma avaria, é irrelevante a identificação de uma causa inicial, pois ela não se deve a um fator único, mas a múltiplos. O organismo é um sistema auto-organizador, o que quer dizer que sua ordem e suas funções são estabelecidas pelo próprio sistema, que se caracteriza, principalmente, por dois fenômenos, também característicos da vida: a autorrenovação e a autotranscendência, isto é, a capacidade de se refazer (autorregenerar-se) e a superação de limites. Reconhecer essas características é especialmente importante, quando se trata de aplicá-las aos processos de ensino e aprendizagem, compreensão e evolução.

A temática, certamente, não se esgota aqui, mas o que se disse pode servir de apoio à ideia de identificação dos novos modos de compreender, com os procedimentos em rede, sem esquecer que um dos focos deste trabalho foi a elucidação da problemática que cerca a ausência da música na escola brasileira, que se relaciona, por sua vez, diretamente com o valor a ela atribuído. Conquanto, na rede complexa de relações que se tecem, neste exercício de compreensão das questões que cercam a escola brasileira, não se possa identificar causas únicas, é válido dizer que, nos dias atuais, no Brasil, se está diante de um paradoxo: a maneira sistêmica, orgânica de ver o mundo consegue explicar os fenômenos da contemporaneidade, mas não emite juízos de valor. Ela está presente nas condições de vida atual e revela-se tanto na rica produção cultural quanto nas mazelas pelas quais se passa no cotidiano. A rede não é melhor ou pior do que a linha. Mas é o que, neste momento histórico, parece preponderar. Assim, do mesmo modo que as reflexões de Babin & Kouloumdjian (1989) acerca dos "novos modos de compreender" servem de inspiração à criação de modelos pedagógicos sistêmicos, não se pode deixar de refletir que as situações extremas que se mostram no mundo todo afetam profundamente o sistema educacional e mostram a dificuldade cada vez maior que as instituições escolares e professores enfrentam para dar conta de sua tarefa, ainda mais quando se atêm a procedimentos lineares. Os processos em rede são modelos que não se apresentam a partir de uma reflexão teórica, ou de um golpe de imaginação, mas revelam-se como resultado da falência de procedimentos lineares diante das solicitações da época atual; talvez por causa disso o modelo ainda não se mostre pronto, mas em fase de elaboração, e algumas vezes apresente-se desarticulado, mal chegando a se constituir como sistema. Vive-se, na atualidade, perto do caos, e espera-se que este preceda a nova ordem.

Como exemplo, cite-se a situação das creches brasileiras que, embora eleitas como prioridade do governo, na linha das recomendações da ONU, continuam a operar em extrema carência, pois sua estrutura é falha em muitos sentidos: instalações e materiais, equipe profissional, formação docente e organização administrativa, entre outros. Os profissionais que lá atuam nem sempre estão preparados para lidar com o lado brutal da realidade social e nem sempre sabem como agir diante das crianças que atendem, muitas vezes vítimas de situações extremas e aberrantes, convivendo com o submundo das drogas, da violência, da sevícia e do molestamento sexual desde tenra idade. Por falta de conhecimento, preparo, orientação e suporte emocional, torna-se difícil praticar os atos de cuidar, confortar, estimular e amar. E o discurso dessas instituições continua a ser o de formação de hábitos, constituição de conceitos e estabelecimento de rumos de aprendizado. Essa é a grande questão que cerca a aplicação do Referencial Curricular Nacional para a Educação Infantil, pois o seu discurso situa-se muitas vezes num plano ideal, não se dando conta da realidade encontrada nos estabelecimentos de ensino da rede pública, principalmente os que atendem populações carentes nas grandes cidades.

O labirinto e a fênix

A metáfora do filólogo diante das tábuas ectocretenses, apresentada no último capítulo, está afinada com o conceito da rede sistêmica de que fala Capra e, além disso, demonstra que esse procedimento é compatível com os modos de compreender, não apenas os novos e próprios da juventude, como apontam Babin & Kouloumdjian (1989), mas peculiares aos seres humanos em geral. Na discussão em torno da novela, foi mostrado que o conhecimento não se dá de modo linear, mas se instala a partir de hipóteses, por ensaio e erro, e faz uso de procedimentos objetivos e subjetivos, que convivem e se inter-relacionam. Além disso, a busca de compreensão não se limita à formação de conceitos, mas abriga a arte e a fantasia, tanto no plano individual quanto no sociocultural. No entanto, em face da situação extrema em que se encontra a humanidade, a rede, muitas vezes, não chega a se construir organicamente, apresentando-se como tramas desconectadas, que se mostram na urgência, na desmesura, na indiferença, nos inimigos sem rosto e desterritorializados, no desequilíbrio ambiental, no desgaste de valores, na guerra química, nas crises de entendimento e nas comunicações abundantes, mas superficiais. Vive-se no labirinto.

Conquanto o que já se disse possa parecer uma visão pessimista de uma sociedade caótica, a metáfora de *Dicamus et labyrinthos* pode ser vista como possibilidade de transcendência da situação, como alternativa possível para o homem contemporâneo. Como sistema orgânico, contém falhas e fendas que, embora possam retardar o processo, não anulam o sistema em si, pois este tem capacidade de se regenerar e continuar aberto a possibilidades. A regeneração e a abertura a possibilidades fazem superar dificuldades e, nesse caso, a arte pode ser considerada oportunidade para isso. Talvez, ao aprender a conviver com ela e aceitá-la como parte da vida, a sociedade possa compreender sua importância para os seres humanos em geral, e não apenas para indivíduos especialmente talentosos. Nesse caso, ela poderá cumprir seu papel funcional, de co-formadora do indivíduo e da sociedade, no restabelecimento de valores éticos e estéticos, hoje esquecidos ou esvanecidos. É isso que se mostra na novela, de forma metafórica, na invocação mágica do filólogo e no seu súbito desaparecimento, pela recusa em se separar do mistério que o processo de decifração lhe permitira vivenciar. Muito embora se costume dizer que as manifestações artísticas são as antenas de uma época, sua inspiração nem sempre é "nova", como se as novidades já não dessem conta da ânsia de expressão. A invocação mágica, muitas vezes inspirada em culturas muito antigas, continua a ser utilizada para evocar energias do universo, forças da natureza ou espíritos dos deuses, o que permite transcendência e renovação. A magia – que, no caso, seria uma resposta às situações extremadas e extremistas que se vive hoje – pode vir, porém, por outras vias, entre as quais, a arte, por permitir o acesso a dimensões profundas do ser humano, abrindo espaço à transcendência e à renovação. Nessa função, ela é fênix.

O que foi dito, embora de caráter universal, aponta para a situação específica vivida hoje no Brasil, no que diz respeito à ausência da música na escola. Alguns sinais, porém, apontam para o revigoramento da área, como se a longa ausência, finalmente, se fizesse sentir. Será preciso, ainda, algum tempo, antes que o modelo acima apontado seja plenamente assumido pelas instituições de ensino, mas é inegável que ele se mostra cada vez mais adequado para responder às circunstâncias. É muito difícil que, a curto prazo, seja possível contar com músicos profissionais nas escolas. O número de graduados é muito inferior à demanda. Recente pesquisa realizada pelos Programas Educacionais da Orquestra Sinfônica do Estado de São Paulo – Osesp – aponta para esse fato:

> Sabemos que todas as artes são importantes ao desenvolvimento humano, porém, apesar de frequente no cotidiano, a música é a menos trabalhada nas escolas. Comprovamos isto na pesquisa do ensino de música em 149 escolas públicas estaduais de duas Diretorias de Ensino de São Paulo, no início dos programas educacionais da Osesp. Dos

> 126 professores que responderam (generalistas e professores de artes), somente 7 estudaram música em algum grau. Em uma Diretoria, dos 60 professores de Arte, 42 são especializados em Artes Plásticas, 10 em Desenho Geométrico, 5 em Teatro e 3 em Música. (Krüger, revista *Concerto*, novembro de 2001, p.21)

O relato de Krüger é corroborado por outro: em novembro de 2001, a autora ministrou um curso de música para professores do estado de Goiás. Dos 34 alunos inscritos, quatro tinham diploma de licenciatura em Educação Artística, com habilitação em Artes Plásticas. Os trinta alunos restantes eram de outras áreas do conhecimento: Geografia, História, Matemática, Biologia; todos eles dão aulas de Artes nas escolas públicas em que lecionam. Não havia, no grupo, um só professor de música. Essa é a realidade que enfrentamos, e ela não pode ser negada.

É hora, pois, de preparar o leigo para exercer a função de "animador musical" dentro da escola. Ele precisa ser orientado para isso, cabendo ao músico a tarefa de liderar esse movimento, pois é hora de convidar essas pessoas que, efetivamente, se responsabilizam pela arte em suas escolas e são capazes de fazer alguma coisa boa em benefício dela. Há muitas coisas, em música, que o não músico pode fazer se permitir que ela faça parte de sua vida.

Como apoio a essa ação, o professor tem de poder contar com orientação profissional – capacitação – e com recursos tecnológicos, como vídeos, CD-ROMs e CDs. Não obstante todas as dificuldades por que passa a escola e tudo o que se sabe a respeito da imposição da indústria cultural, influenciando o gosto da população, é inegável que um repertório infantil alternativo tem sido criado, de bom gosto, com temáticas atuais e arranjos instigantes, que levam a pensar. Exemplo disso são as propostas culturais em que se valoriza o texto, as sonoridades e a cultura brasileira, como ocorre na série *Palavra cantada*, produzida por Luis Tatit e Sandra Perez. São exemplos do que pode ser utilizado nas escolas como estímulo à ação musical. E que podem, também, funcionar como parte do sistema de operações em rede.

Coda e prelúdio da ação

É cedo para tirar conclusões além das que foram alinhavadas acima. É tempo de semear, e não de colher. Portanto, é hora de arar e preparar o terreno. Como última consideração, é preciso dizer que, caso se acredite no valor da música e da educação musical para o ser humano, e caso se compreenda que os costumeiros mecanismos de que se dispõe para a ação educativa não conseguem atender à demanda atual, será possível compartilhar da convicção de que as operações em rede são a única maneira disponível de responder às circunstâncias e atender às demandas da atualidade. À universidade cabe dar respostas às questões apresentadas pela sociedade e pelas condições de vida atuais.

Na Introdução deste livro afirmava-se que, até que se descubra o real papel da música, até que cada indivíduo, em particular, e a sociedade, como um todo, se convençam de que ela é uma parte necessária, e não periférica, da cultura humana, até que se compreenda que seu valor é fundamental, ela terá dificuldades para ocupar um lugar proeminente no sistema educacional. Diante do que se apresentou, fica a esperança de que a universidade saiba romper a torre de marfim e instalar a guerrilha de que fala Umberto Eco, de modo a atacar de frente a indigência cultural a que a escola está submetida e reconhecer a relevância das artes e, particularmente, da música, nesse processo. Como "antenas do mundo", as artes já se deram conta disso a partir do início do século XX. Cabe agora aos educadores e demais membros da comunidade universitária assumirem esse papel.

Referências bibliográficas

ABELES, H. F., HOFFER, C. R., KLOTMAN, R. H. *Foundations of Music Education.* New York: Schirmer, 1984.

ADAMS, S. R. *Murray Schafer.* Canadian composers 4. Toronto: The Toronto University Press, 1983.

ALEXANDER, G. *Eutonia.* São Paulo: Summus, 1981.

AMERICAN ORFF-SCHULKWERK ASSOCIATION. *The Orff Echo (Cleveland: AOSA)*, v.21, n.3, Spring 1989.

ANASTASI, A. Heredity, environment, and the question "how?". *Psychological Review*, v.4, p.197-208, 1965.

APEL, W. *The Harvard Dictionary of Music.* 9.ed. São Paulo: Martins Fontes, 1975.

ARBEAU, T. *Orchesographie.* London: Dover, 1967. (1.ed. Langres: 1589).

ARIÈS, P. *História social da criança e da família.* 2.ed. Rio: LTC, 1981.

BABIN, P., KOLOUMDJIAN, M. F. *Os novos modos de compreender.* São Paulo: Paulinas, 1989.

BACHMAN, M.-L. *Dalcroze Today*: An Education Through and Into Music. Oxford: Clarendon Press, 1993.

BARBOSA, A. M. *Recorte e colagem*: a influência de John Dewey no ensino das artes no Brasil. São Paulo: Cortez, 1982.

BENTLEY, A. *La aptitud musical en los niños y como determinarlas.* Buenos Aires: Victor Lehru, 1967.

BRASIL. Ministério da Educação e do Desporto. Secretaria do Ensino Superior – MEC/SESU. *Proposta para os cursos superiores de música.* s.d. (Mimeograf.)

______. Ministério de Educação e Saúde. *Lei Orgânica do Ensino do Canto Orfeônico*. Decreto-lei n.9494, 22.7.1946.

______. *Lei de Diretrizes e Bases da Educação Nacional* n.9394/96. Brasília: 1996.

______. Ministério da Educação e do Desporto. *Parâmetros curriculares nacionais*/Arte. 1ª a 4ª séries. Brasília. Apostila, 1997. Versão preliminar.

______. Ministério da Educação e do Desporto. *Referencial curricular nacional para a educação infantil*. Brasília, 1998a. 3v.

______. Ministério da Educação e do Desporto. *Parâmetros curriculares nacionais*/Introdução. 5ª a 8ª séries. Brasília, 1998b.

______. Ministério da Educação e do Desporto. *Parâmetros curriculares nacionais*/Temas transversais. 5ª a 8ª séries. Brasília, 1998c.

______. Ministério da Educação e do Desporto. *Parâmetros curriculares nacionais*/Arte. 5ª a 8ª séries. Brasília, 1999a.

______. Ministério da Educação e do Desporto. *Parâmetros curriculares nacionais*/Arte. Curso médio. Brasília, 1999b.

______. Ministério da Educação e do Desporto. *Referenciais curriculares nacionais da educação profissional de nível técnico*. Área profissional: Artes. Brasília, 2001.

______. Ministério da Educação e do Desporto. *Diretrizes curriculares nacionais para os cursos superiores de música*. Brasília, 2004.

BRETT, Alan. Avec élan (1977). In: FLUSSER, V. (Ed.). *Jeunes musiques*: Collection de partition de musiques contemporaines. Viena: Universal, 1996 (partituras e CD).

BRISOLLA, C. J. Curso de formação de professores de música. *Diário de São Paulo*, São Paulo, [14] ago. 1960.

BRITO, T. A. *Koellreutter educador*: o humano como objetivo da educação musical. São Paulo: Peirópolis, 2001.

CANDIDO, A. *Curso elementar de música.* São Paulo: Seção de Obras de "O Estado de S. Paulo", 1929. v.2.

CAPRA, F. *O ponto de mutação*. São Paulo: Cultrix, 1995.

CARDIM, C. A. G., GOMES JUNIOR, J. *O ensino da música pelo método analítico*. 5.ed. São Paulo: Tipografia Siqueira, 1926.

CHEVALIER, J., GHEERBRANT, A. *Dicionário de símbolos*. 9.ed. Rio de Janeiro: José Olympio, 1995.

COMPAGNON, G., THOMET, M. *Education du sens rythmique*. 2.ed. Paris: Bourrelier, 1954. (1.ed., 1951)

COUTINHO, A. R. "Dor de dentes" e "atração erótica": a linguagem da experiência privada em Wittgenstein. *Psicologia*, v.12, n.2, p.29-46, 1986.

______. *"Tootache" and "erotic attraction"*: Wittgenstein on the language of inner experience. s.d. (Mimeo.)

CURRY, N. *Shinichi Suzuki*. Early Childhood Connections, Winter 1998-1999.

DALCROZE, É.-J. *Le rythme, la musique et l'éducation*. Lausanne: Foetisch Frères, 1965.

DE LA MOTTE, D. *Armonia*. Barcelona: Labor, 1989.

DEUTSCH, D. J. *The Psychology of Music*. New York: Academic Press, 1982.

DEWEY, J. *Experiência e educação*. 2.ed. São Paulo: Nacional, 1976.

______. *Vida e educação*. 1.ed. São Paulo: Melhoramentos, 1978.

ECO, U. *Viagem na irrealidade cotidiana*. Rio de Janeiro: Nova Fronteira, 1984.

ELLIOT, D. J. *Music Matters*. New York: The Oxford University Press, 1995.

ENCICLOPÉDIA Delta Larousse. Rio de Janeiro: Delta, 1960, v.5. p.2302-401.

FLUSSER, V. (Ed.). *Jeunes musiques*: Collection de partition de musiques contemporaines. Viena: Universal, 1996 (partituras e CD).

FONTERRADA, M. *Educação musical*: investigação em quatro movimentos: prelúdio, coral, fuga e final. São Paulo, 1991. Dissertação (Mestrado) – Pontifícia Universidade Católica.

______. A linha e a rede. In: SIMPÓSIO Paranaense de Educação Musical, 6, 1997. *Anais do 6º Simpósio Paranaense de Educação Musical e 1º Encontro Regional Sul da Abem*. Londrina, p.7-17.

______. *Música e movimento*. São Paulo: Cenpec, Febem, Seee, 2000. (Educação e Cidadania, módulo de oficinas culturais, 13)

______. Música e cultura na Renascença: tratando de limites. In: SEKEFF, M. L. *Arte e cultura:* estudos interdisciplinares. São Paulo: Anablume/Fapesp, 2001. p.85-104.

______. *Arte do som*. São Paulo: Cenpec/Globo, 2001. Coleção Amigos da Escola.

______. *O lobo no labirinto*: uma incursão à obra de Murray Schafer. São Paulo: Editora UNESP, 2004.

FORRAI, K. *Musical Education in Hungary*. Ed. Sándor Frygies. London: Barrie & Rockliff, 1966.

FUBINI, E. *La estética musical del siglo XVIII hasta nuestros dias*. Barcelona: Barral, 1971.

GADAMER, H. G. *Philosophical hermeneutics*. Los Angeles: University of California Press, 1977.

GAINZA, V. H. de. *Problemática actual y perspectivas de la educación musical para el siglo XXI*. Lima: Pontifícia Universidad Católica del Peru, 2000.

_______. *Estudos em psicopedagogia*. São Paulo: Summus, 1990.

GARDNER, H. *Estruturas da mente*: a teoria das inteligências múltiplas. Porto Alegre: Artes Médicas, 1994.

GORDON, E. *Musical Aptitude Profile* (Manual). Boston: Houghton Mufflin Company, 1965.

_______. *Primary Measures of Music Audition*. Chicago: GIA, 1979.

GRIFFITS, P. *Modern Music*: A Concise History from Debussy to Boulez. New York: Thames & Hudson, 1986.

HANSLICK, E. *Del belo en la música*. Buenos Aires: Ricordi Americana, 1951.

HARGREAVES, D. J. *The Developmental Psychology of Music*. Cambridge: Cambridge University Press, 1986.

HEIDEGGER, M. *Todos nós... ninguém*: um enfoque fenomenológico do social. Tradução e comentário de Dulce Mara Critelli. Apresentação e introdução de Solon Spanoudis. São Paulo: Moraes, 1981.

HERMANN, E. *El método Suzuki*. Apostila não publicada, apresentada pela Asociación Suzuki Internacional, s.d.

INACIO DE LOYOLA (SANTO). *Exercícios espirituais*. São Paulo: Cortez, 1990.

JANIBELLI, E. D'Aniballe. *A musicalização na escola*. Rio de Janeiro: Lidador, 1971.

KATER, C. (Org.). *Cadernos de estudo*: educação musical. Belo Horizonte: Atravez/EMUFMG/FEA/APEMIG, n.6, 1997.

_______. *Música viva e H. J. Koellreutter*. São Paulo: Musa, 2001.

KEMPIS, T. *Imitação de Cristo*. Rio de Janeiro: José Olympio, 1944.

KODÁLY, Z. *The selected writing of Zoltan Kodaly*. London: Boosey and Hawkes, 1974.

KOELLREUTTER, H. J. Um novo diletantismo musical. *Caderno de Música*, São Paulo, n.5, p.8-10, mar. 1981.

_______. Educação musical: hoje, quiçá, amanhã. In: LIMA, S. A. (Org.). *Educadores musicais de São Paulo*: encontros e reflexões. São Paulo: Nacional, 1998. p.39-44.

KOYRÉ, A. *Considerações sobre Descartes*. 3.ed. Lisboa: Presença, 1986.

KRAMER, J. D. *The Time of Music*. New York: Schirmer, n.d.

KRÜGER, S. Breves reflexões sobre a regulamentação do ensino musical nas escolas. *Revista Concerto*, n.68, p.21, nov. 2001.

LANG, H. *Music in Western Civilization*. London: J. M. Dent, 1941.

LANGER, S. K. *Filosofia em nova chave*. São Paulo: Perspectiva, 1971.

LIMA, S. A. (Org.). *Educadores musicais de São Paulo:* encontro e reflexões. São Paulo: Nacional, 1998.

LLOSA, M. V. *Pantaleão e as visitadoras*. Rio de Janeiro: Nova Fronteira, 1973.

LÖWY, M., SAYRE, R. *Revolta e melancolia*. Petrópolis: Vozes, 1995.

MARK, M. L. *Contemporary Music Education*. 2.ed. New York: Schirmer, 1986.

MARTIN, W. R., DROSSIN, J. *Music of Twentieth Century*. New Jersey: Prentice Hall, 1980.

MENEZES, F. *Música eletroacústica*: história e estéticas. São Paulo: Edusp, 1996.

MENEZES, P. (Org.). *Poesia sonora*: poéticas experimentais da voz no século XX. São Paulo: Educ, 1992.

MERLEAU-PONTY, M. Sobre a fenomenologia da linguagem. In: ______. *Textos escolhidos*. 2.ed. São Paulo: Abril Cultural, 1984.

OLIVIERI, A. C., VILLA, M. A. *Pero Vaz Caminha*: a carta de achamento do Brasil. São Paulo: Callis, 1999.

ORFF, C., KETMAN, G. Music für Kinder. In: ______. *Orff-Schulwerk*. Mainz: B. Schott's Söhne, 1954. 5v.

______. *Música para crianças*. Mainz: Schott, s.d. v.1: Pentatônico. Versão portuguesa por Maria de Lourdes Martins. Mainz: Schott, s.d.

______. *Música para crianças*. Mainz: Schott, s.d. v.2: Bordões e acordes perfeitos. Versão portuguesa por Maria de Lourdes Martins. Mainz: Schott, s.d.

______. *Canções para as escolas*: dez canções populares portuguesas. Mainz: Schott, s.d. Versão portuguesa por Maria de Lourdes Martins. Mainz: Schott, s.d.

PALMA FILHO, J. C. *A política educacional brasileira*: o discurso oficial e a realidade. São Paulo, 2001. Tese (Livre-Docência) – Instituto de Artes, Universidade Estadual Paulista.

PAYNTER, J. *Hear and Now*: an Introduction to Modern Music in Schools. London: Universal, 1972.

PAYNTER, J. *Sound and Structure*. Cambridge: Cambridge University Press, 1992.

PORENA, B. *Kinder-musik*. Milão: Suvini-Zerboni, s.d.

QUINTANA, M. *A vaca e o hipogrifo*. Porto Alegre: L&PM, 1983.

RAMEAU, J.-P. *Treatise on Harmony*. New York: Dover, 1971. (1.ed. Paris: Ballard, 1722)

RANDS, Bernard. Palette de timbres 2 (1968). In: FLUSSER, V. (Ed.). *Jeunes musiques*: Collection de partition de musiques contemporaines. Viena: Universal, 1996 (partituras e CD).

RAO, D. *Choral Music Experience:* the Artist in Every Child. New York: Boosey & Hawks, 1987. v.2.

_______. *Choral Music Experience:* the Young Singing Voice. New York: Boosey & Hawks, 1987b. v.5.

RAYNOR, H. *História social da música.* Rio de Janeiro: Zahar, 1981.

REIMER, B. *A Philosophy of Music Education.* New Jersey: Prentice Hall, Englewood Cliff, 1970.

RICOEUR, P. *Da interpretação*: ensaio sobre Freud. Rio de Janeiro: Imago, 1978.

RIO DE JANEIRO. *Escuta!* A paisagem sonora da cidade. Secretaria Municipal do Meio Ambiente/Seminário de Música Pró-Arte. 1998. Trad. Janete El Haouli, Marisa Fonterrada, Regina Porto e Tato Taborda. Pesq. de conteúdos: Janete El Haouli, Marisa Fonterrada e Tato Taborda. Textos: Janete El Haouli, Marisa Fonterrada, Tato Taborda, Estela Neves, Elizabeth Sant'Anna e Natalia Couto.

ROUSSEAU, J.-J. *Émile,* ou da educação (1762). São Paulo: Difusão Europeia do Livro, 1968. Livros II e III, p.58-232.

SÁNDOR, F. (Ed.). *Musical Education in Hungary.* London: Barrie & Rockliff, 1966.

SCHAFER, M. *Ariadne*. Bancroft: Arcana, 1976.

_______. *Requiem to the Party Girl.* Bancroft: Arcana, s.d. (partitura).

_______. *The Chaldean Inscription.* 1978. (Mimeograf.).

_______. *Dicamus et Labyrinthos*: a philologist note book. Indian River: Arcana, 1984.

_______. *Educação sonora*. São Paulo, 1990. (Mimeograf.)

_______. *O ouvido pensante*. São Paulo: Editora UNESP, 1991.

_______. *A sound education*. Indian River: Arcana, 1992.

_______. *Hacia una educación sonora.* Buenos Aires: Pedagogias Musicales Abiertas, 1994.

______. Miniwanka (1973). In: FLUSSER, V. (Ed.). *Jeunes musiques*: Collection de partition de musiques contemporaines. Viena: Universal, 1996 (partituras e CD).

______. Eu nunca vi um som. Trad. Marisa Fonterrada. *Arteunesp*, 1997. Tradução de: *I have never seen a sound.*

______. *A afinação do mundo*. Trad. Marisa Fonterrada. São Paulo: Editora UNESP, 2001. Tradução de: *The Tunning of the World.*

SCHOLES, P. *The Oxford Music Companion to Music*. Oxford: The Oxford University Press, 1978.

SEASHORE, C. E. *The Psychology of Musical Talent*. Boston: Silver Burdett, 1919.

______. *Psychology of Music*. New York: McGraw Hill, 1938.

SEKEFF, M. de L. *Arte e cultura:* estudos interdisciplinares. São Paulo: Anablume/Fapesp, 2001.

SELF, G. *Nuevos sonidos en sala de aula*. Buenos Aires: Ricordi, 1967.

SENISE, A. J. Villa-Lobos e a implantação do canto coletivo. *O Estado de S. Paulo*, São Paulo, 22 ago. 1987. Caderno Cultura, p.8-9.

SERRAVEZZA, A. *Musica e scienza nell'età del positivismo*. Bologna: Il Mulino, 1996.

SHUTER-DYSON, R., GABRIEL, C. *The Psychology of Musical Ability*. 2.ed. London: Methuen, 1981.

SLOBODA, J. A. *The Musical Mind*: the Cognitive Psychology of Music. Oxford: Clarendon Press, 1985.

STUBLEY, E. Comunicação pessoal. Montreal, 1993.

SUZUKI, S. *Educação é amor*: um novo método de educação. 2.ed. Santa Maria: Pallotti, 1994.

SWANWICK, K. *Music, Mind and Education*. London: Routledge, 1988.

______. *Musical Knowledge*: Intuition, Analysis and Music Education. London: Routledge, 1994.

TATIT, L., PEREZ, S. (Org.). *Canções do Brasil*. São Paulo. Coleção Palavra Cantada.

VANDERSPAR, E. *Manuel Jaques-Dalcroze*. Genève: Institut Dalcroze, 1990.

VECCHI, O. *L'Amphiparnaso*. Ensemble Clement Janequin. Regente: Dominique Visse. Harmonia Mundi, 1993. CD n.901461.

WEBER, M. *Os fundamentos racionais e sociológicos da música*. São Paulo: Edusp, 1995.

WILLEMS, E. *Las bases psicológicas de la educación musical*. Buenos Aires: Eudeba, 1960.

______. *L'oreille musicale*: la culture auditive, les intervalles et les acords. 5.ed. Fribourg: Pro Musica, 1984. v.2.

______. *L'oreille musicale*: la préparation auditive de l'enfant. 5.ed. Fribourg: Pro Musica, 1985. v.1.

Bibliografia consultada

ABDONOUR, O. J. *Matemática e música*: o pensamento analógico na construção de significados. São Paulo: Escrituras, 1999.

ABRÃO, B. S. (Org.). *História da filosofia*. São Paulo: Nova Cultural, 1999.

AKOSCHKY, J. *Diseño curricular para la educación inicial*. Buenos Aires: Secretaria de Educación del Gobierno autônomo de la Ciudad de Buenos Aires, 2000. CD-ROM.

ALMEIDA, R. *História da música brasileira*. Rio de Janeiro: F. Briquiet, 1926.

ANDRADE, M. de. Pianolatria. *Klaxon (São Paulo)*: mensário de arte moderna, n.1, p.8, maio 1922. Fac-símile 1976.

_______. *Aspectos da música brasileira*. São Paulo: Martins, 1965.

_______. *O banquete*. São Paulo: Duas Cidades, 1977.

_______. *Dicionário musical brasileiro*. Belo Horizonte: Itatiaia, 1989.

_______. *Introdução à estética musical*. São Paulo: Hucitec, 1995.

APPLEBY, D. *La música de Brasil*. México: Fondo de Cultura Económica, 1985.

BARBOSA, A. M. *Recorte e colagem*: influência de John Dewey no ensino da arte no Brasil. São Paulo: Cortez, 1982.

_______. Arte-Educação na cultura brasileira. *Cadernos Puc*: Arte e Linguagem. Língua e Literatura na Educação. São Paulo, n.14, p.5-22, s.d.

BARTLE, J. A. *Lifeline for children's choir directors*. Toronto: Gordon V. Thompson, 1988.

BEHLAU, M., ZIMMER, R. Psicodinâmica da voz. In: FERREIRA, L. P. (Org.). *Trabalhando a voz*. São Paulo: Summus, 1988.

BERTAZZO, I. *Cidadão corpo*: identidade e autonomia do movimento. São Paulo: Sesc/Opera Prima, 1996.

BLOOM. H. *Presságios do milênio*: anjos, sonhos e imortalidade. Rio de Janeiro: Objetiva, 1996.

BOAL, A. *200 exercícios para o ator e o não ator com vontade de dizer algo através do teatro*. 4.ed. Rio de Janeiro: Civilização Brasileira, 1982.

BOFF, L. *Nova era*: a civilização planetária. São Paulo: Ática, 1994.

_______. *A águia e a galinha*. Petrópolis: Vozes, 1999.

BOULEZ, P. *A música hoje*. São Paulo: Perspectiva, 1972.

BRASIL, Ministério da Cultura, Fundação Nacional de Sartte, Coordenadoria de Educação Musical. *Pela permanência e o aperfeiçoamento da educação artística como disciplina optativa nos 1º e 2º graus*. Rio de Janeiro, 20 out. 1988.

CAMPIGNON, P. *Influência das cadeias musculares sobre a estática da coluna cervical e a posição da cabeça*. São Paulo: ICT/GDS, 1995.

CAMPOS, H. *A arte no horizonte do provável*. São Paulo: Perspectiva, 1975.

CAPRA, F. *O tao da Física*. São Paulo: Cultrix, 1999.

CAZNÓK. Y. B., NAFFAH NETO, A. *Ouvir Wagner*: ecos nietzscheanos. São Paulo: Musa, 2000.

CAZETO, S. J. A constituição do inconsciente em práticas clínicas na França do século XIX. São Paulo: Escuta/Fapesp, 2001.

CENTRO DE ESTUDOS E PESQUISAS EM EDUCAÇÃO CULTURAL E AÇÃO COMUNITÁRIA – CENPEC. *Dez anos promovendo a escola pública*. São Paulo: Cenpec, 1998.

COLLINS English Dictionary. London & Glascow: Collins, 1979.

DAMASCENO, G. G. *The Edgar Willems aproach to music education*. Cincinati, 1980. Tese de Doutoramento em Educação Musical – College Conservatory of Music, University of Cincinati.

DAVIES, J. B. (Ed.). *The psychology of music*. London: Hutchinson, 1978.

DERRIDA, J., VATTIMO, G. *A religião*. São Paulo: Estação Liberdade, 2000.

DRIVER, A. *Music and movement*. London: Oxford Music Press, 1966.

DUPRAT, R. *Caderno de Música*, n.8. São Paulo, dez. 1981.

ECO, U. *Os limites da interpretação*. São Paulo: Perspectiva, 1995.

ENCICLOPEDIA Salvat de la música. Barcelona: Salvat, 1967. 5v.

ENCONTRO ANUAL DA ASSOCIAÇÃO BRASILEIRA DE EDUCAÇÃO MUSICAL, ABEM. *Anais* ... Rio de Janeiro, 1991.

FEREZ, J. S. M. *Iniciação musical*: brincando e aprendendo. Campinas: Minaz, 1988.

FERNANDES, J. N. *Pedagogia musical contemporânea*: evolução das oficinas de música no Brasil e exterior. Monografia de Curso de Especialização em Educação Musical. Rio de Janeiro: Conservatório Brasileiro de Música, 1992.

FIGUEIREDO, L. C. *A invenção do psicológico*. São Paulo: Escuta/Educ, 1992.

FLADEM. Boletim n.4, abr. 2001. Puerto Rico [sede da Secretaria Geral].

FONTERRADA, M. Música, conhecimento e história. In: *Anais do I Encontro Anual da Abem*. Porto Alegre, dez. 1992. p.47-57.

_______. A educação musical no Brasil: algumas considerações. In: *Anais do II Encontro Anual da Abem*. Porto Alegre, maio 1993. p.69-83.

_______. Apresentação do GEPEM-IA. In: LIMA, S. A. de. *Educadores musicais de São Paulo*: encontros e reflexões. São Paulo: Nacional, 1998. 111 p.

_______. Formal/informal: um dilema. In: LIMA, S. A. de. *Educação musical*: encontros e reflexões. São Paulo: Nacional, 1998. 111 p.

FOUCAULT, M. *Uma trajetória filosófica para além do estruturalismo e da hermenêutica*. São Paulo: Forense Universitária, 1995.

FUBINI, E. *L'estetica musicale dal settecento a oggi*. 3.ed. Torino: Einaudi, 1987.

FUX, M. *Dança, experiência de vida*. São Paulo: Summus, 1983.

_______. *La formación del Danzaterapeuta*. Barcelona: Gedisa, 1997.

GADAMER, H. G. *A razão no tempo da ciência*. Rio de Janeiro: Tempo Brasileiro, 1983.

_______. Dois mil anos sem um novo Deus. In: DERRIDA, J., VATTIMO, G. *A religião*. São Paulo: Estação Liberdade, 2001.

GAINZA, V. H. de. *Fundamentos, materiales y técnicas de la educación musical*. Buenos Aires: Ricordi, 1977.

_______. *Estudos em psicopedagogia musical*. São Paulo: Summus, 1988.

_______. (editora). *Música y educaión hoy* - I Jornada de Reflexión sobra la Música y la Educación - FLADEM. Buenos Aires: Lumen, 1996.

_______. *La transformación de la educación musical a las puertas del siglo XXI*. Buenos Aires: Mansilla, 1997a.

_______. *Conversas com Gerda Alexander*. São Paulo: Summus, 1997b.

_______. *Teoria da aprendizagem musical para recém-nascidos e crianças em idade pré-escolar*. Lisboa: Fundação Calouste Gulbenkian, 2000.

GAINZA, V. H., NAVAS, C. M. M. (Comp.). *Hacia una educación musical latinoamericana*. San Jose: Comissión Costarricense de Cooperación con las UNESCO, 2004.

GIA PUBLICATIONS. *General Catalog*. Chicago, 1981. Catálogo.

HEGEL, G. W. F. *Estética* – a ideia e o ideal; *Estética* – o belo artístico ou o ideal. São Paulo: Nova Cultural, 1999.

HEIDEGGER, M. *O princípio do fundamento* (1957). Lisboa: Instituto Piaget, 1999.

HOWARD, W. *A música e a criança*. São Paulo: Summus, 1984.

HUBERMAN, L. *História da riqueza do homem*. Rio de Janeiro: LTC, 1986.

HUIZINGA. J. *O declínio da Idade Média*. Lisboa: Ulisséa, s.d.

HUSSERL, E. *A filosofia como ciência de rigor*. Coimbra: Biblioteca Filosófica, 1965.

JEANDOT, N. *Explorando o universo da música*. São Paulo: Scipione, 1984.

KATER, C. (Org.). *O livro das canções*. Belo Horizonte: Secretaria de Estado da Cultura, s.d. Projeto Música na Escola.

KENSKI, V. M. Múltiplas linguagens na escola. In: VV.AA. *Linguagens, espaços e tempos no ensinar e aprender*. Rio de Janeiro: DPA, p.123-39.

KOELLREUTTER, H. J. Educação musical no Terceiro Mundo. *Cadernos de Estudo*: Educação Musical, São Paulo: Atravez, n.1, p.1-8, 1990.

LOPEZ, J. *La música de la modernidad*. Barcelona: Anthropos, 1984.

LOWEN, A. *Prazer*: uma abordagem criativa da vida. São Paulo: Summus, 1984.

MAHLE, M. A. *Orientação didática*: iniciação musical. São Paulo: Vitale, 1969.

MARIZ, V. *História da música no Brasil*. 2.ed. Rio de Janeiro: Civilização Brasileira, 1983.

MARTINS, M. C., PICOSQUE, G., GUERRA, M. T. T. *A língua do mundo*: poetizar, fruir e conhecer arte. São Paulo: FTD, 1998.

MEIER, T. *Anotações de curso "Jogos vocais, improvisação"*. São Paulo: Goethe Institut, 1982.

MICHELS, U. *Atlas de música I*. Madrid: Alianza Editorial, 1996.

MORENO, A. *Wittgenstein*: os labirintos da linguagem. Campinas: Unicamp; São Paulo: Moderna, 2000.

NAVES, S. C. *O violão azul:* modernismo e música popular. Rio de Janeiro: FGV, 1998.

NESTROVSKI, A. *O livro da música*. São Paulo: Companhia das Letrinhas, 2000.

NEVES, J. M. *Música contemporânea brasileira*. São Paulo: Ricordi Brasileira, 1981.

NIETZSCHE, F. *O nascimento da tragédia.* São Paulo: Edusp, 1992.

NÚCLEO DE ENSINO E PESQUISAS DA SUBJETIVIDADE, Programa de Estudos Pós-Graduados em Psicologia Clínica da PUCSP. *Cadernos de Subjetividade.* São Paulo: Educ, v.5, n.1, p.1-244, 1997.

PAREYSON, L. *Os problemas da estética.* 3.ed. São Paulo: Martins Fontes, 1997.

PLATÃO. *A república.* São Paulo: Nova Cultural, 1999.

PRIGOGINE, I. *O fim das certeza.* São Paulo: Editora UNESP, 1996.

QUIGNARD, P. *Ódio à música.* Rio de Janeiro: Rocco, 1999.

RICOEUR, P. *O conflito das interpretações*: existência e hermenêutica. Rio de Janeiro: Imago, 1978.

RIO DE JANEIRO. Secretaria Municipal de Educação/Conservatório Brasileiro de Música. *Música na escola*: guia didático das oficinas de 1999/2000. Rio de Janeiro. 106p. Livro e CD.

RODARI, G. *Gramática da fantasia.* São Paulo: Summus, 1982.

RORTY, R. *Ensaios sobre Heidegger e outros.* Rio de Janeiro: Relume Dumará, 1999.

SANTOS, B. de S. *Pelas mãos de Alice.* 5.ed. São Paulo: Cortez, 1999.

SÃO PAULO: Secretaria de Estado da Educação, Coordenadoria de Estudos e Normas Pedagógicas CENP. *Subsídio para supervisão do ensino artístico*; Instrução (1). São Paulo, 1980.

SCHAFER, M. *Patria and the theatre of confluence.* Indian River: Arcana, 1991.

_______. *Voices of tirany, temples of silence.* Indian River: Arcana, 1993.

_______. A floresta encantada. Trad. Marisa Fonterrada. (mimeograf. tradução de: *The enchanted forest.* Indian River: Arcana, 1995)

STOKOE, P., HARF, R. *Expressão corporal na pré-escola.* São Paulo: Summus, 1987.

THE TUNING OF THE WORLD CONFERENCE. *Proceedings* ... Banff: The Banff Centre of Arts, 1993. 2 v.

TINHORÃO, J. R. *História social da música popular.* São Paulo: Editora 34, 1998.

TORT, C. *Educación musical en el primer año de primaria*: instrutivo para el marestro. Ciudad del México: Universidad Nacional de México, 1984.

TRAVASSOS, E. *Modernismo e música brasileira.* Rio de Janeiro: Zahar, 2000.

TWENTY SECOND NATIONAL CONFERENCE. *Watercolors*: an international palette. Detroit: The American Orff-Schulwerk Association, 1988.

VALENTE, H. de A. D. *Os cantos da voz*: entre o ruído e o silêncio. São Paulo: Annablume, 1999.

VILLA-LOBOS, H. *Canto orfeônico*. São Paulo: Irmãos Vitale, 1940. v.1.

_______. *Guia prático*: estudo folclórico musical. São Paulo: Irmãos Vitale, 1941, v.1.

VISHNEVETZ, B. *Eutonia*: educação do corpo para o ser. São Paulo: Summus, 1995.

SOBRE O LIVRO

Formato: 14 x 21 cm
Mancha: 24 x 40,5 paicas
Tipologia: Iowan Old Style 10/14
Papel: Offset 75 g/m² (miolo)
Cartão Supremo 250 g/m² (capa)
1ª edição: 2005
2ª edição: 2008
7ª reimpressão: 2019

EQUIPE DE REALIZAÇÃO

Editoração Eletrônica
DuSeki

Impresso por :

Graphium
gráfica e editora

Tel.:11 2769-9056